聚焦三农：农业与农村经济发展系列研究（典藏版）

西南民族地区农户调适行为与农业抗旱能力提升研究

罗小锋　著

科学出版社
北　京

内 容 简 介

西南民族地区是一个灾害种类多、发生频繁、损失严重的地区。通过全面把握农户灾害感知和调适行为的主要内容及作用机理，有效提升西南民族地区抗灾能力，既可以稳定农业生产、增加农民收入，还可以帮助农民脱贫。本书的研究主要包括以下五个方面：第一，运用文献回顾方法描述西南民族地区农业灾害的时空特点，剖析农业灾害的形成机理，并深入分析西南民族地区农业抗灾能力；第二，在农户调查、机构访谈以及宏观数据分析的基础上，全面分析西南民族地区农户灾害感知及影响因素；第三，运用调研数据对西南民族地区农户调适行为及优先序进行深入细致的分析；第四，探索农户调适行为与灾害感知之间的内在逻辑关系；第五，提升西南民族地区农业抗灾能力的对策建议。

本书是开展灾害经济研究的参考类书籍，对想了解西南民族地区灾害、农户灾害调适行为及农业抗旱能力的广大读者都具有参考价值。

图书在版编目（CIP）数据

西南民族地区农户调适行为与农业抗旱能力提升研究 / 罗小锋著.
—北京：科学出版社，2015（2017.3 重印）

（聚焦三农：农业与农村经济发展系列研究：典藏版）

ISBN 978-7-03-043650-4

Ⅰ.①西⋯　Ⅱ.①罗⋯　Ⅲ.①少数民族–民族地区–农业–抗旱–研究–西南地区　Ⅳ.①S423

中国版本图书馆 CIP 数据核字（2015）第 045645 号

责任编辑：林　剑 / 责任校对：钟　洋
责任印制：徐晓晨 / 封面设计：王　浩

科学出版社　出版
北京东黄城根北街 16 号
邮政编码：100717
http://www.sciencep.com

北京京华虎彩印刷有限公司　印刷
科学出版社发行　各地新华书店经销

＊

2015 年 1 月第　一　版　　开本：720×1000　1/16
2015 年 1 月第一次印刷　　印张：14
2017 年 3 月印　　刷　　字数：275 000

定价：**108.00 元**
（如有印装质量问题，我社负责调换）

总　序

农业是国民经济中最重要的产业部门，其经济管理问题错综复杂。农业经济管理学科肩负着研究农业经济管理发展规律并寻求解决方略的责任和使命，在众多的学科中具有相对独立而特殊的作用和地位。

华中农业大学农业经济管理学科是国家重点学科，挂靠在华中农业大学经济管理学院和土地管理学院。长期以来，学科点坚持以学科建设为龙头，以人才培养为根本，以科学研究和服务于农业经济发展为己任，紧紧围绕农民、农业和农村发展中出现的重点、热点和难点问题开展理论与实践研究，21 世纪以来，先后承担完成国家自然科学基金项目 23 项，国家哲学社会科学基金项目 23 项，产出了一大批优秀的研究成果，获得省部级以上优秀科研成果奖励 35 项，丰富了我国农业经济理论，并为农业和农村经济发展作出了贡献。

近年来，学科点加大了资源整合力度，进一步凝练了学科方向，集中围绕"农业经济理论与政策"、"农产品贸易与营销"、"土地资源与经济"和"农业产业与农村发展"等研究领域开展了系统和深入的研究，尤其是将农业经济理论与农民、农业和农村实际紧密联系，开展跨学科交叉研究。依托挂靠在经济管理学院和土地管理学院的国家现代农业柑橘产业技术体系产业经济功能研究室、国家现代农业油菜产业技术体系产业经济功能研究室、国家现代农业大宗蔬菜产业技术体系产业经济功能研究室和国家现代农业食用菌产业技术体系产业经济功能研究室等四个国家现代农业产业技术体系产业经济功能研究室，形成了较为稳定的产业经济研究团队和研究特色。

为了更好地总结和展示我们在农业经济管理领域的研究成果，出版了这套农业经济管理国家重点学科《农业与农村经济发展系列研究》丛书。丛书当中既包含宏观经济政策分析的研究，也包含产业、企业、市场和区域等微观层面的研究。其中，一部分是国家自然科学基金和国家哲学社会科学基金项目的结题成果，一部分是区域经济或产业经济发展的研究报告，还有一部分是青年学者的理论探索，每一本著作都倾注了作者的心血。

本丛书的出版，一是希望能为本学科的发展奉献一份绵薄之力；二是希望求教于农业经济管理学科同行，以使本学科的研究更加规范；三是对作者辛勤工作的肯定，同时也是对关心和支持本学科发展的各级领导和同行的感谢。

李崇光

2010 年 4 月

目　录

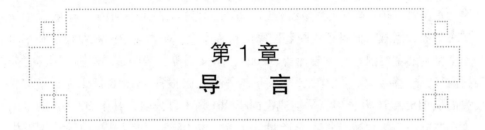

第1章
导　言

1.1　研究的背景和意义

1.1.1　研究背景

1.1.1.1　对灾害问题关注增加，国家政策大力扶持抗灾农业

自然灾害的不断发生，给国家经济发展和人民生活水平提高都带来了诸多困难。旱灾是我国主要的自然灾害之一。2010~2012 年我国旱灾受灾面积分别为 1325.9 万公顷、1630.4 万公顷、934 万公顷，分别占全国农业种植面积的 8.25%、10.05%、5.72%。面对依然严峻的自然灾害威胁，社会各界对灾害问题的关注程度日益增加，政府出台了诸多政策大力扶持抗灾农业的发展。尤其是在近几年的中央一号文件中明确提出要完善水利设施，提高抗灾能力。2012 年中央一号文件强调要支持在关键农时、重点区域开展防灾减灾技术指导和生产服务。2013 年中央一号文件提出要加快大中型灌区配套改造、灌排泵站更新改造、中小河流治理，扩大小型农田水利重点县覆盖范围，大力发展高效节水灌溉，加大雨水集蓄利用、堰塘整治等工程建设力度，提高防汛抗旱减灾能力。2014 年中央一号文件指示要谋划建设一批关系国计民生的重大水利工程，加强水源工程建设和雨水、洪水资源化利用，启动实施全国抗旱规划，提高农业抗旱能力。

1.1.1.2　旱灾频发，严重影响农业生产和人民生活

由于全球气候变化，极端天气气候事件发生更加频繁，导致严重的自然灾害频发，这给我国经济发展和人民生活造成了重大损失。如何最大限度地减轻灾害的影响和损失，已成为实现社会经济可持续发展所需要解决的重要问题（罗小锋，2007；李宏，2010）。干旱灾害是影响我国农业生产和农民生活最严

重的自然灾害之一（程静和陶建平，2010；李文娟等，2010；许朗等，2012）。2013年夏季，贵州、湖南、湖北、重庆等13个省份遭受旱灾，造成594.8万人饮水困难，403.4万人需生活救助。旱灾不但造成了巨大损失，给农民生活带来了极大困难，而且还威胁着国家的粮食安全，是影响中国农业稳定和粮食安全供给的主要因素（王春乙等，2007；李文娟等，2010）。据中国旱灾害公报测算，60多年来，我国由于旱灾平均每年损失粮食161.18亿千克，平均受灾面积2155.954万公顷，平均成灾面积961.361万公顷，其中2000年的全国大旱造成当年粮食减产量占总产量的13%。近年来，西南民族地区连续发生严重的干旱灾害：2005年春季云南发生严重干旱；2006年夏季川渝地区出现特大干旱；2009年秋季到2010年春季，以云南、贵州为中心的5个省份遭遇百年不遇的大旱，持续时间之长、危害之大均属历史罕见。这些旱灾对当地国民经济发展、社会生活稳定以及生态环境造成了极其严重的破坏。

1.1.2 研究目的与意义

1.1.2.1 研究目的

作为农业经营主体的农民，所掌握的社会经济资源少，使得农业抵御自然灾害能力弱，更容易受到自然灾害的冲击（巩前文和张俊飚，2007；罗小锋，2011）。因此，农民应该作为各级政府及社会团体实行防灾减灾政策和措施的重点关注和帮扶的对象。从政府的防灾减灾措施的实施效果来看，农民抵御自然灾害的能力有了一定程度的增强，但效果并不显著，农民在遭受自然灾害时，损失依然巨大。导致减灾措施效果不明显的一个重要原因可能是各级政府在采取防灾减灾措施的过程中忽视了对农民灾害回应和恢复行为的了解，这导致减灾措施低效化，乃至完全失效。人们对灾害的感知是影响他们的灾害回应和恢复行为的重要因素。农民作为防灾减灾的重要主体，充分理解他们的灾害感知和调适行为，对于提高政府减灾措施的被接受程度和采用效果有重要作用。基于此，一方面需要了解灾害本身的相关情况；另一方面需要研究分析已经实施的一些减灾措施效果不明显的原因。本书主要通过实地调查，了解西南民族地区的旱灾形成机理及农业抗旱能力，分析农户对造成旱灾原因、旱灾影响、旱灾防治的认知及其影响因素，深入理解农户旱灾调适行为以及农户旱灾感知与调适行为之间的关系，以期为政府部门制定合理的抗旱减灾政策，实行有效的抗旱措施，从而提高西南民族地区农业抗旱减灾能力，提供微观决策依据。

1.1.2.2　研究意义

从国内外灾害管理的经验来看，聚焦于清理和救援工作的时代已经过去，必须在动员的层面和时间上延伸灾害管理的相关工作。其中一个非常重要的方面就是，改变在传统的灾害管理工作中将专家所感知的灾害风险作为唯一评估标准的做法，开始关注民众的感知。每个人基于自身背景和所扮演角色的不同，产生的感知会有所差别，导致不同决策者适应行为的大相径庭（云雅如等，2009）。如果政府在制订防灾计划的过程中忽略个人灾害感知和调适行为的差异，会影响防灾减灾计划执行的有效性，甚至出现民众抵制防灾减灾计划实施的情形。灾害在历史中不断发生，经常给人类和人类赖以生存的环境造成破坏性影响，其中又以身处政治、社会、经济及资源分配末端的农村区域更为明显。西南民族地区的农村就是这样的空间角色。基于此，进行一项关于西南民族地区农户灾害感知和调适行为问题的研究，希望能通过不同于以往的思路，由农户感知和行为出发，引进一股由下而上的声音，为深入理解西南民族地区农户灾害感知和调适行为及如何受到相关因素的影响提供一个十分独特的机会。这种深入理解将为技术和政策的干预提供农户层面的微观行为基础，采取措施减少负面影响，提升西南民族地区农业抗灾能力。

1.2　国内外研究文献综述

1.2.1　关于农业灾害研究的综述

1.2.1.1　农业灾害

农业灾害是指由于无序的农业系统而对农业正常的生产经营活动造成危害和损失的各种灾害的总称，主要包括旱灾、洪涝灾害、农作物生物灾害、地震灾害、海洋灾害以及森林灾害等。旱灾、水灾以及病虫害是对农业生产活动危害最大的灾害。旱灾作为我国历史上发生最多的自然灾害，往往会与病虫害等灾害伴随发生。关于自然灾害风险的内涵，大多数研究主要参考1992年联合国人道主义事务部所下的定义，即在一定的时空范围内，由于某一种特定的自然灾害而引起的社会经济系统的期望损失值，并且主张用"风险度＝危险度×易损度"来定量计算自然灾害风险度。张继权等（2004）认为自然灾害不仅具有自然属性，还具有社会属性。自然灾害发生的原因是自然灾害因子变化与人类活动本身双重作用的结果。同时，他又指出风险普遍存在，具有很强的不确定性。他还指出自然灾害风险是由灾害危险性、暴露性以及承灾体的脆弱性三个因子相互作用的综合结果（张继权，2006）。Blaikie（1994）在对自然灾害易损性作分析时，提出了著名的"压力–释放"模型，研究结果表明自然灾害的风险是由致灾因子和易损性两者共同表征。

1.2.1.2 农业灾害风险管理

有学者认为农业灾害风险能否形成取决于两方面因素：一方面是自然灾害冲击力的大小，另一方面是风险主体抵抗灾害冲击的能力大小。他们认为，当自然灾害的冲击力较弱时，或者即使自然灾害冲击力很大但农业生产经营主体抗风险能力很强时都不会形成农业灾害风险，这也说明了农业风险虽然难以避免但却可以降低。但是我国的农业风险管理方式不足，管理效率低下，急需对农业风险管理体系做出进一步的完善。众多学者对农业灾害风险管理的现状进行了研究：王国敏（2007）认为我国对农业自然灾害的风险管理方式单一，效率低，效果不明显；张昶和胡志全（2008）在对黑龙江省农业自然灾害管理的研究中指出，该省存在风险管理的市场运作机制不完善、产品结构单一、农业保险发展滞后等问题。

对于农业自然灾害风险的管理措施，学者们普遍强调要多方面、全方位管理灾害风险。根据灾害发生的阶段建立综合防范体系（王国敏，2007），从农业基础设施建设、资金支持、全民防灾意识提高、发展农业保险等方面提高农业风险的管理能力（张昶和胡志全，2008）；从水利工程、水利调度与生态工程等减灾措施入手的同时，调整人地关系，进行生态减压（刘成武等，2004；薛丽和顾颖，2007）。部分学者的研究突出了农业保险的地位和作用，认为农业保险的资金来源具有更好的可靠性，农业保险有助于增强农户的风险防御能力，提升中国农业自然灾害风险管理能力（张昶和胡志全，2008；肖海峰和曹佳，2009；杨霞和李毅，2010）。

1.2.2 关于旱灾研究的综述

干旱灾害是指在某一地区，在一段时间内降水量较正常历史同期显著偏少，且工程供水不能满足需求，导致该地区的社会经济活动受到较大影响并造成损失的事件（臧文斌等，2010）。干旱灾害属于气候灾害，是世界范围的主要自然灾害之一。干旱一旦发生，将会造成长时间、大范围的影响，是造成损失最为严重的自然灾害之一（Wilhite，2000）。随着经济全球化的深入推进，国际社会经济迅速发展，干旱的频繁发生给全球生态环境以及社会经济发展造成严重影响。干旱灾害已引起国际社会的高度重视。

20世纪30年代，美国经历了一场持续近10年的干旱，这给美国社会经济带来巨大影响（Siegfried and Schubert，2004；Cook et al.，2009）。据估计，每年干旱给美国造成的损失约为60亿～80亿美元（Anderson and Hain，2011）。Holden等通过分析干旱风险对家庭生产、福利和食品安全造成的影响，发现干旱带来两方面的影响，其一是影响农产品价格，导致农户收入减少；其二是导致农作物减产，前者的影响远大于后者（Holden and Shiferaw，2004）。Parry等（2005）的研究进一步证实了干旱将导致农业产量减少。干旱灾害是我国农业生产的最大风险，严重影响农产品生产供给与粮食安全（程静和陶建平，2010）。Jonathan和Joerss（2009）的研究表明，我国对干旱灾害应给予足够的重视，积极采取有效的应对措施抗旱减灾，否则，到2030年，我国东北地区的3500万农民将可能因干旱损失一半以上的农业收入。

基于旱灾对国民经济和社会发展的严重影响，许多学者从旱灾发生特征、发生原因、旱灾灾害风险研究以及旱灾防治对策等方面进行了广泛而深入的研究。

1.2.2.1 有关旱灾发生趋势的研究

张庆云和陈烈庭（1991）利用降水量的变化分析了区域干旱化的一些特征，认为我国华北地区的降水呈减少趋势。马柱国和符淙斌（2007）通过定义地表湿润度指数，并利用该指数分析近50年来全球干旱化的趋势，指出在全球范围内均表现出干旱化，其中非洲的干旱化最严重，而我国北方地区也表现出显著的干旱化。在此基础上，马柱国和任小波（2007）深入分析我国典型干旱区的干旱化特征，研究认为东北、华北、西北及西南地区在总体上干旱化不断加重，且年代际特征明显，其中西南地区干旱时间最长。张允和赵景波（2009）对西海固1644～1911年地区干旱灾害的时间变化、空间变化、等级序列以及驱动力因子进行了研究。发现在气候条件，人类活动的影响下，干旱灾害在时间和区域上呈逐年加重的趋势。李晶等（2010）运用统计计算、频率分析等方法分析了内蒙古101个县（旗）1990～2007年的数据，初步确定了内蒙古的旱情时空分布特征，确定了3个易旱季节旱灾易发区的分布区划及3个级别的旱灾等级（严重旱灾、中度旱灾、轻度旱灾）发生频率和分布区划。江涛等（2012）利用1956～2005年126个雨量站逐月的降水资料，探讨了广东省干旱灾害空间分布规律，发现局部地区干旱灾害逐渐加重的趋势。贺晋云等（2011）在马柱国等的研究基础上，对西南民族地区的干旱化特征作出进一步研究，认为极端干旱频率显著增加的地区主要为贵州北部、四川盆地西南部和广西南部。

1.2.2.2　有关旱灾成因的研究

起初，学者们主要是从大气环流、海温异常等自然科学研究角度对干旱的成因进行研究。Filippo 等（1996）对美国旱灾成因进行了深入分析，指出大尺度的水汽输送不足及天气尺度气旋活动是导致美国干旱的主要原因。Hoerling 和 Kumar（2003）通过分析 1998～2002 年发生在欧洲南部、非洲西南部及美国等地的大范围干旱，发现其主要原因是海温异常。在我国，黄荣辉等（2006）从热带太平洋海表温度异常的角度，研究沃克环流的变化对我国干旱的影响，并指出 ENSO（EI Niño-Southern Oscillation）事件的不同阶段对夏季华北地区、黄河流域以及江淮流域干旱的不同影响。李永华等（2009）指出 2006 年夏季我国西南民族地区东部发生干旱主要是受海洋环流异常的影响。

近年来，学者们开始从人类活动以及社会经济的角度探讨旱灾成因。张家团和屈艳萍（2008）基于干旱灾害统计资料，对我国干旱灾害特点及其演变规律进行了分析总结，发现自然因素和人类活动的共同影响是干旱灾害呈现加重趋势的重要原因，其中自然因素包括气温升高、区域降水波动增大以及河川径流减少等，人类活动的影响包括水资源利用率较低、水资源刚性需求增加以及抗旱基础设施建设严重滞后等。郭纯青等（2011）认为西南岩溶区的水文地质和地貌条件是旱情发生的独特因素，而人为因素造成的工程性缺水、环境恶化等因素加剧了干旱造成的损失。钟玉秀和付健（2010）从水资源开发利用的角度出发，分析西南民族地区旱灾发生特点，指出了西南民族地区重防洪、轻抗旱的问题。李蓉（2010）基于农村生产性公共产品供给分析西南民族地区旱灾，发现农村生产性公共产品供给整体不足、供给结构失衡以及生产性公共产品的管理维护不当等问题是影响旱灾损失的重要因素。吕娟等（2011）根据 2000 年以后的气象及旱灾统计数据，总结分析了 21 世纪我国干旱灾害发生频率大，受旱面积广，区域变化明显的特点，并从自然、社会两方面分析旱灾频发的原因。李治国等（2012）利用河南省 1950～2009 年干旱灾情资料，分析了干旱灾害的变化特征及成因，得到的结论是资源环境、气候变化和社会经济条件是干旱灾害形成的原因。周婷（2012）分析了气候变化和人类活动对澜沧江流域清盛站水文干旱的影响，结果表明不同气候变化情景对水文干旱历时、强度和频率的影响不同，水库调度对水文干旱起明显的缓解作用。

1.2.2.3　关于旱灾风险管理的研究

旱灾风险管理研究主要集中在干旱灾害的损失评估和风险管理等方面。顾颖（2006）提出我国的旱灾管理方式应该从现行的危机管理向风险管理转变，旱灾风险管理应包括干旱期的水资源管理、干旱早期预警和干旱预案。薛丽和顾颖（2007）认为干旱预警信息为有关管理部门实施水利调度，防旱抗旱措施提供重要的决策依据，使人们在受到干旱灾害威胁之前有充足的时间采取适当的措施尽量降低干旱灾害的损害，达到对旱灾风险进行管理的目的。喻朝庆（2009）认为旱灾风险管理应有管理目标与量化标准，走量化管理之路。陈红等（2010）采用人类生存环境风险评价法，结合 GIS 技术，对黑龙江省农业灾害风险进行了分析。基于包头 7 个气象站 1971～2000 年的降水数据，夏雪莲（2011）以综合风险指数为主要依据，利用 GIS 技术，对包头综合干旱风险进行了研究。

1.2.2.4　有关减灾措施的研究

为尽可能地规避灾害风险，将灾害损失降到最低，国内外许多学者已经开展减灾措施问题的研究，为抗旱救灾提供科学依据和理论指导。姜德贵（2002）首先分析了我国干旱缺水的态势及成因，并对滁州市的干旱及旱灾的成因进行了分析，结果表明自然因素是引起干旱的主要原因，但人类的经济活动在相当程度上加剧了旱灾发生的频度；并通过分析结果，提出了区域抗旱减灾的决策模型，即区域内水资源优化分配模型、区域内季节性水资源在不同农作物间的优化分配模型和农作物不同生育阶段灌溉用水量的优化分配模型。周惠成（2011）揭示了大连市农业干旱的影响因素及工业挤占农业用水的现象，并针对大连地区旱灾造成的水资源缺乏的实际情况，提出了加强大连地区农业节水灌溉建设、实行中水灌溉提高水资源利用效率、开展工农业水权转换解决区域工农业用水矛盾等建议，并对抗旱减灾决策支持系统的建设进行了可行性研究。梁忠民等（2013）在总结抗旱能力相关研究成果的基础上，探讨了抗旱能力的理论内涵及评估方法。借鉴抗御地震和洪水等其他自然灾害能力、自然资源承载力的定义，综合考虑抗旱能力的自然与社会双重属性，兼顾相关行业中关于能力描述的两点要义：一是与灾害级别或量级大小联系在一起；二是强调人类的抵御活动及其最大限度的概念，阐述了抗旱能力的定义及其内涵。基于构成要素和定义剖析，构建了抗旱能力评估方法体系，初步构建了抗旱能力基础理论框架，从而为抗旱能力的研究提供了理论指导。顾颖和倪深海（2005）认为中国农村地区抗旱能力薄弱、水利工程建设不完善、抗旱投入长期不足以及抗旱管理水平亟待提高等种种问题表明，目前的旱灾风险管理工作不够系统、规范和全面，不能满足目前抗旱减灾的需求。学者们对发展中国家农户处理（干旱）风险管理策略的研究显示，农户通常采取包括调整生产投入、混合种植高产及耐旱品种、改种其他作物、多样化收入活动、减少消费、村内互助、私人借贷、变卖资产乃至举家外迁等（UDRYC，1995；Pandey et al.，2000）策略应对干旱风险。Becker（1999）对直接的损失补贴、降低水资源价格两种减灾方法进行了比较，并分析了两种方法对于减轻农户受灾影响的效果。我国学者针对西南民族地区严重的干旱灾害，也纷纷提出减灾对策，主要包括，加强农田水利设施建设（彭世彰等，2012），推广农业节水技术，发展节水灌溉，提高水资源利用率（王龙昌等，2010；鲍文，2011；杨伟，2012），建立和完善国家风险管理体系，抗击旱灾风险（魏华林等，2011），加强水资源管理，严格水资源管理分配（潘世兵和路京，2010）。

国内还有许多学者通过建立抗旱能力综合评价体系对干旱灾害作出研究。顾颖等（2005）在对中国农业抗旱能力进行综合评价研究时，最早指出农业抗旱能力综合反映了一个地区防旱减灾的综合实力。其通过对我国现状条件下农业抗旱影响因素的分析，建立了农业抗旱能力综合指标评价体系，在此体系下运用数学模糊聚类分析方法，对我国农业抗旱能力进行了评价分类，首次对全国31个省份的农业抗旱能力进行了等级评定，为我国抗旱减灾战略的制订提供了研究背景资料。杨奇勇等（2007）、刘迎春和肖谦益（2007）等学者分别运用灰色系统理论中的关联分析，建立了湖南省农业抗旱能力的评价指标体系，并利用多目标决策法对湖南省14个市（州）的抗旱能力进行了评价，为湖南抗旱减灾与提高抗旱能力提供了合理化建议。李树岩等（2009）在研究河南省农业抗旱能力时依据河南省20世纪90年代以来的农业、水利、土壤等资料，构建其农业综合抗旱能力评价指标体系，以此为基础，计算农业综合抗旱指数，并对全省农业综合抗旱能力进行了区划。国内不少学者都对影响甘肃省农业抗旱能力的影响因素进行了分析。邓建伟等（2010）在进行分析时选取了水库调蓄率、灌溉率、旱涝保收率、农村人均收入、水利投资率、节水率、旱作率、浇地率和抗旱资产等代表性指标，建立了适合甘肃省实际省情的农业抗旱能力综合指标体系。而姬跃红等（2012）在对甘肃省农业抗旱能力进行评价时首先选择了水利工程、经济实力支持、农业生产水平及抗旱组织管理等4个代表性指标作为评价因子，按流域确定了指标权重，并采用单目标评价方法确定代表性指标构成要素，形成评价指标体系并确定评价层权重，提出了农业抗旱能力评价等级。

从总体来看，国外研究内容比较广泛；国内对旱灾的研究以单学科为主，内容主要集中于旱灾特征、发生原因、旱灾防灾等方面。而随着社会经济发展，旱灾表现出的新特点，对经济社会各方面的影响不断加深，因此需要从更加全面的角度，以可持续发展的视角对抗旱减灾进行探讨。目前，这些方面的研究还不够。此外，对西南民族地区旱灾形成时空特点、形成机理及抗灾体系的研究也不充分。

1.2.2.5 有关旱灾影响的研究

干旱灾害与粮食生产之间的关系是研究灾害经济学的重要内容。干旱灾害与粮食产量增长之间的关系十分复杂，由于干扰因素较多，因此针对两者之间存在的相关性程度，不同的学者从不同的角度进行了分析。

大多学者从粮食总产量研究出发，得出较一致的结论：干旱灾害是造成我国农业经济损失中最严重的气象灾害。李茂松等（2005）对我国五十年的粮食产量进行收集整理，对影响粮食产量的各个因素进行相关性分析，结果表明自然灾害对我国的粮食产量影响最大。卢丽萍等（2009）研究了气象灾害和农业生产间的量化关系，证明作物产量与受灾程度负相关，且干旱灾害和洪涝灾害是危害最大的气象灾害。李文娟等（2010）在研究旱灾对粮食安全影响问题时，指出旱灾是影响我国农业的首要自然灾害，对我国粮食安全的影响较为显著，严重威胁国家粮食安全。龙方等（2010）认为粮食生产波动是多种因素作用的结果，周期性的自然灾害使粮食生产呈现相应波动，通过以湖南省的粮食生产为例，同样证明了自然灾害是影响粮食产量不稳的首要因素。刘晓敏和王慧军（2014）利用 1985～2010 年河北有关统计数据，通过灰色关联分析了自然灾害对粮食产量的影响，指出粮食旱灾受灾未成率对河北粮食产量的影响逐渐加强。

有些学者以旱灾与粮食单产波动的相关性作为研究切入点，丰富了这一领域的研究。武永峰等（2006）选择旱灾受灾率和旱灾异常指数作为灾情指标，研究旱灾灾情的时空变化规律与粮食单产波动的相关性，结果表明旱灾与粮食单产波动系数具有较明显的负相关关系。李彬和武恒（2009）利用新中国成立以来的农业自然灾害和粮食生产数据，探讨农业旱灾对粮食波动的影响。研究指出我国农业轻重灾情交替出现，具有波动性，且干旱成灾率和灾害强度指数以及成灾率异常指数越高，则粮食单产以及粮食播种面积越低。张建平（2013）根据山西省 60 年的相关数据进一步分析了粮食单产波动与气象灾害的相关性，结果表明自然灾害中的旱灾是山西省粮食单产波动的主要影响因素，并且影响程度呈加大的趋势。

国内外关于干旱灾害对社会经济造成的影响研究主要集中在农民收入、经济增长和农村贫困等方面。罗文映（2012）利用灰色关联法分析了自然灾害对农民收入的影响，研究证明自然灾害有两条路径因素影响农民收入：一是自然灾害因素通过影响农业收入，作用于家庭经营收入，最终影响农民收入；二是自然灾害因素会影响政府补贴于农民的自然灾害救济费，即作用于转移性收入，最终影响农民收入。在国外学者研究中，Kellenberg 和 Mobarak（2007）认为在自然灾害状况下人们为增加收入而选择的行为，会使总收入和灾害损失存在着非线性的关系。其实证分析的结果显示，不同的灾害对总收入和灾害损失的影响程度不同：与人类行为选择相关度较高的自然灾害和人均国内生产总值呈明显的非线性关系；而如地震、极度高温等与人类行为选择相关度较低的自然灾害，非线性关系则不十分明显。然而 Albala-Bertrand（1993）认为灾害对短期经济会造成较为短暂的负面影响，随着灾后设施的重新规划建设，重建资金的流入会带动灾害发生地的经济发展，因此灾害对经济的长期发展不会产生不利影响，而是会促进长期经济的发展。国内的学者路琮等（2002）讨论了自然灾害直接和间接经济损失在投入–产出表中的表达方式，建立了灾害损失评估的定量分析模型，并以农业为例分析了自然灾害造成的农业总产值损失对整个经济系统的影响。罗小锋（2005）分析了水旱灾害对湖北的影响，认为水旱灾害会对湖北的社会经济、生态环境、社会生活三方面等产生不同程度的影响，并针对分析结果提出了构建湖北防灾减灾体系的政策建议。王国敏（2005）认为自然灾害与农村贫困存在正相关关系，自然灾害对农村和农民的主要影响体现在：导致农村贫困率上升；使农村返贫现象严重；造成农村贫困地区基本建设落后，文化、卫生、教育水平差，人力资源素质低下；自然灾害频繁发生制约着农村经济的健康发展。李金鑫（2013）运用哈罗德–多马经济增长模型分析了旱灾对安徽省农村经济增长和农民收入的影响，计算结果表明旱灾对农村短期经济增长有不利影响，会造成农民收入减少。

许多学者也对自然灾害与贫困的关系进行了研究。李周（2006）认为，自然环境恶劣、人与自然的矛盾激化是导致中国农村贫困的重要原因，并通过对生态与贫困的相关性进行的统计分析表明，生态系统越脆弱，贫困发生率越高，两者在地域空间分布上呈显著性相关。然而，巩前文和张俊飚（2007）在研究农村贫困现象时，通过对安徽省农业的实证分析，得出安徽省农业自然灾害受灾面积占总播种面积的比重与农村贫困发生率呈负相关关系，与现有的研究成果不一致，为此他们提出的解释是农户抗灾能力增强和国家与地方政府救助力度增大。谢永刚等（2007）通过实证分析自然灾害对农户经济和农户承载力的影响，得到我国对灾害的承载能力较低，致灾效应强烈，尤其是在贫困的农村地区，在遭遇到自然灾害的袭击后，容易重返贫困并且需要较长的时间才能恢复灾前的水平。

1.2.2.6 西南民族地区干旱的研究进展

对于西南民族地区的研究主要包括干旱的时空特征、成因和脆弱性分析以及对农业生产方面的影响等。朱钟麟（2006）分析了西南地区的干旱特征，揭示出该地区季节性干旱严重、区域性干旱突出、干旱类型多、连旱频率高的主要规律。其又从自然和经济开发的角度，分析出该地区干旱的主要成因是降雨分布不均、水资源可利用率低、水土流失严重和水利工程滞后。马建华（2010）根据西南五省份的自然地理、社会经济、干旱灾害等基本情况全面分析了干旱灾害的成因，认为极端异常气候、社会经济环境脆弱等是西南民族地区近年来干旱尤其是特大干旱发生的主要原因。黄荣辉等（2012）则认为从2009年秋到2010年春季，西南地区严重干旱是由于热带西太平洋和热带印度洋热力异常，对热带西太平洋和南亚上空大气环流的影响，进而造成了西南气流异常引起了此区域降水长期偏少。王林和陈文（2012）以干旱变化的不同时间尺度特征为出发点，利用具有多时间尺度变化并考虑温度影响的标准化降水蒸散指数（SPEI）对我国西南地区近百年的干旱演变特征进行了分析，得出不同时间尺度的干旱叠加会导致极端干旱事件发生，从而对社会经济造成严重影响，并针对近百年温度变化对西南地区干旱影响的分析表明，高温对干旱的贡献可以达到20%～25%。尹晗和李耀辉（2013）分析了1960～2012年西南地区干旱强度和范围的时空分布特征以及干旱趋势变化，并用 Morlet 小波分析方法分析了西南地区干旱的周期特征。得出该地区降水空间上呈"东南-西北"型分布，从东南到西北递减。汪霞（2012）认为西南旱灾的形成是降水量持续偏少、生态环境恶化与农业系统脆弱共同作用的结果。其中，降低脆弱性是减少农业旱灾损失的重要途径，并通过构建农业旱灾脆弱性综合评价指标体系，运用 TOPSIS 法对西南五省份农业旱灾脆弱性进行了综合评价，最后提出具有针对性的对策与建议。李雅坤（2012）整理了1980～2009年西南各省份旱灾和粮食生产的相关年鉴数据，运用定性和定量研究的方法，从农户的角度进行研究分析得出农户种植规模、采用节水灌溉等因素与旱灾对农户水稻生产的损害影响程度呈负相关的结论。

1.2.3 关于感知研究的综述

White（1945）通过对美国洪水灾害的探讨发现，虽然防洪设施不断兴建、防洪经费也年年成长，但洪水灾害的损失却持续增加，原因主要是过去灾害防治大多偏重于工程性的灾害防治，忽略了人文社会因素。自此，陆续有学者们投入灾害感知课题的研究。灾害感知的研究有着一个共同而简单的基本假设——人类对周围环境的看法，会根据个人的成长背景、感官经验及知识体系的不同，建立属于个人主观的环境意象，而个人偏好、价值观、态度、行为及决策模式的形成等均会以此为依据，而不是参考客观的现实世界（Downs，1970）。国外开展灾害感知研究相对较早，目前感知研究已被广泛地应用于各种灾害分析之中。研究表明，当进行风险评估和管理规划时，要综合考虑农民和普通民众的意见（Aven and Kristensen，2005）。在自然灾害领域，研究了公众的感知对计划制订减少洪涝（Assanangkornchai et al.，2004）、地震以及台风灾害（Vázquez et al.，2005）战略并进行灾害风险管理研究的影响（Plate，2002）。有许多学者讨论了风险感知的影响因素后发现，风险感知与知识、经验（Dominey-Howes and Minos-Minopoulos，2004）、意识（Gregg et al.，2004）以及担心状况相联系（Raaijmakers et al.，2008）。Knocke 和 Kolivras（2007）发现不同的人对相同的灾害有不同的感知，这是由性别、年龄和教育（Smith，2003）或灾害经历（Burningham et al.，2008）所决定的。人们的生活环境影响其风险感知（Lavigne et al.，2008）。除此之外，信息来源渠道不同也能影响风险感知（Montz and Tobin，2010）。这些研究为如何影响人群的灾害感知，进而提升抗灾能力，提供了微观和理论基础。

国内开展灾害感知研究相对较晚，最初是从心理学的角度来探讨相关问题。李景宜等（2002）在国民灾害感知方面作出一些探索性研究，建立了国民灾害感知能力测评指标体系。岳丽霞和欧国强（2005）在居民山地灾害的预防意识方面开展了相关研究。苏筠等（2007）调查了首都大学生的自然灾害认知状况，并根据他们的认知特征提出加强减灾教育的建议。近年来，国内许多学者也开始关注灾害感知影响因素的研究。例如，钱洁凡等（2009）调查了北京市城市居民对多种灾害和风险因素的认知状态，并对影响风险认知的因素进行了分析。石彦等（2008）通过对山地居民旱灾感知状况的随机抽样调查发现，居民对旱灾的感知具有一定的不确定性和空间差异性，且受到客观环境的明显影响。苏筠等（2008）研究了防洪工程的信任程度对水灾风险认知的影响。郁耀闯等（2009）对农村居民个体特征与灾害感知能力的关系进行了初步研究。尽管国内部分学者探索性地开展了上述研究，但总体而言，我国在灾害感知领域的研究，尤其是对西南民族地区农户灾害感知的具体探讨还非常薄弱，亟待加强。因此，借鉴国外研究成果从不同角度去了解背景、经验、外部环境等如何影响西南民族地区农户对灾害的感知，是本书所要探讨的重点所在。

1.2.4　关于调适行为研究的综述

农户在面对灾害威胁时，会采取诸多调适行为以减少损失，具体包括引进新型的种植技术、发展节水农业、减少耕作面积等（Campbell et al.，2010）。这些行为对农户抗击灾害起着重要作用。众多学者对家庭抗旱采取的一系列反应进行了研究（Rocheleau et al.，1995），了解哪些反应对农户发展与生存需要至关重要且有效。现有的研究确定了一系列与调适行为相关的社会经济因素。这些研究发现，个人特征、种族、民族（Fothergill，Maestas and Darlington，1999）、收入状况（Drabek，1986）和教育程度（Mileti and Darlington，1995）都可能影响受害者的行动，还有其他一些因素，包括人口属性和受害者的经验。外部因素包括灾害信息源、社交网络、灾害特征和空间位置特征（Lavigne et al.，2008）。研究发现，个人对风险的感知因人而异，根据他们的认知和所处环境的差异，从而影响人类的行为。一些实证研究主要集中研究感知与调适行为之间的关系。Dooley 等（1992）发现高水平的认知与不断增加的防范行为有关。然而，其他研究发现感知与风险调适行为没有统计学关联。

在医学领域有学者通过对骨质疏松疾病认识和态度的研究，认为知识能够影响人的健康信念，并据此提出迫切需要加强公共健康教育，提供足够的知识来影响态度、信仰和行为（Sayed-Hassan et al.，2013）。Whyte（1986）对风险感知的影响因素分为 3 组进行了研究，在个人特征组中研究了低的教育水平、焦虑担心等因素，在情境因素组中研究了对政府当局缺乏信任的因素。

有较多的学者对自然灾害领域中的风险感知进行了研究。Basolo 等（2009）研究了在管理灾害过程中个人对当地政府的信心对感知和实际准备水平的影响。研究结果表明，对当地政府灾害管理了解越多，接触更多的准备信息来源，其感知水平越高，并且对地方政府的信心对家庭实际准备行动中没有潜在抑制作用。Wachinger 等（2013）认为，个人经历的自然灾害、信任或不信任政府和专家对风险感知有最实质性的影响。文化和个人因素（如受教育程度、收入、社会地位）对风险感知的影响不如其他因素明显，但是可以对主要经验、信任、感知和采取防护行动的准备工作之间的因果关系起调节作用。Smucker 和 Wisner（2008）认为人民的信仰对于呼吁政府援助可能性越来越重要，通过人民的信仰给予政府官员以及更多居住在政府附近的人更大的感知途径。Pagneux 等（2011）对冰岛民众的洪水灾害和洪水风险感知进行了研究。结果显示，该地区民众的灾害意识较差，不了解历史上的洪水泛滥，也不担心会发生新的灾害。此外，洪水事件经历是最有效的知识来源，而风险评估和担心是不相关的。

理解这些影响调适行为的因素对于提升农业抗灾能力，达成减灾目标具有重大意义。尽管缺乏针对调适行为优先序的分析，但上述研究成果为调适行为优先序分析中农户的科学分类提供了很好的标准。国内在调适行为方面的研究才刚刚起步，只有部分学者对调适行为的作用进行了分析。例如，苏筠等（2009）指出，公众的减灾行为直接影响到他们对国家减灾政策的贯彻执行。然而，国内关于调适行为优先序和影响因素的具体探讨非常缺乏。由于西南民族地区农村具有相对封闭性和自然经济等特征，农户行为受传统文化影响深远，故对西南民族地区农户调适行为的分析不同于城镇居民，更不同于西方国家居民。因此，借鉴国外对调适行为影响因素的相关研究成果，深入分析西南民族地区农户调适行为，也是本书所要探讨的重点所在。

1.3　研究的内容和方法

1.3.1　研究内容

本书主要包括以下几个部分：

1）西南民族地区农业灾害与抗灾能力分析。运用文献回顾方法描述西南民族地区农业灾害的时空特点，从区域自然环境和人文环境两个方面剖析西南民族地区农业灾害的形成机理。在此基础上，利用从农户、农业局、气象局、防汛抗旱指挥部、科研技术单位等机构和部门所获取的调查资料和访谈记录，从不同的视角分析西南民族地区农业抗灾能力。

2）西南民族地区农户灾害感知及影响因素分析。本部分的研究主要包括两个方面：一是通过分析农户的灾害知识和减灾态度，主要涉及灾害发生季节、灾害频次和趋势、灾害发生原因、灾害影响、防治灾害的重要性、对政府减灾工作的满意度等内容，总结西南民族地区农户的灾害感知现状；二是构建计量经济模型，以农户人口属性、社会经济状况、受灾经验、资源拥有度、环境熟悉度、灾害信息来源、社会网络及空间区位等因子为自变量，以灾害趋势、对政府减灾工作的满意度等灾害感知为因变量，通过定量分析，识别农户灾害感知的影响因素。

3）西南民族地区农户调适行为及优先序分析。本部分的研究主要包括两个方面：一是摸清农户正常年份和灾害年份的生产管理措施，尤其关注针对灾害的特殊生产管理措施，包括考察作物茬口安排灵活性程度、收入多样化活动、作物多样化程度、作物品种多样化程度等调适行为；二是在总结所有受调查农户调适行为的基础上，排列出不同类型农户其调适行为的优先序。

4）西南民族地区农户灾害感知与调适行为的内在逻辑分析。本部分探索性地提出农户灾害感知与调适行为之间的"因果模式"，即假设灾害感知（灾害趋势总体评价、对政府减灾工作的满意度、再次发生灾害的担心程度）与调适行为（合理安排作物茬口）之间存在某种因果关系，在此基础上，运用路径分析方法检验其内在逻辑关系的真实性。

5）提升西南民族地区农业抗灾能力的政策建议。本部分的研究主要包括两个方面：一是从农户灾害感知出发，提出建立基于农户灾害感知识别与表达的农业抗灾定位与修正机制。首先，摸清农户对灾害的真实感知，为技术和政策干预找准方向；其次，对部分可以修正的感知，在识别其主要影响因素的基础上，采取针对性措施进行修正。二是从农户调适行为出发，提出基于农户调适行为识别与表达的激励、补充和加强农户自身努力的机制。按照不同农户调适行为的优先序，分别采取不同的手段去激励、补充或加强农户的调适行为。

1.3.2 研究方法

本书使用的主要研究方法有文献查阅法、实地调研法、统计分析法、定量评价法以及数理模型分析法。

1）文献查阅法。本书通过收集、阅读并整理有关旱灾、抗旱减灾以及农户感知研究的论文、著作和统计年鉴，形成国内外对干旱、抗旱减灾以及农户感知研究的整体认知；定性分析西南民族地区旱灾时空特点、形成机理以及抗旱减灾机制，为本书的研究打下了坚实的理论基础。

2）实地调研法。本书有针对性地设计调查问卷，遵循随机抽样的原则，选择西南民族地区不同自然环境与人文环境条件下农户开展的实地调研，开展访问座谈，获取了珍贵的一手资料，真实地了解西南民族地区农村社会经济发展以及旱灾发生状况，是进行农户旱灾感知研究的必要条件。

3）统计分析法。针对实地调研所得的各类数据，本书运用统计分析法分析其统计特征，描述性分析了西南民族地区被调查农户的人口属性、家庭经济状况、灾害信息来源、旱灾感知状况等特征，为深入分析农户旱灾感知作出必要准备。

4）定量评价法。本书建立了农户旱灾感知评价指标体系，运用熵值法，确定了农户旱灾感知评价指标体系的权重，对西南民族地区农户的旱灾感知程度进行了定量评估。

5）数理模型分析法。本书立足西南民族地区农村社会经济实际情况，基于已有的农户旱灾感知研究以及实地调研数据，构建定序因变量回归分析模型，探究影响农户旱灾感知程度的因素。

第 2 章
西南民族地区农业旱灾影响
与抗灾建设

2.1 西南民族地区农业旱灾

2.1.1 西南民族地区概况

西南民族地区是指秦岭以南的我国西南广阔腹地,主要包括四川、重庆、云南、贵州和广西等 5 省(直辖市),位于东经 91°21′~112°04′、北纬 20°54′~34°19′,土地面积达到 136.4 万平方千米,占全国陆地总面积的 14.2%。2010 年,西南民族地区总人口数量为 23 408 万人,总耕地面积 28 949万亩①,分别占全国人口的 17.08% 和总耕地面积的 15.85%;人均耕地面积约 1.23 亩,为全国平均水平的 89.34%。西南民族地区农业总产值为 10 632亿元,其中,种植业产值为 5544.28 亿元,畜牧业产值为 3795.40 亿元,农业总产值占全国的 36.15%,是我国重要的农畜产品生产基地。西南民族地区具有独特的地理位置和地形地貌,气候类型复杂多样,物种资源极其丰富(王明田等,2012)。

2.1.1.1 西南民族地区地形地貌

西南民族地区自东往西,跨越了我国地形的三大阶梯,除西藏地处世界屋脊的青藏高原以外,其他地方多位于青藏高原和华中丘陵平原之间的过渡地带,海拔 5000~6000 米的高峰众多,最高峰为贡嘎山,海拔 7556 米,海拔最低点只有 76.4 米。该地区地形复杂,由多个地形单元组成,各单元之间存在

---

① 1 亩≈666.67 平方米。

着较大差异，山地、高原、丘陵、平原、河谷等均有分布。本区主要分为秦巴山地、四川盆地、云贵高原、川西高原四个地形单元。①秦巴山地，是指四川盆地北缘的大巴山与秦岭之间的地区，这里的人文自然与四川盆地极其相似，素有"鱼米之乡"美誉的汉中盆地也位于此，长约100千米，宽5~30千米，物产富饶。②四川盆地，位于秦巴山地以南，面积约18万平方千米，四周海拔为1000~3000米，被大凉山、邛崃山、岷山、大巴山、巫山以及云贵高原环绕，盆底平坦，海拔只有300~700米。四川盆地内部以华蓥山和龙泉山为界又可以分为三个小单元，华蓥山以东的平行岭谷地区，它由东北-西南走向的十余条条状山地和谷底组成；华蓥山和龙泉山之间的广阔丘陵地带；龙泉山以西的川西平原，川西平原主要是指由岷江、沱江等河流冲击而成的成都平原及其周边的丘陵合地。③云贵高原，主要是由贵州高原和云南高原两部分构成，贵州高原是隆起在四川盆地和广西盆地之间的一个高原山区，由于地壳抬升、河流下切，贵州高原地面崎岖破碎，地貌类型复杂，主要山脉有大娄山、武陵山、乌蒙山以及苗岭。这里大量分布着石灰岩等碳酸盐质岩石，岩溶地貌发育非常典型。高原和山岭之间分布着大大小小的盆地和河谷平原，是贵州高原农业种植的主要区域。云南高原位于沅江以东，这里广泛分布着石灰岩岩溶地貌，有滇池、洱海两个比较大的断层湖。④川西高原西起四川盆地的西缘，东至青藏高原的东缘，包括阿坝藏族羌族自治州、甘孜藏族自治州以及凉山彝族自治州，属于青藏高原主体的一部分，草原沼泽广布，适宜农牧业发展，横断山山地以北的区域，山河相间，农业耕作区沿河分布。青藏高原有"世界屋脊"之称，平均海拔在4000米以上。总体而言，西南民族地区具有独特的地理位置和地形地貌，岩溶地貌分布广泛。

2.1.1.2　西南民族地区耕地资源分布

西南民族地区耕地资源丰富，有适宜粮食作物生长的气候资源和水资源。同时，由于西南民族地区的人口数量相对平原地区较少，人均耕地占有面积高于全国平均水平：西南民族地区人均占有耕地面积达1.47亩，比全国人均占有面积多0.12亩。根据中国统计年鉴的数据整理可知，西南民族地区的耕地面积总共达28 111.04万亩，占全国总耕地面积的15.40%。在西南五省份中拥有耕地面积最多的是云南，达9108.09万亩。同时云南也是人均占有耕地面积最多的省份，比全国的平均水平多0.60亩（表2-1）。

表 2-1　2012 年西南地区耕地面积情况

项目	人口（万人）	耕地面积（万亩）	人均耕地面积（亩/人）
重庆	2 945.00	3 353.90	1.14
四川	8 076.20	8 921.10	1.10
贵州	3 484.07	6 727.95	1.93
云南	4 659.00	9 108.09	1.95
广西	4 682.00	6 326.25	1.35
西南民族地区	23 846.27	34 437.29	1.49
全国合计	135 404.00	182 573.85	1.35

资料来源：《中国统计年鉴》（2013）

2.1.1.3　西南民族地区水文分布

西南民族地区河网密集，河流众多，湖泊广布，多大江大河分布，主要属长江流域和珠江流域，中部和北部主要以长江流域河流为主，南部和西部主要有珠江、澜沧江、红河、怒江等，受地形因素影响，境内的河流多具有河谷深切、比降大、含沙量低、水量丰富以及岩溶地区地下伏流普遍发育的特点（朱钟麟等，2006）。西南民族地区的湖泊主要是以高原湖泊为主，大致分布在三个区域：藏北高原湖泊区、滇中高原湖泊密集区、滇西北高原湖泊分布区，主要的湖泊有纳木错湖、抚仙湖、滇池、洱海、泸沽湖等。

2.1.1.4　西南民族地区气候分布

西南民族地区地域广阔，地形地貌复杂，使得本区的气候类型呈现出复杂多样的特点，很难对西南民族地区作出总体的气候规划，四川盆地、贵州高原、云南高原以及滇北及川西南河谷都表现出不同的气候特征。全区主要有湿润北亚热带季风气候、低纬高原中南亚热带季风气候、高山寒带气候以及热带季雨林气候。湿润北亚热带季风气候，气候柔和，湿度较大，多云雾，日照少，冬暖夏热，多秋雨夜雨，主要代表是四川盆地，包括典型的盆地，盆地周围被中山和低山环绕，总体呈现东南至西北的走向的空间变化。这里年均气温为 16～18 摄氏度，冬季均温约 5～8 摄氏度，比同纬度的部分地区温暖，夏季 27～29 摄氏度，是西南民族地区夏季温度最高的区域。四川盆地湿度较大，相对湿度终年为 70%～80%，雾日在 100 天左右，日照率在 35% 以下，降水多以夏雨为主，秋雨次之；地形相对平坦，适宜人类居住与发展，成都、重庆等城市分布在此。云贵高原地区属于低纬高原中南亚热带季风气候，贵州高原的气候要素一般是自南、东而向北、西空间变化，云南高原呈现出自南到北和西到东的空间变化特点（张剑光，1988）；气候冬冷夏温，多阴雨，少日照，其中云南北部、川西南河谷和贵州西部地区干湿季分明，气候宜人，四季如春，是农业、花卉种植的理想区域。云贵高原地区年均气温为 14～18℃，年降水量 1000～1200 毫米，降水日数多，达到 170 天以上；多阴天，在贵州地区阴天日数达到 200 天以上，"天无三日晴"是贵州地区多阴天的直接写照。高山寒带气候主要集中在西藏北部，包括西藏冈底斯山和念青唐古拉山以北的广阔地区，气候由南向北逐渐寒冷干燥，南方是草原带，北方为荒漠源，形成了湿润与干旱的过渡带；海拔为 4500～5500 米，依次为高山草原、高山草甸草原、高山草甸、高山垫状植被垂直分布，5500 米以上分布着高山冰雪带和冻土层。西藏北部气温低，年均气温-2.8～1.6℃，年降水量为 250～500 毫米，总体是从东至西、由南到北递减。降雨多为地形雨，频繁而量少；加之风速快，蒸发量大，致使本区愈发寒冷干燥，低温、冰雹、霜冻、雪灾等自然灾害频发。由于西藏北部的独特地理位置和植被分布，本区经济以畜牧业发展为主。西南民族地区的南端靠近赤道部分还分布着少量热带季雨林气候区，干湿季分明，盛产大量热带植物。

2.1.1.5　西南民族地区民族分布

我国是一个多民族国家，而西南民族地区是少数民族分布最广泛的地区之一，云南是我国少数民族分布最多的省份，除汉族外，人口在 4000 人以上的民族有 25 个，大体上呈现出既杂居又聚居的分布特点。各民族在有自己的传统聚居地的同时又散居在其他民族的传统聚居地。西南民族地区的主要少数民族有傣族、壮族、彝族、佤族、苗族、怒族、门巴族等。彝族是我国古老的民族之一，它具有悠久的历史和丰富多彩的文化，对古代历法和宗教有着深刻的研究。全国彝族人口共 776 多万人，主要分布在云南、四川、贵州以及广西的西北部，其中云南分布最多，有 502.8 万人，四川约 178 万人，贵州约 85 万人，广西约 0.7 万人。彝族人民能歌善舞，有各式各样的传统曲调，服饰种类繁多，色彩纷呈，体现了本民族传统文化和审美意识。傣族是云南特有的民族，是古百越族中的一支，主要聚居生活在热带，西南民族地区自古以来就是傣族的繁衍生息之地，他们有自己独特的传统节日，尤其以"泼水节"最为著名。西南民族地区苗族主要分布在贵州省东南部和广西大苗山一带，苗族历史悠久，早在五千多年前就已经有了历史记载，苗族丰富的民间口头文学是我国语言艺术的瑰宝。壮族是我国少数民族人口最多的民族，主要分布在广西，有自己的语言、自己的文字，因此有大量的文化遗产流传下来。

2.1.1.6　西南民族地区的经济发展

"九五" 计划时期, 全国被划分为七个跨省份的经济区, 西南五省份连同西藏被划分为西南和广西地区经济区。改革开放以来, 我国国民经济取得了长足发展, 由于资源禀赋、历史文化等因素的差异, 各经济区的经济发展不平衡。西南民族地区是我国西部重要的经济区域, 劳动力充足, 自然资源丰富; 同时, 在西部大开发战略的支持下, 政府出台了一系列优惠政策, 西南民族地区发展又具备了良好的政策优势。但是, 西南民族地区地处内陆边疆, 受自然环境和地理位置的局限, 使得本区交通不便, 信息通信滞后, 严重制约了西南民族地区的经济发展, 加之本区域经济基础薄弱, 财政支撑能力不足, 特别是对基础设施、企业流动资金、科技立项等的财政投入有限, 严重影响了西南民族地区经济发展进程, 与其他地区尤其是东部沿海地区的差距越来越大。

2005 年, 西南民族地区的国内生产总值为 19 583.21 亿元, 占全国 GDP 的 10% 左右, 仅高于西北地区, 在七大经济区中位于倒数第二, 人均 GDP 为 8554 元, 在七大经济区中居于末位。西南民族地区经济总量较小, 幅员辽阔, 导致本区经济密度仅为 77 亿元/万平方千米, 也仅略高于西北地区。另外, 西南民族地区是我国著名的革命老区、少数民族地区, 产业结构极不合理, 工业发展水平低, 农业比重过大, 服务业发展缓慢, 相比其他经济区来说, 西南民族地区制造业落后, 城市化程度过低。尽管西南民族地区的水力、矿产、旅游等资源丰富, 但是由于本区生产力水平低下, 缺乏足够的资金投入和技术支持, 致使本区的资源开发面临着重重困难, 资源的开发程度不高, 资源优势没能有效转化成经济优势, 还始终是延续粗放型的经济增长方式。

改革开放之后, 东部等沿海地区逐渐转变发展模式, 确定了生产机制灵活, 产品适销对路的发展机制, 而西南民族地区的许多企业无法摆脱陈旧观念, 放弃历史包袱, 始终延续着传统的生产模式, 机制僵化, 产品层次偏低, 无法适应激烈的市场化竞争。同时, 西南民族地区还存在着依赖经济的问题, 三线类以及基地工业主要是由国家进行投资, 经济布局计划色彩浓厚, 长期以来都是依靠外部投资来拉动本区经济增长, 本区的地域优势没有得到充分的发挥。国家的投资大多倾向于国防、钢铁、重工业等特定的产业行业, 与本地经济关联度不高, 没有充分发挥市场性机制作用, 导致本区经济适应能力差, 竞争力弱。

2.1.2 西南民族地区农业旱灾概况

由于地理位置及气候因素的影响，西南民族地区干旱灾害等气象灾害发生频繁。2009 年 9 月以来，云南、贵州、重庆、四川、广西五省份多次遭遇大范围中等以上程度的气象干旱，其中云南部分地区的旱情已达到特大重度干旱等级；贵州省秋冬春连旱，出现 80 年一遇的严重干旱，部分地区甚至出现百年一遇的特大灾害。2011 年入冬以来，由于云南、四川南部降水较常年同期偏少一半以上，致使在 2012 年春季特大旱灾再次袭击我国西南民族地区。其中 2012 年 2 月以来，云南大部、四川西南部降水量不足，较常年同期减少八成以上（李雅坤，2012）。近年来，西南民族地区持续少雨，降雨量不足，导致云南大部、四川西南部地区旱情发展态势严重，其中云南中北部、四川南部、川西高原西南部这些地方旱情尤为严重。

2.1.2.1 农业旱灾损失

2003 年，部分地区发生严重伏秋连旱。2005 年，云南省发生近 50 年来少见的严重春旱。2006 年，重庆地区出现百年难遇的伏旱，重庆市全市伏旱日数普遍在 53 天以上，12 区县超过 58 天，直接经济损失 71.55 亿元，农作物受旱面积 1979.34 万亩，815 万人饮水困难。2007 年，重庆地区又发生严重的冬春夏三季连旱。2008 年，云南持续了 3 个月的干旱，据统计，云南省农作物受灾面积现已达 1500 多万亩，仅昆明山区就有近 1.90 万公顷农作物受旱，13 多万人饮水困难。2009 ~ 2010 年，连续的长时间高温，加之降水偏少，使得境内河水断流，地表龟裂，西南民族地区遭受了历史上罕见的大旱。2011 年，西南民族地区农作物受灾面积达到 4500 万亩左右，占全国旱灾总面积的一半以上。

2010 年西南民族地区的灾情最为严重：其中云南作为 2010 年大旱中受灾最严重的省份，直接经济损失达 130 多亿元，全省大部分地区（滇中、滇东、滇西东部）均遭遇了百年一遇的大旱。3000 多万亩的农作物受干旱的影响，粮食产量与 2009 年相比下降了 50%；人们的日常生活也受到极大影响，近700 万人面临饮水不足的困难，需要饮水救济的群众达到了 138.20 万人。贵州省的 84 个县、市、区在 2010 年直接经济损失 28.77 亿元，有 1244.50 万亩（轻旱 632.80 万亩、重旱 434.20 万亩、干枯 177.50 万亩）的农作物受到了干旱灾害的影响，占当年夏收农作物总面积的 60% 左右。受灾总人口高达 1700万，有 557 万人饮水困难，需要饮水救济的群众达 312.90 万人。四川有 13 个市（州）、71 个县（区）受干旱灾害的影响，农业受灾直接经济损失 13.80 亿元，农作物受灾面积 767 万亩，有 86 万亩的粮食绝收；有 184.90 万人饮水困难，需要救济的群众达 138.20 万人。广西全区都发生了不同程度的旱灾，达到特旱程度影响的县、市、区有 8 个，重旱县（市、区）21 个，中旱县（市、区）12 个，轻旱程度的县（市、区）也有 36 个。2010 年广西受干旱影响直接经济损失达 4.66 亿元，农作物受灾面积 1126 万亩，218.12 万人饮水困难，其中 31.86 万的群众需要生活饮用水的救济。重庆农作物受灾面积有 270 万亩之多，出现重旱的面积达 62 万亩，有 94 万人饮水困难。总之，2010 年西南民族地区五省（自治区、直辖市）因灾害造成的直接经济损失高达 190.20 亿元，农作物受灾面积 6.52 亿亩，粮食绝收面积 1.41 亿亩，受灾人口达 5105 万人次，1609 万人饮水困难。

2.1.2.2　农业旱灾的时空特征

从历史数据看，西南民族地区总体呈现"每年有旱情，三至六年一中旱，七至十年一大旱"的特点。自 1952 年以来，西南五省份每年干旱平均受灾面积达到 4732.04 万亩左右，个别年份甚至超过 8000 万亩。从 1952~2012 年西南民族地区旱灾受灾和成灾面积变化趋势图（图 2-1）来看，不管是受灾面积还是成灾面积，其波动幅度都呈扩大趋势，波峰与波谷的落差越来越明显。从该趋势图可以看出，西南五省干旱受灾面积与成灾面积越来越接近，说明农业干旱灾害对农业生产的破坏力越来越大，农业生产和农民收获也受到越来越大的影响。尤其是 21 世纪以来，极端干旱时有发生，区域间差异却显著减小；成灾面积平均达 2922.49 万亩，每隔 3~6 年就会出现一次受灾面积达 8000 万亩以上的严重干旱，主要是由于这一阶段是西南民族地区最为干燥的一段时间，降水量较少，雨水的不足导致该区各类季节性干旱频繁发生，其中夏季干旱发生最多，冬季次之，且多季连旱的现象较为普遍。

西南民族地区干旱灾害对农业造成的影响也呈波动趋势，农业受灾面积和成灾面积存在明显的波峰期和波谷期，并且波动周期越来越短。如果以高于受灾面积 6000 万亩以上为一个明显的波峰的话，在 1952~2012 年共出现 10 个大的波峰期：1959~1960 年、1963 年、1978~1979 年、1985 年、1987~1988 年、1990 年、1992 年、2001 年、2006 年和 2010 年。而且西南民族地区受灾面积超过 8000 万亩的严重干旱年，如 2001 年、2006 年以及 2010 年，均出现在 20 世纪 80 年代之后；以小于 3000 万亩的受灾面积为波谷的话，61 年来共出现 7 个波谷期：1952~1957 年、1966 年、1974 年、1981~1984 年、1995 年、2008 年以及 2012 年，波谷多发生在 20 世纪。

图 2-1　1952～2012 年西南民族地区旱灾受灾和成灾面积

资料来源：中国农村统计年鉴（2000～2012）；《新中国五十年农业统计资料》

在 1999～2012 年，西南民族地区中受灾和成灾情况最严重的是云南与四川（表 2-2），这 14 年间两省的平均受灾面积分别为 1429.34 万亩和 1388.42 万亩，成灾面积分别为 813.95 万亩和 692.53 万亩，两省的总受灾面积和成灾面积都占到了西南民族地区受灾和成灾面积的一半以上；另外广西、贵州和重庆受灾情况大体一致，1999～2012 年年均受灾面积都在 1000 万亩以下，成灾面积在 500 万亩左右，三者加起来的受灾和成灾面积不到西南民族地区的 50%。通过对西南民族不同地区的受灾面积占比情况进行分析（图 2-2），可以发现云南和贵州在全区总受灾面积中的比例在不断加大，而广西、四川和重庆三个地区的受灾面积占比在不断下降，这说明近年来的西南民族地区干旱灾害的发生严重区主要集中在云南和贵州两个省份。

表 2-2　1999～2012 年西南民族地区平均受灾和成灾情况

地区	受灾面积/万亩	受灾面积占西南地区比例/%	成灾面积/万亩	成灾面积占西南地区比例/%
广西	948.72	18	502.77	17
重庆	775.51	15	402.38	14
四川	1388.42	26	692.53	24
贵州	780.78	15	462.73	16
云南	1429.34	27	813.95	28
西南地区合计	5322.77	100	2874.35	100

资料来源：中国农村统计年鉴（1999～2012）；中国种植业信息网

西南民族地区的干旱灾害具有季节性，不同干旱影响也不尽相同。春旱影响农作物播种、出苗及幼苗生长；夏旱则影响农作物正常生长发育，甚至造成

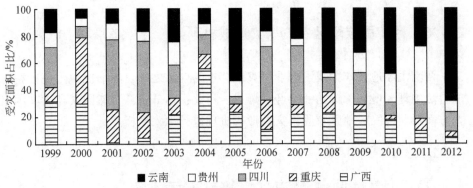

图 2-2　1999~2012 年西南民族地区受灾面积占比情况
资料来源：中国农村统计年鉴（1999~2012）；中国种植业信息网

减产等。由于西南民族地区五个省份之间水资源时空分布不均，农作物生长所需的降水量不匹配等原因，农业干旱在不同省份之间呈现出不同的季节性特征。根据历史资料统计分析表明，西南民族地区的干旱类型主要是春旱、夏旱、伏旱和秋旱与冬旱，其中春旱除重庆外（频率10%，十年一遇）几乎各省份均频繁发生，春旱的发生频率平均在52%，并呈明显的西高东低的分布特点；西南民族地区夏旱总体较轻，发生频率在0~69.2%，平均仅4%，呈分散性分布。夏旱频率较高的地区主要分布在东、西两部分，但东部轻于西部。东部主要分布在贵州东北部、重庆大部、四川东北部等地，频率在5%以上，其中重庆东北部、四川南充、贵州铜仁等部分地方夏旱频率可达10%以上。西部主要分布在川西高原等地，频率在5%以上，其中四川阿坝南部、甘孜西南部，干旱频率达25%以上（王明田等，2012）；伏旱多发生于贵州、四川东部以及重庆大部分地区；秋冬旱的发生区域主要集中在广西地区（朱钟麟等，2006）（表2-3）。

表 2-3　西南民族地区季节性旱灾发生区域及发生频率分布表

干旱类型	干旱频发区域分布及频率
春旱	云南大部分地区（67%）；贵州西北部（25%）；广西大部、四川西部和中部、川西高原和川西南山地（90%）
夏旱	重庆东北部、四川南充、贵州铜仁（10%）；川西高原地域（5%）
伏旱	贵州东部、四川东部和重庆大部分地区
秋旱、冬旱	广西大部分地区，以桂东和桂北为主

2.1.3 西南民族地区农业旱灾形成机理

西南民族地区作为我国农业旱灾最严重的地区之一，其形成原因包括特殊的自然地理环境和深刻的社会经济背景。对此，本节将从自然因素和人文因素两方面对西南民族地区农业旱灾的形成机理进行深入剖析。

2.1.3.1 自然因素

（1）季风气候和山地气候导致水资源时空分布不均匀

西南民族地区主要位于低纬度地区，由于其独特的地理位置，夏季可同时受南亚季风、东亚季风以及中高纬天气系统的交叉影响，季风气候特征显著。一般情况下，受季风气候影响，西南民族地区的降水量比较充沛，大部分地区年降水量为800~1400毫米，其中，云南、广西南部等地甚至可以达到1600毫米以上。由于受西南季风气候影响，本区年内和年际降水量时空分布极为不均，大部分地区的降水量都集中在5~10月，占全年降水量的70%~90%，其他月份降水稀少。西南民族地区地域辽阔，自东往西跨越多个气候带，加之山地面积广、地势高、山峦重叠，气候的区域变化和垂直变化均十分显著，由此也导致了降水量的空间分布差异。从总的趋势来看，本区的降水量是从东南向西北逐渐减少，具体来说，横断山脉南段西侧和东侧降水较多，而四川盆地中部、云南东中部高原以及受山脉屏蔽的河谷地带，如金沙江、大渡河等地区则是降雨较少的半干旱地带，年均降水量仅600~800毫米。由于降水分布极不均匀，本区的径流量分配具有明显的季节性特征，形成春旱、夏涝、秋干、冬枯，这同农业生产季节的用水需求不匹配。

（2）水汽输送异常造成的降水稀少

降水的形成与水汽输送密切相关，我国西南民族地区的水汽输送主要来自以下两个水汽带，一个是来自青藏高原转向孟加拉湾，经缅甸和我国云南进入我国西南民族地区东部，另一个是经孟加拉湾南部向东，输送至中南半岛和南海，再与南海越赤道气流相汇，转向西南民族地区东部的水汽带。2011年，以印度南端为中心，持续出现一条反气旋型水汽输送带，从而导致孟加拉湾上空的水汽由偏西北风输送为主，孟加拉湾地区的暖湿气流无法北上输送至我国西南民族地区。同时，由于西太平洋副热带高压的位置偏东偏北，来自于太平洋上的暖湿气流被东南及偏南风输送到长江下游甚至更北的地方，我国西南民族地区没有受到太大的影响，水汽在西南民族地区上空辐散，降雨形成受阻，水汽辐散区维持出现在西南上空，导致了西南民族地区干旱持续了很长时间。

同时，拉尼娜①的出现也是导致我国西南干旱的一个重要原因。

（3）风带和气压带异常造成降水偏少

从风带和气压带的布局来看，当西南民族地区长期处于异常高气压控制的情况下，对流层中低层气流辐散、高层气流辐合，主要以下沉气流为主，下沉气流在向低处运动的过程中，温度变高，水汽受热蒸发，气流变得愈加干燥，则无法形成降水。例如，2009 年夏末~2010 年，副热带高压一直徘徊在北纬 30 度附近没有向南移动，滞留在西南民族地区，在高气压控制的情况下，西南民族地区天气一直是以晴热为主，主要是因为当孟加拉湾地区为显著的反气旋性环流异常时，西南民族地区西部位于反气旋东北侧，为异常西北风控制，此时从中高纬南下到我国的冷气路径发生变化，偏向东部，西南民族地区东部为弱西风控制，冷暖空气在西南民族地区交汇受阻，造成降水偏少（庞晶和覃军，2013）。同时，西南民族地区常年盛行西南风，这股西南风来源于非洲赤道附近。西风从非洲吹到喜马拉雅山时由于其高度在 3000 米左右，在遇到平均海拔 6000 米左右的青藏高原之后，西南风被分为两支，一支北上，一支往南从横断山区进入云南。若往南的一支路径偏南，经过孟加拉湾，形成湿润空气，则比较容易形成降雨，若偏北，那么空气就干燥，不容易形成降水。夏季，东南亚季风与冷空气的相互作用对西南民族地区降水多少有显著的影响。当冷空气大规模向南爆发，与停留在西南民族地区的暖空气交汇，加之东南亚季风为西南民族地区带来了水汽，则极易形成降水。因此，当东南亚季风偏强时，西南民族地区降水偏多，反之，则降水偏少。同时，西南民族地区的不同强度的降雨日数在时间和空间上也分布极不均匀，本区降水日数以小雨日数为最多，大雨和暴雨天气夏季出现最多，冬季最少。除川西高原以外，四川盆地、川东地区、云南地区及贵州地区的年降水日数均呈显出不同程度的波动缓慢减少的趋势，降雨日数的减少主要体现在小雨日数的减少。从空间分布来看，川西高原北部、四川盆地大部和贵州区的大部多小雨日数，云南西部、南部和四川盆地南部多中雨日数，云南西部、南部和四川盆地中部以及贵州南部和川东地区南部则相对来说具有较多的大雨日数，四川盆地中部多暴雨日数（吴紫煜，2012）。

（4）蒸发量大，加剧干旱发生

西南民族地区常年气温较高，蒸发量大，其中东北部年蒸发量约为 1000 ~

---

① 拉尼娜：拉尼娜是指赤道太平洋东部（秘鲁附近）和中部海水大范围持续异常变冷的现象，海水表层温度低出气候平均值 0.5℃以上。与厄尔尼诺的出现造成大范围暖湿空气向北半球高纬度移动，冷暖空气交汇形成大面积降雨不同，拉尼娜的出现通常会给我国带来"南旱北涝"的现象。

1300 毫米，西部和南部年蒸发量约为 1500～1800 毫米，而川滇干热河谷地带的年蒸发量甚至高达 2000～3800 毫米，为当地年降水量的 3～5 倍（朱钟麟等，2006）。较高的蒸发量加剧了降水不均，对西南民族地区的农业生产造成更大危害。2009 年入秋后，受副高压的影响，西南民族地区降水偏少，加之多晴天，蒸发量逐渐大于降水量，加重了干旱的影响程度。

（5）复杂的地形地貌条件导致水资源开发困难

西南民族地区处于我国第二级阶梯和第二级阶梯向第三级阶梯的过渡地带，地形以山地、丘陵为主，约占总面积的 92%。在热带亚热带季风气候的影响下，本区广泛分布着厚层的、质地较纯的、坚硬的古碳酸盐地层，同时在强烈的地质运动下，形成了典型的多类型、多层次的岩溶地貌，也称为喀斯特地貌。喀斯特地貌在本区分布广泛，其中广西、云南和贵州是我国的喀斯特地貌主要分布区域，也是世界上最大的喀斯特地貌分布区之一。广西的喀斯特地貌面积占全自治区总面积的 37.8%，贵州的喀斯特地貌面积更是占全省面积的 73.6%。各地区间的岩溶地貌特征和发育程度也不尽相同，云贵高原主要以裸露型溶岩为主，四川盆地以埋藏型为主。我国喀斯特地貌的主要发育物质基础是碳酸盐岩，其中裸露的碳酸盐岩面积约 91 万～130 万平方千米。我国西南民族地区的喀斯特地貌是大量的碳酸盐岩、硫酸盐岩和卤化盐岩在流水的不断溶蚀作用下，在地表和地下形成了各种奇特的景观，地表的喀斯特地貌主要有石林、石芽、峰林、喀斯特丘陵、溶沟、落水洞、盲谷等地形，地下喀斯特地貌主要发育成溶洞、地下河、地下湖等，岩石具有一定的孔隙和裂隙，渗水能力非常强，降水之后，地表无法形成大面积积水，大量地表水渗透至地下，通过地下暗河流失，给水资源开发利用带来巨大困难。此外，我国西南的元江、怒江、金沙江和澜沧江多分布干热河谷，尤其是在云南和四川分布众多，干热河谷地处腹地，四周被众山环绕，地形闭塞，暖湿气流难以进入，谷内气流干热。干热河谷内，土层薄、沙石含量高、保水能力差，水分大量耗损，土地荒芜，大面积区域出现裸土和裸岩。同时，随着干热河谷的形成，焚风随之出现。焚风是一种自然现象，一般出现在山脉背面，是过山气流在背风坡下沉从而变得干热的一种地方性风，是由山地引发的一种局部范围内的空气运动形式。一旦有焚风过境，气温会骤然升高，气候会变得炎热干燥，严重的情况下，很容易造成旱灾。

另外，西南民族地区山地面积广，地形起伏大，海拔由几百米快速升高至 2000 米以上，域内多数江河比降较大，坡陡谷深，区内降水分布不均，降水集中且强度较大，水土流失十分严重，这也在一定程度上增加了水资源的开发难度（穆兴民等，2010）。

2.1.3.2 社会经济因素

（1）破坏性生产行为导致生态环境恶化，水土流失严重

受季风气候、喀斯特地貌以及坡陡谷深等自然条件的影响，我国西南民族地区生态环境非常脆弱，尤其是土壤极易受到侵蚀。西南民族地区经济发展较落后，当地生育观念也相对落后，人口增长速度快，数量不断增加，人口密集，为维持生计，满足不断增长的人口对于粮食的需求，人们采取了粗放的生产经营方式，部分贫穷落后的岩溶石山区甚至仍沿用着刀耕火种的耕作方式。这种粗放的生产方式打破了生态系统的自我修复机制，破坏了生态系统的稳定性（郭纯青等，2011）。

为了追求高额的经济利益，西南民族地区的大面积原始森林遭到乱砍滥伐，坡耕地面积增加，过度砍伐森林、过度放牧、过度开发矿产资源以及落后的耕作方式导致林地面积急剧下降。天然植被遭到严重破坏，地表裸露，森林植被的涵养水源、保持水土的功能被削弱。西南民族地区是我国水土流失较严重的区域，土壤侵蚀严重，这主要与喀斯特地貌和陡峭山地的地质地貌特征有关，地表失去植被保护，浅薄的土层因水土流失而进一步遭到侵蚀，若得不到及时治理，进而导致岩石裸露，土地石漠化将进一步加重。据统计我国西南民族地区水土流失面积达到44万平方千米，石漠化面积在11.2万平方千米以上，而矿区的水土流失更为严重，土壤的水分的赋存能力大大被削弱，浅层小水源的有效补给也被阻隔，在大面积的水土流失和土地石漠化的情况下，一旦缺少有效降水，局地干旱灾害则难以避免。

而与此同时，为了追求经济增长，大面积的次生原始林被砍伐，重新种上桉树、橡胶树、茶树等经济林，这些速生丰产林被形象地称作"抽水机"，它们生长快，根系十分发达，生长发育需要消耗大量水分，它们的大面积种植会导致地下水位下降，涵养水源能力差，对生态水文系统有严重的影响。尤其是桉树还有"霸王树"之称，桉树的种植会导致周围的林下灌木丛和草本植物生存困难，慢慢退缩，最终导致桉树林地表没有其他植物附着，群落的结构和功能变得简单，植被的水土保持和涵养水源的功能降低，对当地的生态系统造成颠覆性的破坏，水土无法得到保持，地表干燥，即使有冷空气来袭，可是空气中缺乏足够的水分，无法形成降水，又进一步加重了旱灾的威胁。

西南民族地区的水文系统也遭到严重破坏，主要表现在水资源过度开发和矿产开采及大型工程建设两个方面。西南民族地区大规模盲目进行水电开发利用，该区域水电站建设密集，而水电站的建设会给整条河流的流域生态带来重大的改变，打破河流原有的生态平衡，上游对水源的拦截，致使下游河道干

枯，地下水位降低，同时也影响到周围的植物的生长分布、气候的变化。基于该区域有色金属以及其他的矿产资源丰富的优势，矿业已经成为西南民族地区经济发展的支柱产业，大规模、高强度的矿产开采不仅占用了大面积的土地，更对山地林地等植被区域造成了巨大的破坏。矿产开采项目的实施破坏了原有的天然植被，矿产废渣掩埋农田，淤塞河道，污染水源。此外，矿产开采之后造成地面塌陷，山体开裂，水流路径改变，严重破坏了局地的自然水循环与水平衡。

（2）农田水利基础设施薄弱，水资源调控能力薄弱

健全完善的农田水利基础设施是促进农业发展，保障农民增收的重要基础。西南民族地区生态条件脆弱，农田水利基础设施对该地区发展农业生产至关重要。

1）水利基础设施质量落后、老化严重。西南民族地区大部分水利工程设施建设于20世纪60年代，当时勘探设计技术落后，施工质量不高，水利基础设施后期维修养护投入少，受这些因素的综合影响，当前相当数量的水库设备出现了问题，如水库设备老化严重、大量水利设施存在病险，仅贵州小（二）型以上的病险水库就有829座，需要投入大量资金维修养护。这些水库工程的功能和蓄水量已经无法满足需求，渗水、漏水问题严重，大型灌区工程设施、中小型灌区工程设施的完好率也严重偏低，许多泵站的灌排水能力达不到设计标准，维修治理难度较大，大批水库由于在汛期需要防水排险，平时也只能降低水位2～3米运行，实际库容只能达到设计库容的一半，水库库容严重缩水，调蓄水源的功能被大大削弱。在干旱季节，水库的实际调水能力大幅度降低（钟玉秀和付健，2010；冯浩，2012）。另外，在实行家庭联产承包责任制之后，土地包产到户，本地区很多地方的农田灌溉设施建设缓慢，即便农田灌溉系统完好，能解决的也只是水资源的空间分布矛盾，而水资源时间分布不均的矛盾则无法得到有效解决（冯相昭等，2010）。与此同时，受地形地貌条件的限制，虽然本地区内大江大河广布，但由于调节性能较强的大中型水利工程不足，在建水库数量少、规模小，蓄水灌溉系统功能低，水资源开发利用能力不强。

2）水利工程建设资金投入不足。资金缺乏是农田水利工程建设滞后的直接原因，由于渠系、水库、滴灌等基础水利设施投入大、见效慢，致使很多地方水利设施的建设和维护管理工作滞后，综合抗灾能力低下。在改革开放以后，小型农田水利建设主要是由地方财政负责，国家水利建设投资减少，资金缺口较大，许多水利工程建设仅仅依靠有限的地方财政无法完成。同时，水利工程建设的投资结构不合理，国家的主要投入集中在大型的水利工程以及城

市、工业的用水保障上，中央计划投资的水利工程建设主要是大中型水库，小型水库不在中央计划投资的范围之内，地方财力的建设也主要是常规的水利工程，无力负担水库的建设，配套资金投入困难。国家层面维修的灌区基本上都是大型灌区，而一些中小型灌区还不在国家层面的维修范围之内，而西南的许多贫困地区往往属于中小型灌区，地方财政又没有能力解决改造这些中小型灌区的水利建设和维修问题。在贵州，国家新一轮的病险水库规划只限于小（一）型以上的水库，尽管小（二）型水库位置重要，功能齐全，集灌溉、供水及防汛于一体，增加治理投入即可起到投资少、见效快的效果，但是受到地理条件的限制，还是未能纳入国家治理范围，仅仅依靠贵州自身地方筹集资金进行治理，由于投入有限，治理效果不明显。在西南的部分农村地区，尽管建设小水窖等工程日益得到重视，但由于经济发展欠发达、欠平衡，大部分农村的小水窖建设数量不足，远远满足不了农村用水需求，地方政府经费拮据，投资有限，在没有基础水利设施建设项目支撑的情况下，缺乏经费筹措途径，加上点多面广，农村小水窖的建设工作并没有取得太大的进展。

3）水利工程设施产权制度不明晰。由于没有明确的水利工程设施产权制度的规范，人们对水利设施的维护修理的积极性不高，导致许多经过大量投资建设的水利工程被废弃。在农村设施的市场化改革之后，许多水库由私人承包经营管理，发展养殖业，开发旅游资源，农田用水得不到保障。同时，由于发展养殖的过程中，大量化肥农药的投入，水资源受到污染，水库的蓄水灌溉的功能逐渐丧失，而沟渠等其他水利设施没有得到私人承包，政府也疏于维护管理，破坏严重，导致只建不管、重建轻管以及水利设施带病运行的问题严重，甚至许多小型的灌溉设施功能丧失殆尽，加之旱灾洪涝等自然灾害频发，严重影响了人们的正常用水。

（3）干旱灾害控防管理理念落后，管理制度建设不足

自古以来，"重防洪、轻抗旱"是我国水旱灾害防治的基本思路。其主要体现在两个方面：第一，在我国法规建设上，防洪法律制度建设领先于抗旱法律制度建设。1998年，我国颁布了《中华人民共和国防洪法》，而《中华人民共和国抗旱条例》直到2009年才以行政法规的形式出台。各大流域防洪规划的修编工作已进行了几轮，而抗旱规划工作于2009年才刚刚启动。《中华人民共和国水法》明确规定，防洪规划是水资源战略规划的重要组成部分，开发利用水资源必须服从防洪的总体安排，而抗旱规划及其在水资源开发利用中的作用却并未提及。第二，在水库调度思路上，防洪工作优先于抗旱工作。我国水旱灾害的时空特征表现为"南涝北旱"。西南民族地区作为水资源相对丰富、洪涝灾害多发的地区，再加上多数水库年久失修，为满足防洪要求，本地

区大部分水库在汛期来临之前便放空库容，在汛期末才开始蓄水。但是，在目前缺乏准确有效的中长期气象预报的情况下，倘若汛期末降水较少，水库将不能进行有效蓄水，届时一旦遭遇干旱天气，便无法满足抗旱用水的需要（钟玉秀和付健，2010）。

（4）抗旱非工程措施体系不完善，旱情测报应急能力不足

由于西南民族地区水资源相对丰沛，社会大众应对干旱尤其是持续性干旱灾害的准备不足，抗旱减灾意识淡薄。同地震、火灾等突如其来的灾害相比，旱灾是一个缓慢发生并逐步加剧的过程。如果充分重视潜在的旱灾，并提前制订防灾减灾的措施预案，就有可能在一定程度上减轻旱灾带来的损失。我国传统的抗旱方式是在旱情出现后，临时调配大量资金和物资，动员大量人力投入抗旱减灾。这种方式虽然具有一定效果，有利于受灾区的经济社会稳定，但重抗轻防的管理模式缺乏长效性，抗灾减灾投入大、效果差且治标不治本。此外，我国抗旱工作长期以来重视工程措施，旱情监视、预报、评估以及抗旱水源合理配置等非工程措施重视不够，难以发挥水利工程最大的抗旱效益。西南民族地区的抗旱非工程措施体系仍很不完善，基层抗旱物资装备不足、服务组织等保障体系不健全，抗旱政策法规体系不完善、协调联动机制未建立以及应急抗旱能力较低等问题也长期困扰该地区（冯浩，2012）。

2.2　干旱对西南民族地区的影响

2.2.1　干旱对西南民族地区粮食产量的影响

2.2.1.1　西南民族地区粮食生产情况

（1）粮食生产结构

西南民族地区土地辽阔，粮食产量丰富，在 2012 年的总产量达 8767.00 万吨，约占全国粮食总产量的 14.87%。该区的粮食生产以谷物类为主，2012 年的谷物类粮食作物产量达 7193.10 万吨，占该区全部粮食产量的 82.05%。谷物类粮食作物主要包括稻谷、小麦和玉米。稻谷的粮食产量为该区的粮食总产量贡献率达 40% 以上，是西南民族地区的主要谷物类粮食作物。2012 年，重庆、四川、贵州、云南和广西五省份中，稻谷的产量达 4223.1 万吨，占全国稻谷总产量的 20.68%，是全国主要稻谷输出区之一。西南地区小麦受基础条件差、自然灾害重、品种更新慢、机械水平低、技术到位难等不利因素影响，种植面积和产量不断下降。2012 年西南民族地区的小麦产量仅为 616.3 万吨，占该区

全部粮食产量的7.03%，在全国小麦产量中的比例不足6%（表2-4）。

表2-4 2012年西南民族地区主要粮食产量对比　单位：万吨

地区	粮食	谷物	稻谷	小麦	玉米	豆类	薯类
重庆	1 138.5	799.1	498.0	38.5	256.3	45.0	294.4
四川	3 315.0	2 741.0	1 536.1	437.0	701.3	93.6	480.4
贵州	1 079.5	820.1	402.4	52.4	342.3	23.6	235.8
云南	1 749.1	1 436.5	644.6	88.3	700.0	129.7	183.0
广西	1 484.9	1 396.5	1 142.0	0.2	250.6	23.6	64.8
西南民族地区	8 767.0	7 193.1	4 223.1	616.3	2 250.4	315.5	1 258.4
全国合计	58 958.0	53 934.7	20 423.6	12 102.3	20 561.4	1 730.5	3 292.8

资料来源：《中国统计年鉴》（2013）

　　由于西南民族地区资源类型复杂多样，区域差异明显，即不同省份之间的水资源、地形与地质、气候条件、种植传统以及政府支持程度等因素的不同，各省份之间的农业发展情况和主要粮食作物结构不尽相同。从图2-3可以看出，薯类的生产在重庆、四川、贵州和云南四个省份中占到了一定的比例，占总产量的18%以上。在贵州和云南地区，玉米跟稻谷两者的产量基本持平，是其主要粮食作物，玉米跟稻谷的产量占这两个省份粮食总产量的70%以上。

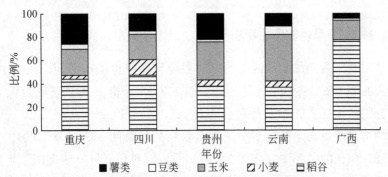

图2-3　2012年西南五省份主要粮食产量比例

资料来源：《中国统计年鉴》（2013）

（2）人均粮食产量概况

　　西南地区的人均粮食产量多年来低于全国平均水平。2001～2012年，西南五省份的人均粮食产量为337.71千克，低于全国平均每人384千克的粮食占有量，人均粮食产量由高到低分别为四川（378千克/人）、重庆（376千克

/人)、云南 (344 千克/人)、广西 (306 千克/人)、贵州 (295 千克/人)。西南五省的人均粮食占有量以年均 0.79% 的水平平稳增加。其中,四川盆地作为我国四大盆地之一,人口稠密,交通、经济相对发达,农业发展水平比其他几省较高,土地利用情况也更为充分,是全国 13 个粮食主产区之一。由图 2-4 可以看出,四川人年均粮食占有量的总体水平略高于其他四省份,2001~2012 年,每年人均粮食占有量为 378 千克,基本达到 384 千克/人的全国平均水平,人均粮食占有量在这 12 年间增幅达 18.58%。贵州的人年均粮食占有量在西南民族地区中是最低的,仅为 295 千克。

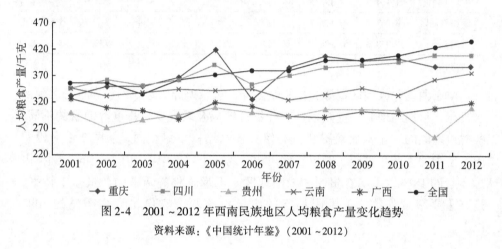

图 2-4   2001~2012 年西南民族地区人均粮食产量变化趋势

资料来源:《中国统计年鉴》(2001~2012)

2.2.1.2   干旱对粮食的影响

干旱对我国西南民族地区的影响主要体现在粮食生产方面。以 2010 年为例,受灾面积 9167.85 万亩,成灾面积 6377.55 万亩,因旱绝收面积 2392.5 万亩,分别占该区农作物总播种面积的 20.41%、14.20% 和 5.23%。西南民族地区的粮食产量与该区的干旱灾害有较强的相关性,从 1978~2012 年粮食产量与成灾面积的关系图(图 2-5)可以看出,粮食产量与成灾面积呈较明显的反方向变化,当成灾面积在波峰期时,粮食产量往往在随后一段时间处于波谷位置;同样,当成灾面积在波谷期时,粮食产量就会紧跟着出现波峰。在这 35 年中,西南民族地区成灾面积出现比较明显(大于 3500 万亩)的波峰共七次,而粮食产量在波动增长的趋势下也出现了七次波谷。这也可以解释为成灾面积扩大的时候,粮食总产量会出现下降的趋势,而成灾面积减小的时候该区的粮食总产量会出现上升的趋势。这是由于干旱灾害具有涉及范围广,持续时间长,破坏程度大等特点,干旱灾害对粮食减产作用是一个缓慢的过程。但是我国西南民族地区的粮食总产量呈现波动增长态势，其主要原因是农业灾害在对农业生产造成破坏的同时，由于新品种、新技术应用，农业机械化水平的提高，农民抗灾减灾能力得到很大提升，粮食产量整体上呈现增长的趋势，这也与我国稳定增长的经济情况相符合。

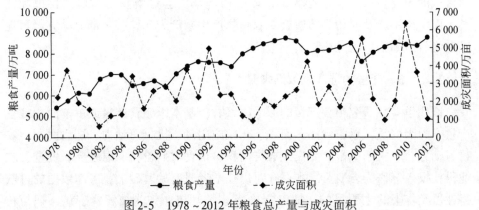

图2-5　1978～2012年粮食总产量与成灾面积

资料来源：《中国农村统计年鉴》（2000～2012）；《新中国五十年农业统计资料》

干旱灾害对西南民族地区粮食的影响不仅体现在粮食总产量上，更对粮食单位面积产量的增加有负面效应。由图2-6可以发现，1978～2012年，单位面积产量出现降低的年份都是干旱灾害成灾面积较大的时期，如2001年西南民族地区粮食单产为256.46千克/亩，是1996年以来单产最低的年份，这一年的干旱灾害成灾面积达4258.5万亩，是1996～2005年成灾面积最大的年份。在2006年西南民族地区成灾面积5503.47万亩，这一年的粮食单位面积产量也出现下降，为266.94千克/亩。相反，单位粮食产量在成灾面积减小的年份

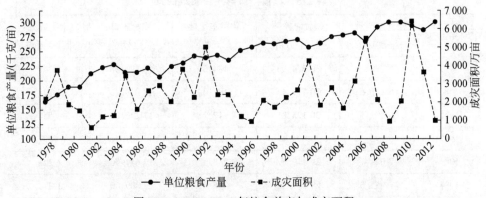

图2-6　1978～2012年粮食单产与成灾面积

资料来源：《中国农村统计年鉴》（2000～2012）；《新中国五十年农业统计资料》

往往达到波峰：1984年、1996年、1998年、2008年、2012年等都是成灾面积在波谷而单产曲线在波峰位置。

21世纪以来粮食总产量波动增长和单位产量的减少在很大程度上受到了2001年、2006年、2010年特大干旱的负面作用，西南民族地区干旱的频发对该区域的粮食生产产生了很大的影响。西南旱灾会影响正常时段的耕地和播种，而旱情不能及时得到缓解会对农作物产生减产影响，甚至部分旱灾严重地区在绝收后面临口粮危机。

2.2.1.3 变量的选取及数据来源

以往学者在研究粮食产量的影响因素时，基本以粮食产量或单位面积粮食产量作为因变量，以粮食播种面积、化肥施用量、机械总动力、灌溉面积、农村劳动力、农村用电量、受灾或成灾面积、粮食收购价格、财政支农资金、农业科技投入等作为自变量。本书在对以往学者研究的基础上，考虑数据的可获得性以及本书的主要目的，把粮食总产量（万吨）作为被解释变量，把与粮食生产最直接相关的农作物播种面积（万亩）、化肥施用量（万吨），以及乡村人口数（万人）、成灾面积（万亩）作为表示自然灾害的解释变量。其中，本书中用乡村人口数代替从事农业的劳动力，这主要是考虑到当前农业生产并没有实现完全产业化、机械化，家庭承包制仍然占有重要地位，粮食生产的劳动力以乡村人口总数较为准确。

本书采用的1978～1999年数据来自《新中国五十年农业统计资料》，2000～2012年的数据主要由2001～2013年《中国农村统计年鉴》和《中国统计年鉴》整理而得（表2-5）。

表2-5　粮食产量与主要影响因素

年份	粮食总产量/万吨	粮食总播种面积/万亩	化肥施用量/万吨	乡村人口总数/万人	干旱成灾面积/万亩
1979	5 790	30 874.95	184.3	16 871.30	3 778
1980	6 140.5	30 771.45	197.3	17 019.20	1 878
1981	6 099.5	30 125.85	212.2	17 235.80	1 558
1982	6 795	29 894.4	227.4	17 467.40	591
1983	7 029	29 410.5	248.3	17 647.90	1 223
1984	7 055.5	28 871.55	246.4	17 809.00	1 272
1985	6 477.8	27 550.35	255.1	17 939.20	3 401

年份	粮食总产量/万吨	粮食总播种面积/万亩	化肥施用量/万吨	乡村人口总数/万人	干旱成灾面积/万亩
1986	6 584.2	27 795	293.2	18 135.70	1 596
1987	6 739.3	27 932.1	289.3	18 362.90	2 648
1988	6 412.8	28 221.75	295.7	18 644.70	2 943
1989	7 057.8	28 895.4	331.1	18 875.80	2 028
1990	7 408.1	29 449.65	372.9	19 103.30	3 789
1991	7 650.2	29 627.85	411.8	19 259.30	2 266
1992	7 567.8	29 468.55	429.9	19 397.90	5 013
1993	7 561.8	29 491.05	457.7	19 416.80	2 379.5
1994	7 405.6	29 993.55	484.1	19 480.20	2 432
1995	8 011	30 155.85	516.6	19 558.80	1 188
1996	8 263.8	30 485.85	551.6	19 620.30	930
1997	8 461.6	30 726.15	587.6	19 682.20	2 104
1998	8 618.8	31 516.35	600.7	19 764.50	1 708.5
1999	8 762.5	31 623.45	593.3	19 836.60	2 248.5
2000	8 636.5	31 010.7	625.8	19 961.00	2 650.5
2001	8 048	30 784.79	642.7	20 023.80	4 258.5
2002	8 160.5	30 073.35	658.1	20 095.50	1 810.5
2003	8 181.6	29 124	667.8	20 109.60	2 808
2004	8 348.8	29 549.7	698.4	20 225.90	1 678.65
2005	8 533.6	29 834.85	721.4	20 325.50	3 135.45
2006	7 591.3	27 903.45	750	15 789.18	5 503.47
2007	8 073.2	27 669.15	783.7	15 515.80	2 139
2008	8 364.5	27 952.35	804.3	15 225.00	948
2009	8 540.2	28 351.89	826.4	15 033.00	2 038.5
2010	8 434.6	28 531.35	848.1	14 224.81	6 377.55
2011	8 398.9	28 732.77	884.1	13 882.00	3 640.05
2012	8 767	28 876.15	906.4	13 515.00	1 004.25

资料来源:《中国农村统计年鉴》(2000～2012);《新中国五十年农业统计资料》

2.2.1.4 模型的构建

C-D 模型 (柯布–道格拉斯生产函数) 是分析投入产出关系最常用的生产函数。为了使变量做到无量纲化,减少异方差,而且要具有明确的经济含义,本书采取柯布–道格拉斯生产函数的对数形式：

$$\ln Q_i = a + b_1 \ln x_{b_i} + b_2 \ln x_{h_i} + b_3 \ln x_{x_i} + b_4 \ln x_{c_i} + \mu_i$$

式中，a 为常数项；μ_i 为随机变量；b_i（$i=1$，2，3，4，5）为未知参数，也就是各投入要素的贡献率；Q_i 为西南民族地区粮食总产量（万吨）；x_{b_i} 为粮食作物播种面积（万亩）；x_{h_i} 为化肥施用量（万吨）；x_{x_i} 为乡村人口数（万人）；x_{c_i} 为成灾面积（万亩）。

本书在构建模型之初加入了有效灌溉面积，发现有些变量之间的相关系数较高，这说明解释变量中存在多重共线性。与有效灌溉面积存在多重共线性的可能是粮食播种面积，因为粮食播种面积更能解释粮食产量的变化，所以在保证不明显影响其他变量在模型中的 t 值和 f 值的情况下，采用剔除变量法把灌溉面积该项解释变量剔除。

2.2.1.5　模型结果分析

根据上述分析，本书通过收集整理 1979~2012 年这 34 年西南民族地区的粮食总产量、粮食总播种面积、化肥施用量、乡村人口总数以及干旱成灾面积数据（表 2-5），运用软件 SPSS 19 对数据进行回归分析，并对方程进行调整，得出以下结果：

$$\ln Q_i = 2.178 + 0.426 \ln x_{b_i} + 0.236 \ln x_{h_i} + 0.121 \ln x_{x_i} - 0.034 \ln x_{c_i}$$
$$\quad\quad (1.333)\quad (2.375)\quad\quad (19.02)\quad\quad\quad (2.02)\quad\quad\quad (-3.01)$$

通过分析，方程中所有变量 t 统计量绝对值都大于 2，说明粮食总产量、粮食总播种面积、化肥施用量、乡村人口总数以及干旱成灾面积都对粮食总产量影响显著。F 统计值为 93.813，说明上述方程显著，其中 R^2 为 0.928，有较好的拟合度。总体来看，该模型较好地体现了干旱灾害对粮食产量的影响。

该模型很好地解释了干旱灾害对粮食产量的负面作用，干旱成灾面积对粮食产量的产出弹性为 -0.034，即若西南民族地区的成灾面积增加 1 个百分点，该区的粮食产量就会减少 0.034%。另外，几个变量对粮食产量有促进作用，粮食总播种面积、化肥施用量以及乡村人口总数的产出弹性分别为 0.426、0.236、0.121，对该区粮食产量的促进作用远大于灾害面积，这也解释了西南民族地区粮食产量呈现增长趋势。

2.2.2　干旱对西南民族地区农民收入的影响

2.2.2.1　农村居民收入概况

西南民族地区是一个自然资源丰富的地区，同时又是一个经济相对落后的贫困地区,"富饶的贫困区"是学者们对西南民族地区经济发展最为形象的概括。具体说来,西南民族地区的农村居民收入的基本情况可以从以下几个方面来分析。

(1) 农村居民人均纯收入低

西南民族地区的农村经济发展落后,首先体现在农民人均纯收入低。2001~2012年,西南民族地区的农村居民人均纯收入为3263.57元,比全国平均水平少1078.91元。近年来,随着全国农村经济的迅速发展,西南民族地区农村居民的收入也有了很大提高。虽然这12年间该区农村居民人均纯收入提高了4342.76元,年均收入增加达361.90元/人,但仍低于全国年均462.52元/人的收入增长水平,这使得近年来西南民族地区的农村居民的收入与全国平均水平的差距越来越大。在西南民族地区中,农村居民人均纯收入最高的是重庆,为3810.92元;人均收入最低的是贵州,仅仅有2549.67元,远远低于全国4342.47元的人均水平。总体来看,西南民族地区的农民收入仍落后于全国平均,并呈现出逐年扩大的趋势(图2-7)。

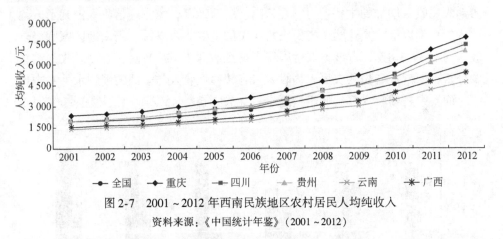

图 2-7 2001~2012 年西南民族地区农村居民人均纯收入

资料来源:《中国统计年鉴》(2001~2012)

(2) 家庭经营收入仍是农民的主要收入来源

就西南民族地区的农村居民的收入结构来看,家庭经营收入始终是农民收入的主要来源,但是所占比例逐渐下降(图2-8)。在2012年,农民人均纯收入为6112.36元,农民家庭经营收入为2958.42元。2001~2012年,家庭经营收入的比例由2001年的65.74%下降到2012年的48.40%,但这仍高出全国平均水平4个百分点。由此可见,虽然西南民族地区依靠农业增长来实现农民增收的空间正在逐渐缩小,但家庭经营收入仍作为该区农民收入的主要组成部分,其增速的快慢与否将直接影响到农民增收的速度和效果。因此,确保农民家庭经营收入的稳步提高依然是促进农民增收的关键。而农村居民的家庭经营收入的大部分来源于农业种植养殖收入，自然灾害的频繁发生使得农民的家庭经营收入受到影响，因此做好西南民族地区的抗旱减灾工作有其必要性。

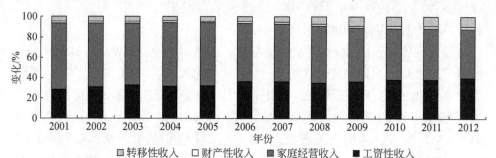

图 2-8　2001～2012 年西南民族地区农村居民收入结构变化

资料来源：《中国统计年鉴》（2001～2012）

在西南民族地区中重庆与四川农村居民的工资性收入与家庭经营性收入基本持平（图2-9），并且其所占比例逐年增加；工资性收入的增长较快，成为带动农民收入增加的主要动力。在云南、广西地区，家庭经营收入占到了人均收入的一半以上，是这两个省份农村居民的主要收入来源。云南地区家庭经营收入为 1939.36 元，占该省农村居民人均纯收入的 68.06%。通过对收入结构的分析，西南五省份的农民人均收入只有转移性收入与全国的平均水平基本持平，而其余三项收入都远低于全国水平（表2-6）。

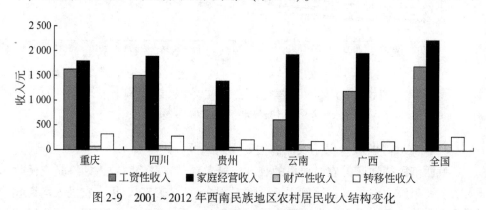

图 2-9　2001～2012 年西南民族地区农村居民收入结构变化

资料来源：《中国统计年鉴》（2001～2012）

表 2-6　2001～2012 年西南五省份的农村居民收入结构对比　　单位：元

省份	工资性收入	家庭经营收入	财产性收入	转移性收入	总收入
重庆	1628.56	1800.97	60.53	320.87	3810.92

省份	工资性收入	家庭经营收入	财产性收入	转移性收入	总收入
四川	1500. 20	1894. 99	74. 60	279. 82	3749. 62
贵州	907. 18	1389. 93	50. 88	201. 67	2549. 67
云南	611. 02	1939. 36	114. 19	184. 82	2849. 38
广西	1200. 43	1957. 94	28. 06	171. 98	3358. 41
西南平均水平	1169. 48	1796. 64	65. 65	231. 83	3263. 60
全国	1702. 62	2229. 41	129. 36	281. 09	4342. 47

资料来源:《中国统计年鉴》(2001 ~ 2012)

2.2.2.2 干旱对收入的影响

农村实行家庭联产承包双层经营体制以后,我国农民靠传统的种养业为唯一收入来源的格局已被打破。农林牧副渔及非农产业收入等都成为农民收入的重要来源,越来越多的农民跳出了农业生产的狭隘天地,开展个体经营、进城打工等,非农业生产收入在农民收入中的比重越来越大;但是,农村居民以家庭为生产经营单位进行农业生产和管理而获得的收入是农民的主要收入来源的形势并没有改变。按照收入来源分析西南民族地区农村居民的人均收入(表2-7),1996 ~ 2012 年农村居民每人年均收入 2775.65 元,其中家庭经营收入为 1611.15 元,占人均收入的比例为 58.46%。

表 2-7 1996 ~ 2012 年西南民族地区农村居民收入与受灾情况

年份	农村居民人均纯收入/元	农村居民家庭经营性收入/元	旱灾成灾面积/万亩
1996	1419. 44	1089. 43	930. 00
1997	1574. 64	1200. 31	2104. 00
1998	1640. 65	1190. 06	1708. 50
1999	1685. 83	1191. 66	2248. 50
2000	1702. 66	1158. 42	2650. 50
2001	1769. 60	1163. 41	4258. 50
2002	1863. 27	1175. 95	1810. 50
2003	1960. 14	1198. 64	2808. 00
2004	2184. 06	1370. 97	1678. 65
2005	2405. 10	1484. 59	3135. 45
2006	2576. 35	1477. 25	5503. 47

年份	农村居民人均纯收入/元	农村居民家庭经营性收入/元	旱灾成灾面积/万亩
2007	3057.62	1741.35	2139.00
2008	3567.46	1987.65	948.00
2009	3859.12	2045.87	2038.50
2010	4466.18	2262.69	6377.55
2011	5341.53	2692.85	3640.05
2012	6112.36	2958.42	1004.25

资料来源：历年《中国农村统计年鉴》《中国统计年鉴》

基于以上分析，从农村居民收入增长绝对量上来看，干旱灾害的成灾面积对其影响并不太明显。为此，本书按照上年为基准（取上年为100）计算西南民族地区农村居民人均收入增长率、人均家庭经营收入增长率以及干旱灾害成灾率（表2-8）。

表2-8　1996～2012年西南民族地区农村居民收入增长率与成灾率对比（取上年为100）

年份	人均纯收入增长率/%	人均家庭经营收入增长率/%	成灾率/%
1996	16.06	18.23	3.05
1997	10.93	10.18	6.85
1998	4.19	(0.85)	5.42
1999	2.75	0.13	7.11
2000	1.00	(2.79)	8.55
2001	3.93	0.43	13.83
2002	5.29	1.08	6.02
2003	5.20	1.93	9.64
2004	11.42	14.38	5.68
2005	10.12	8.29	10.51
2006	7.12	(0.49)	19.72
2007	18.68	17.88	7.73
2008	16.67	14.14	3.39
2009	8.18	2.93	7.19
2010	15.73	10.60	22.35
2011	19.60	19.01	12.67
2012	14.43	9.86	3.48

注：括号中的数据为负值

资料来源：《重庆统计年鉴》《中国农村统计年鉴》《中国统计年鉴》

$$人均纯收入增长率=\frac{本年度的人均收入-上一年度的人均收入}{上一年度的人均收入}\times100\%$$

$$人均家庭经营收入增长率=\frac{本年度家庭经营收入-上一年度家庭经营收入}{上一年度家庭经营收入}\times100\%$$

$$成灾率=\frac{干旱灾害成灾面积}{粮食播种面积}\times100\%$$

通过对 1996 ~ 2012 年西南民族地区农村居民人均收入增长率、人均家庭经营收入增长率以及成灾率的变化趋势图可以看出，成灾率的大小是与人均收入增长和家庭经营收入增长率成反比的。尤其以家庭经营收入增长率变化最为明显，会随成灾率的增加而减少，2006 年西南民族地区成灾率达 19.72%，这年家庭经营增长率出现负增长，为 0.49%。另外两次负增长或者是增长率较低的年份都是在干旱灾害成灾率达到波峰当年或者之后的一年。这是因为，干旱灾害的灾害影响具有扩大性和缓慢性，当年干旱发生严重往往会持续影响到以后几年的农业生产，为农民的家庭经营收入和生活消费带来很大的负面影响。当然，也存在个别年份成灾率增加但农村居民人均收入水平增长的情况（如 2001 年），这是因为农民的收入是由多方面因素决定的，当连续几年发生严重干旱的时候，政府有关部门就会加大对农民生产的支持力度，增强抗旱减旱能力。另一方面，在干旱灾害频发的年份，农民会采用转变收入结构，如增加工资性收入和财产性收入等来缓解由于家庭经营收入增长缓慢或减少带来的损失（图 2-10）。

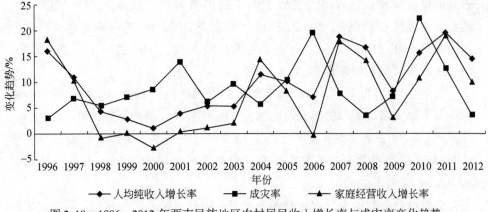

图 2-10 1996 ~ 2012 年西南民族地区农村居民收入增长率与成灾率变化趋势

资料来源：《重庆统计年鉴》《中国农村统计年鉴》《中国统计年鉴》

整体来看农民的收入还是呈波动上涨趋势的，但干旱灾害是阻碍西南民族地区农民收入稳定增加的主要因素之一。当家庭经营纯收入的构成大于工资性收入与财产和转移性收入的构成之和时，农业综合生产力与农民收入增加成正比，自然灾害因素对农民收入的负效应也愈加明显。比较极端的假设是，当农民的收入来源完全来自于农业生产，而农业作为弱质性产业一旦发生自然灾害，农业的生产成本、粮食产量和质量都会受到打击，进而带来农民收入的大幅度降低。总体而言，干旱灾害是通过多方面、多角度对农民的收入产生影响的：一是干旱灾害因素会对农业综合生产力产生负效用，进而影响其家庭经营纯收入；二是干旱灾害因素会影响政府补贴于农民的自然灾害救济费，即作用于转移性收入。农业灾害的发生不仅直接对农民经济造成影响，还间接增加了农业生产成本费用。农业生产成本的增加，会抵消政府的强农惠农富农补贴政策带来的效果，一定程度上影响了农民的生产积极性，压缩了农业生产收益空间。但干旱灾害的发生只会在一定程度上制约农民的增收，降低农民收入增长率，这是因为农民收入的情况并不是完全由灾害带来的损失所决定的。工资性收入和财产性收入在农民收入中的比重越来越大，家庭经营收入的带动作用慢慢变小，即干旱灾害通过家庭经营收入来影响农民收入的能力逐渐弱化。

2.2.3 干旱对西南民族地区其他方面的影响

2.2.3.1 干旱灾害对农民的消费影响

近几年西南大旱，使广西的蔗糖，云南的鲜切花、茶叶等产量骤减，持续攀升的糖价波及该区食品产业链上的主要消费群体。例如，2009～2010年，西南民族地区白糖的批发价从2009年年初的3000元/吨一路走高，飙升到2010年中旬的5500元/吨。一些生活用品随着重大干旱的发生，价格升高，给农民的日常消费带来影响。

从图2-11可以看出，西南民族地区的农村居民消费价格指数整体上会随着该区干旱灾害成灾率的上升而增加，下降而减少。例如，2006年、2007年、2008年，该区干旱灾害成灾率分别为19.72%、7.73%、3.39%，而价格指数（以上年的价格指数为100核算）出现变动是在2008年、2009年，价格指数从106.88降到了99.22。

消费价格指数的变化大体与成灾率变化相差一年，这一方面是因为成灾率的上升伴随而来的是农作物产量、质量的下降，但这种影响并不会完全在当年呈现出来。旱灾的一个很重要的特点就是灾害持续时间长，影响范围大，加之农作物本身生长周期长的特点，使得农村居民消费价格指数的反应具有了滞后性，即商场上的日用消费品价格开始对干旱灾害作出反应的时间往往会在旱灾

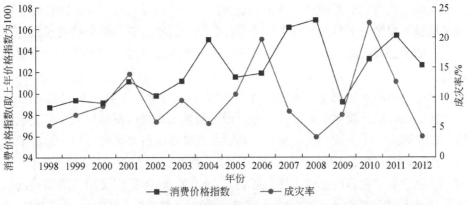

图 2-11　1998～2012 年西南民族地区农村居民消费价格指数与成灾率变化趋势

资料来源:《重庆统计年鉴》《中国农村统计年鉴》《中国统计年鉴》

结束后一段时间内。另一方面的原因可能是,对农民而言他们不仅是生产经营者,而且还是消费者,这使得农民收入具有了双重性。农民收入除了要满足农业生产外,还要满足日常生活消费的需要,具有生产和消费两重性。也就是说,农民生活消费支出的规模与农民从事农业生产活动的规模在一定范围内是此消彼长的。当农民面对灾害严重的年份时,往往为了要保证农业生产的顺利进行,大多数农民会采取"减少生活消费支出,增加生产性支出"的方法,这在一定程度上使得当年流通在市场上的一般商品供大于求,进而出现价格下降的形势。对于农村居民消费价格指数波动延后于成灾率的其他可能性原因:当年收入增长率较大,自然灾害造成的损失率小于收入的增长率;前几年的成灾率较低,储存了较多的财富,及时弥补了自然灾害当年造成的损失;消费惯性的存在。

2.2.3.2　干旱对环境的影响

干旱对环境的影响是由三种类型的干旱共同作用的结果:背景性干旱、随机性干旱和人为经济性干旱。在以上三种类型干旱中,人为经济性干旱对环境趋势性变化的影响最显著(罗小锋,2005)。人为经济性干旱是指一个地区经济发展对水的需求量超过了该地区水资源承受能力而引发的干旱,也包括由于不合理的水土资源开发导致水资源的减少或枯竭所引发的干旱。在超出水资源承受能力的前提下,人为经济性干旱随着经济的发展而逐渐加重,对生态环境的影响和破坏也随之逐步加深。人为经济性干旱一旦与背景性干旱、随机性干旱相结合,必然会引起更为严重的环境问题。在背景性干旱条件下,作为灌溉水源的山区河川径流的变化对农业生态环境有着直接的影响。随机性干旱是指由于气候随机波动引起的降水偏少和径流减少偏枯而导致的干旱。随机性干旱对环境破坏程度与干旱时间有关，干旱年份较少，不会对环境条件造成趋势性变化，如果遭遇连年干旱，也会对环境产生破坏，在相当长的时期内难以恢复。

就西南民族地区的干旱情况来看，大旱对云南地区的环境已经造成了影响。在生态方面，森林防火形势十分严峻，植被出现大面积枯死，生态退化深度发展。同时，由于植物生长异常，导致野生动物没有充足的食物来源。干旱还将给云南的自然保护区带来很大的冲击。例如，大象会一直滞留在河道等地，干旱改变了它们的生活习性，影响了它们的正常生活。又如，黑颈鹤近年来比往年提前飞离此地。红嘴鸥一直是昆明的"名片"，由于2010年的严重干旱，气温升高，水资源缺乏，"逼迫"红嘴鸥也提前飞走。此外，干旱也将给高原湖泊治理带来更多的挑战。由于干旱缺水，湖泊生态需水量增加，湖泊有效水资源量减少。气温升高、空气干燥，也使湖泊蒸发量增加，水位急剧下降。同时，流域能够补充到湖泊里的水量显著减少或断流，使湖泊的水循环状况发生改变，导致水体中的污染物相对浓度增加，水质更易恶化，大大增加了蓝藻暴发的可能性。

旱灾还会加剧水土流失，干扰或破坏生态系统的平衡，加重水污染。

1）加剧水土流失。干旱对生态环境的影响，主要表现为对植被的破坏，进而加剧水土流失，引起大面积耕地或草原的沙漠化。干旱特别是重大干旱的发生，常常导致河流、湖泊水量大减，严重的会干涸见底，对其周围的水生动植物造成毁灭性的打击，进而加重土地干化现象。于是不仅仅引起农作物的损失，而且还会导致林木、果树等大面积死亡。土地干化，一遇大雨，土壤就会受雨水冲刷，表土被水流带走。同时，干旱条件下在土地植被上进行过量的人类经济活动，如人们为了抵御干旱缺水的威胁，采取筑坝建库、开渠引水、抽汲地下水等措施，以增加灌溉用水，这些措施的过度采用，导致水平衡要素中的径流量趋于减少，蒸发量趋于增加，导致一些地区呈现明显的干化趋势。

2）干扰或破坏生态系统的平衡。干旱缺水不仅会使大面积的农作物受旱而死，而且会使河道断流，湖泊、池塘干涸，从而使许多鱼类及水生植物因水源枯竭而亡，许多珍稀鸟类远飞他方。同时，干旱也会影响到野生动物的生栖，会使大片的野生植物、林木由于缺水而亡，从而使生态系统的平衡受到影响。此外，旱灾还会引起一些作物病虫害的滋生、蔓延。

3）加重水污染。干旱缺水主要造成河道径流污染浓度的升高。干旱期间，地表径流减少，河流湖泊等水体纳污能力和稀释能力下降，导致地表水污染加重。同时，干旱使农业生产的正常供水保证遭破坏，促使其开发新的水源进行灌溉，如利用污水进行灌溉。污水灌溉不仅污染了土壤和农作物，而且渗入地下，污染地下水质，严重影响人体健康。干旱蒸发使水池、污水坑、水沟的水量减少，温度升高，细菌及各种微生物大量繁殖，污染加重。干旱也使水库、湖泊的水量减少，水温上升，含氮浓度升高，促使其富营养化。

2.2.3.3 旱灾对人们生活的影响

旱灾对农民生活的影响主要表现在农民饮水困难、生活用水得不到保障。2010 年发生的特大干旱，云南、贵州、广西、重庆、四川有 2088 万人受灾，耕地、待播耕地缺水缺墒 2197 万亩。贵州全省 89 个县市中就有 72 个县市受灾，近 500 万人、200 余万头大牲畜发生临时饮水困难。降水量的减少会造成地表水量的减少，直接影响农民日常生活用水。

在地下水量较为充足的地区，饮水通常取自地下水，且地下水受干旱影响较小，因此这些地区的农民饮水能够得到一定程度的保证，然而对于地下水量较为缺乏的地区，一旦发生较为严重的旱灾，农民饮用水和日常生活用水就会受到影响。饮用水的供应受到影响，有些城市甚至在干旱严重时期限水或间断供水。干旱对人们生活的影响还表现为旱区人们的生活成本普遍上升。旱灾的发生间接导致了粮食、蔬菜、水果价格上扬，人们会被迫选择价格较低的替代品来维持日常生活。另外，长期干旱影响空气质量，使得某些疾病影响加大。

2.2.4 小结

西南五省份自然灾害频发与其所处的特殊地理区位和气候条件有关，加上该区脆弱的生态环境和低下的水土涵养能力，干旱极易演变成为旱灾。此外，该区交通不便，农田水利基础设施陈旧，农业科技无法推广，农民的农业生产方式粗放落后，一旦发生旱灾，农户没有条件进行人工干预，只有坐等降水。以上因素促使西南民族地区的干旱问题越来越严重，并对该区经济发展和人们生活产生了极大影响。本书通过对西南五省份的相关数据的收集整理和分析，从对干旱影响最为直接和显著的粮食产量和农民收入两方面作出详细的分解，并描述了旱灾对农民消费、生活和环境等方面的影响，得出以下结论。

2.2.4.1 干旱灾害成为西南民族地区的主要自然灾害

干旱灾害是西南五省份的主要自然灾害之一，对工农业生产和人民群众生活影响极其严重，尤其是对农业生产影响更为突出。西南民族地区的旱灾在农作物受灾和成灾中占较大比例，并且呈现逐年扩大的趋势，成为近三十年对西南农作物影响最大的自然灾害。较大面积的旱灾给该区域农业生产造成了巨大损失，使得近年来农作物旱灾受灾面积趋于稳定，占总受灾面积的二分之一左右，同时在农作物成灾面积中旱灾的成灾面积就占三分之一左右。而在某些极端年份旱灾导致的农作物受灾面积甚至超过总受灾面积的一半，可见旱灾已然成为西南民族地区的最主要自然灾害之一。

2.2.4.2　干旱灾害是造成西南民族地区粮食产量波动的主要原因

粮食产量受粮食总播种面积、化肥施用量、乡村人口总数和自然灾害成灾面积等因素的影响，自然灾害在其中起到了负面作用。在西南民族地区，干旱灾害是其主要自然灾害，这也是造成该区粮食产量波动增长的主要原因之一，西南民族地区灾害对粮食产量的影响主要表现在两个方面：一是粮食减产显著的年份均出现在受灾面积大的年份；二是受灾小的年份，粮食产量明显增加，两者是密切相关的。

2.2.4.3　干旱灾害在一定程度上影响农民收入增长率

干旱对农民收入的增长率产生了一定的影响，并随着成灾率的波动变化而变化。农民收入是一个综合性的概念，其稳定增长在一定程度上受到了自然灾害因素的影响。改革开放以来，虽然由于市场化体制的完善，工资性收入成为农民收入增长的重要来源，但家庭经营纯收入仍然占主体地位，影响家庭经营收入的干旱灾害自然会对农民的纯收入产生影响。由于农村社会整体生产力水平的制约，农民对自然因素的驾驭能力还十分有限，加之露天的作业生产方式和农业的生物特性等，造成其本身的弱质性，受干旱灾害的影响比较大。干旱灾害与农业综合生产力呈负相关，即受灾或成灾的损失越大，抵御灾害的能力越弱，农业综合生产力也越弱，其影响农民的农业收入，进而影响其家庭经营纯收入。而干旱灾害因素影响农民收入主要有两条路径：一条是自然灾害因素通过影响农业收入，作用于家庭经营收入，最终影响农民收入；另一条是自然灾害因素会影响政府补贴给农民的自然灾害救济费，即作用于转移性收入，最终影响农民收入。

2.2.4.4　干旱灾害因素增加农民的消费支出

干旱灾害的出现会导致当年农作物出现减产情况，也会使农作物的质量出现一定的问题，一方面导致当年农民投入农业生产的资金上涨，另一方面也会使市场上一些流通的农作物出现价格上涨，农民的支出水平就不得不提高。与城市居民不同，农民不仅是消费者和劳动者，同时也是生产者，因此农民收入具有双重属性——生产性和消费性，在收入不变的条件下，生活消费性支出的增多必然导致投入与农业生产的收入减少。

2.2.4.5 干旱灾害对西南民族地区环境和人们生活产生很大影响

近几年发生的干旱灾害成灾面积范围广，持续时间长，破坏性大，对该区的环境造成了很大影响。一方面，干旱灾害造成河流、湖泊水量下降，对一些水生动植物造成了毁灭性打击。另一方面，干旱的持续时间越来越长，造成大量林木果树死亡，加重了该区的水土流失。干旱灾害的发生还加重了水污染，河流湖泊的水量减少，对污水稀释能力下降，滋生了大量细菌微生物，使污染加重。

同时，旱灾作为一种渐进性自然灾害，造成大面积人群饮用水短缺，危害群众健康。水源减少，生活饮用水匮乏，清洁、消毒条件受限，水质易受到污染，西南民族地区居民用水受到了极大的限制，饮水成为该区干旱严重时期另一个急需解决的问题。

2.3 西南民族地区农业抗旱建设

干旱问题已引起社会各界的高度关注并成为当前水资源科学的研究热点。其中，抗旱能力的研究是制订抗旱减灾策略的重要依据。随着国民社会经济发展，我国的水利基础设施建设不断完善，生产技术也日趋进步，使得我国的抗旱减灾能力不断增强，抗旱工作也取得显著的成果。当前抗旱正按照人与自然和谐相处的理念向科学性、合理性、健康性方面逐步发展，力图实现由单一抗旱向全面抗旱转变、被动抗旱向主动抗旱转变。抗旱能力研究是开展抗旱减灾战略的基础性工作之一，对抗旱能力研究，有助于了解区域现有抵御干旱灾害的能力，认识抗旱的优劣势所在，并能明确今后防旱抗旱工作的方向，对实现科学、有效的干旱风险管理具有重要的意义。

2.3.1 西南民族地区水库建设

从水库数量及库容量来看，西南民族地区的水库建设以及库容量的增加速度较快。2001 年，西南民族地区的水库数量为 20 933 座，总库容量为 532.73 亿立方米。截至 2010 年，水库数量增加到 21 597 座，总库容量增加到了 1153.42 亿立方米。10 年间，共增加水库 664 座，增长了 3.17%，2010 年的总库容量是 2001 年的 2.17 倍，较 2001 年增长了 117%，年均增速达到 8.96%（图 2-12）。由此可见，西南民族地区较为重视水库建设，而水库对加强水资源调配能力，抵御农业干旱具有重要意义。从水库类型的数量构成来看，2010年，西南民族地区拥有大型水库 87 座，占总量的 0.05%；拥有中型水库 1217座，占总量的 0.65%；拥有小型水库 190 926 座，占总量的 99.32%（表 2-9）。西南民族地区绝大多数水库是小型水库，大型、中型水库数量较少。

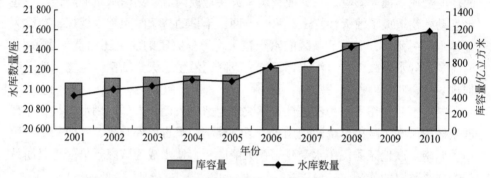

图 2-12　2001～2010 年西南民族地区水库数量及库容量变化图

资料来源：《中国农业统计年鉴》

表 2-9　2010 年西南民族地区水库数量结构比较表

水库类型	大型水库	中型水库	小型水库
数量/座	87	1 217	190 926
百分比/%	0.05	0.63	99.32

资料来源：根据《中国农业统计年鉴》整理

从不同类型水库的库容量构成来看，2010 年，西南民族地区大型水库的库容量总和为 749.72 亿立方米，占水库总库容量的 65%；中型水库总库容量为 207.62 亿立方米，占水库总库容量的 18%；小型水库总库容量为 196.08 亿立方米，仅占水库总库容量的 17%（图 2-13）。可见，西南民族地区小型水库的库容量很小，存储的水量有限。

总体而言，虽然西南民族地区的大型、中型水库数量较少，但是规模大，存储水量多，总库容量达到了 749.72 亿立方米，占西南民族地区水库总库容量的 83%，而小型水库虽然数量众多，但是规模小，平均每个小型水库的库容量仅为 10.27 万立方米。在西南民族地区农业经济发展的过程中，小型水库担负着供给农业灌溉用水的重担，对防灾抗旱有着重要作用。然而，这些小型水库普遍存在着管理投入不足，年久失修，以及与之配套的农田水利基础设施缺乏等问题，这严重阻碍了小型水库在旱灾年份充分发挥其防灾抗旱的功能。

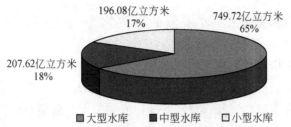

196.08亿立方米
17%

749.72亿立方米
65%

207.62亿立方米
18%

■ 大型水库　■ 中型水库　□ 小型水库

图 2-13　2010 年西南民族地区水库库容量构成图

资料来源：根据《中国农业统计年鉴》整理

2.3.2　西南民族地区农用排灌动力发展

农用排灌机械是指在农业生产过程中，为保障正常的用水需求，利用各种能源和动力，增加用水量或排出多余水分的机械和设备，主要包括农田排灌柴油机械和农田排灌电动机械两大类别。农用排灌机械数量和农用排灌机械动力是衡量农业生产中应对水旱灾害能力的重要指标，农用排灌机械多、动力足，则抵御水旱灾害的能力强，反之则弱。

从农用排灌动力变化情况来看，如图 2-14 所示，自 1978 年以来，我国西南民族地区农用排灌动力持续增加。改革开放之初，西南民族地区农用排灌动力总量仅为 367.60 万千瓦，截至 2007 年年底，该指标已增加到了 1083.20 万千瓦，较 1978 年增长了 195%，年均增长率为 3.8%。

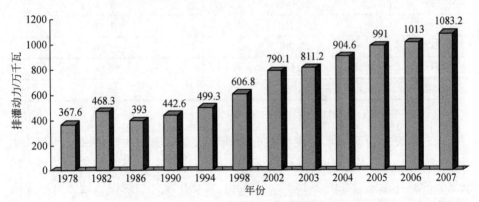

图 2-14　1978～2007 年西南民族地区农用排灌动力变化图

资料来源：根据历年《中国农业统计年鉴》整理

2.3.3 西南民族地区节水灌溉面积变化

节水灌溉是指以最低限度的用水量获得最大的产量或收益,即最大限度地提高单位灌溉水量的农作物产量和产值的灌溉措施,主要包括低压管灌、喷灌、微灌、渠道防渗和灌溉管理制度等,发展节水灌溉是提高农业抗旱能力的重要举措。

从西南民族地区节水灌溉情况来看,如表 2-10 所示,自 2001 年以来,西南民族地区农田节水灌溉发展较为迅速。2001 年,西南民族地区节水灌溉面积为 198.575 万公顷,到 2010 年,这一数值增加到 305.05 万公顷,增长了50.62%,年均增长率达到 4.89%。与此同时,西南民族地区节水灌溉面积占播种面积的比例也有一定程度的增加,从 2001 年的 6.62% 增加到 2010 年的10.15%,10 年来增加了 3.53 个百分点。

表 2-10　2001～2010 年西南民族地区节水灌溉发展情况表

年份	节水灌溉面积（万公顷）	节水灌溉面积占播种面积的比例/%
2001	198.575	6.62
2002	215.253	7.23
2003	227.822	7.74
2004	234.715	7.88
2005	242.228	8.00
2006	255.041	9.04
2007	265.845	9.40
2008	277.740	9.57
2009	291.160	9.79
2010	305.050	10.15

资料来源:根据历年《中国农业统计年鉴》整理

从西南民族地区节水灌溉面积占全国节水灌溉面积的比例来看,总体来说,西南民族地区农田节水灌溉的发展速度相对较慢,滞后于我国农田节水灌溉发展的整体水平。如图 2-15 所示,2001～2010 年,西南民族地区节水灌溉面积占全国节水灌溉面积的比例变化情况大体可以分为两个发展阶段:第一个阶段是 2001～2003 年,在此阶段,西南民族地区节水灌溉发展速度较快,整体上快于全国平均水平,占全国的比例由 11.38% 上升到 11.72%,两年间增加了 0.34 个百分点;第二个阶段是 2003～2010 年,在这一时期,西南民族地

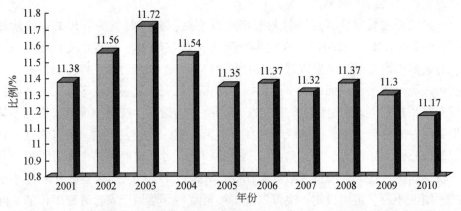

图 2-15　2001～2010 年西南民族地区节水灌溉面积占我国节水灌溉面积的比例变化图
资料来源：根据历年《中国农业统计年鉴》整理

区节水灌溉发展速度有所放缓，整体上慢于全国水平，占全国的比例呈波动下降的趋势，从 2003 年的最高点 11.72% 跌落到 2010 年的 11.17%，减少了 0.45 个百分点，达到十年来的最低值。

2.3.4　西南民族地区抗旱管理制度变迁

干旱灾害造成损害的大小由旱灾的严重程度和人类的处置行为这两方面的因素共同决定。干旱作为一种气候现象，其严重程度随时间和地域的不同而变化，且旱灾发生的频率和强度难以改变（魏华林等，2011）。干旱本身不一定造成严重损失，人类通过及时有效的处置措施能够最大限度地缓解干旱损失。因此，人类的处置行为对抗旱减灾具有重要意义。基于此，本书对我国抗旱管理制度的演变进行探讨，进一步分析西南民族地区抗旱减灾能力。

2.3.4.1　计划经济时期：旱灾处置管理模式

长期以来，我国应对旱灾所采取的一直都是旱灾处置管理模式，即在干旱灾害发生之后，着手研究和拟定应急管理计划，减轻旱灾损失，部署并执行灾后的恢复与重建计划。其主要内容可以归纳为三点：第一，干旱影响判断，即干旱发生时，及时收集旱情信息，评价旱灾等级及危害程度，并制订出相应的处置对策。第二，干旱应急响应机制，即在干旱发生后，相关政府部门组织抗旱工作组，启动抗旱减灾各项准备工作，主要包括工程抗旱行动、抗旱物资调拨、抗旱减灾工作人员配备等方面。第三，灾后恢复重建，即筹集救灾款物，做好受灾群众的生活安排，灾区重大疫情的紧急处理与预防，恢复和重建抗旱水源工程，支持灾区早日恢复正常生产生活。

旱灾处置管理模式是在计划经济条件下建立的，是灾害管理的初级阶段（罗小锋和雷海章，2004）。在抗旱减灾的实践过程中，干旱处置管理模式存在着诸多不足之处，主要表现在以下方面：第一，灾害管理工作协调性差，不能形成统一的工作局面。灾害的预报、防灾、抗灾、灾害恢复等减灾措施的执行者往往是不同政府部门，这不利于协调统一的指挥，使得综合减灾措施不能得到很好的执行。第二，各级政府在灾害的防灾、抗灾、救灾、灾害恢复中都起着核心作用，但由于缺少监测、预报的职能，各级政府在整个灾害管理中处于被动地位，这大大降低了减灾工作的及时性。第三，灾害管理工作程序不规范，制度建设、组织机构、决策系统、物资装备等落后于灾害管理工作的实际需要，减灾投入大，但达不到预期的减灾效果。

旱灾给国民经济造成的损失越来越重，给人民生活带来的影响不断增加，而旱灾处置管理模式在防旱减灾的实践中存在诸多问题，抗旱减灾措施并未能最大限度地减少损失。当前，旱灾处置管理模式逐渐向干旱综合管理模式演变。

2.3.4.2 市场经济时期：干旱综合管理模式

干旱综合管理模式具有综合性、系统性、法制性和社会性四个方面的特点。综合性是指在分部门管理的基础上重视加强统一综合管理。系统性是指干旱防灾减灾措施是一个系统工程，包括了灾害监测预报、备灾、抗灾以及灾后恢复等工程。法制性是指加强法律制度建设，完善灾害管理、灾害援助和社会环境治理等方面的法律法规，实现灾害管理规范化、制度化。社会性是指凝聚社会的力量抗旱减灾，主要包括两个方面：一是预防社会化，即通过普及安全文化教育，让人们正确认识灾害的社会危害性，增强人们的灾害观，理解和协调抗灾行为，积极参与减灾工作，减少灾害所造成的损失；二是投入社会化，即减灾投入的主体不仅仅是国家，还包括从减灾中受益的各经济主体。

当前，我国干旱综合管理模式正处于起步阶段，从抗旱管理部门来看，我国抗旱工作总的原则是"实行各级人民政府行政首长负责制，统一指挥、部门协作、分级负责"。抗旱管理部门的组成上，具体包括以下三个方面（图2-16）。

第一，在国家层面上，国家防汛抗旱总指挥部是全国抗旱工作的组织领导机构。水利部承担国家防汛抗旱总指挥部的具体事务，负责全国抗旱的指导、监督、管理工作。

第二，在省级层面上，国家确定的重要江河、湖泊的防汛抗旱指挥机构，由有关省、自治区、直辖市人民政府和该江河、湖泊的流域管理机构组成，负责协调所辖范围内的抗旱工作；流域管理机构承担流域防汛抗旱指挥机构的具体工作。

第三，在县级层面上，县级以上地方人民政府防汛抗旱指挥机构，在上级防汛抗旱指挥机构和本级人民政府的领导下，负责组织、指挥本行政区域内的抗旱工作。县级以上地方人民政府水利局承担本级人民政府防汛抗旱指挥机构的具体事务，负责抗旱的指导、监督、管理工作。

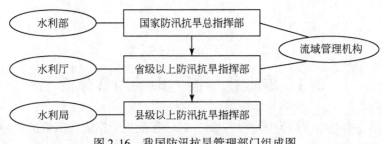

图 2-16　我国防汛抗旱管理部门组成图

从抗旱管理制度来看，我国抗旱管理制度包括从旱灾预防、抗旱减灾、灾后恢复、法律责任等方面的一系列重要制度，具体而言，主要包括六个方面的制度，如表 2-11 所示。

表 2-11　我国相关抗旱管理制度

制度内容	责任部门	工作内容
1. 抗旱规划制度	县级以上地方人民政府水行政主管部门	编制抗旱规划
2. 抗旱预案制度	县级以上人民政府防汛抗旱指挥机构	编制抗旱预案
3. 抗旱水量统一调度制度	县级以上地方人民政府	对水源进行调配
4. 紧急抗旱期抗旱物资设备征用制度	省级人民政府防汛抗旱指挥机构	抗旱物资设备征用
5. 抗旱信息报送制度	县级以上人民政府防汛抗旱指挥机构	对旱情信息进行监测、管理
6. 抗旱信息统一发布制度	旱情由县级以上人民政府防汛抗旱指挥机构；旱灾由县级以上人民政府水行政主管部门会同同级民政部门	及时播报抗旱信息

综上所述，西南民族地区农田水利基础设施建设取得了巨大的成就，水库数量及库容量显著增加，对水资源管理调配能力不断增强；农用排灌动力不断提高，机械化抗旱防灾能力得到明显增强；节水灌溉面积发展迅速，对水资源的节约利用能力也不断提高。与此同时，抗旱管理制度得到进一步发展。西南民族地区农业抗旱能力明显增强。

第3章
西南民族地区农业抗旱能力分析

3.1 农业抗旱能力影响因素分析

抗旱能力是指在研究区域内防御、减轻和抵抗干旱灾害风险的各种人类活动（主要包括水利工程、生产技术、组织管理和社会经济发展水平等方面）的能力，是区域干旱研究的一个重要方面，近年来得到了广泛关注。农业抗旱能力是指人类在农业生产区内通过自身的活动来防御和抗拒自然或人为因素造成的干旱缺水对农作物生长可能带来的危害以及减轻农业干旱灾害的能力（顾颖等，2005）。

农业抗旱能力评价是在地区特定的自然、技术、经济社会发展条件下，根据地区旱灾成因分析和脆弱性分析建立相应的评价指标体系及其等级标准，并采用系统综合评价方法对各地区抗旱能力在总体上的差异性进行等级评定，为干旱灾害风险管理提供了重要依据。

影响抗旱能力的因素很多，既有自然因素也有人文因素。农业旱灾的频率、强度、范围和持续时间的长短直接影响抗旱能力，与抗旱能力呈负相关；人们在与干旱的长期斗争中，形成了诸多有效抗旱措施，如增加灌溉面积，采用先进的农业生产技术，发展节水农业，调整种植结构等长期抗旱措施；在干旱缺水期间，紧急调配水资源及抗旱物力和人力的应急抗旱措施等。因此，农业抗旱能力与农田土壤蓄水保墒性能、作物品种抗旱性能、农业种植结构、农业生产技术水平、水利工程建设、当地政府对抗旱的组织、管理和资金投入情况、当地经济发展情况等多方面的因素有关。

总的来说，抗旱措施分为长期抗旱和应急抗旱，长期抗旱指人们为解决干旱缺水问题，满足农作物生长对水的需求而进行的具有长期性、持续性的抗旱活动，它主要表现在建设水利工程，增加耕地灌溉面积，发展节水灌溉，推广旱作农业生产技术，提高生产能力等，是一个地区抗旱能力的根本保证；而应急抗旱是重大灾情发生时所能作出的反应，包括对水资源应急调配，对抗旱的人力和物力的紧急调配等临时性、应急性的抗旱活动，可以看成是一个地区潜在的抗旱能力。因地制宜地分析确定各自然、技术、经济社会影响因素的主次，求同存异，从而为西南民族地区抗旱能力评价指标的选取奠定基础。因此，在讨论抗旱能力影响因素时，主要从以下几个方面考虑。

3.1.1 水利工程

水利工程指的是通过控制、调配、引导自然界的地表水或地下水，建立具有蓄水、供电、围垦、灌溉等功能的工程和设施的总称。实践证明，水利工程不仅在防洪防涝方面具有重要作用，其灌溉和蓄水功能也对人们抵抗干旱灾害效果显著，尤其是在大旱年份，水利工程在抗旱减灾中的作用更加关键。

3.1.2 农业生产用水水平

生产技术水平的高低也是反映西南民族地区农业抗旱能力强弱一个重要指标，主要体现在对节水灌溉措施和机械化旱作农业栽培技术的推广与应用上。节水灌溉措施和机械化旱作农业栽培技术的推广对西南民族地区抗旱能力提升的作用主要表现在以下几个方面：一是在有效节水的同时，还起到了节约能源、减少用地、降低劳动成本、提高产出的作用；二是能够促进抗旱性较强的农业作物的推广，改善西南民族地区农业种植结构；三是在加强抗旱减灾能力的同时，也有助于缓解城市发展用水，支持工业发展和城市建设。总之，西南民族地区节水灌溉技术和机械化旱作农业栽培技术的推广，有助于从根本上提高农业抗旱能力，降低旱灾损失。

3.1.3 经济实力

经济实力是保障其他抗旱措施顺利实施的基础。水利工程的建设、节水灌溉措施和机械化旱作农业栽培技术的推广都需要资金做后盾，这些抗旱措施的实施包含了众多的人力、物力、资源的调动，没有资金的支持抗旱也就无从谈起。资金对于抗旱、防灾、减灾体系的构建尤为重要。首先，资金的充分供给有利于西南民族地区根据当地的特点，合理分配资金的流向，推广机械化旱作农业栽培技术和建设节水灌溉设施。对于农业基础设施、水利工程的建设和维护资金投入越多的地方，其抗旱能力也越强。其次，经济实力也保障了在干旱发生时期水资源、劳动力资源的供给，尽可能地降低干旱时期的农业损失。最后，经济发展也是西南民族地区减灾以及灾后维护的保障，通过提供相应的抗旱补贴，提高当地农民建设抗旱基础设施的积极性，进而降低旱灾损失。对于农户自身而言，经济收入的提高使农户有了抗旱减灾的物质基础和经济保障，增加农民对旱灾损失的承受力，能够有效防止因灾致贫和因灾返贫的情况发生。

3.1.4 应急抗旱能力

应急抗旱能力表现出了一个地区对抗旱的重视程度。通过抗旱应急预案的设立、应急资金的投入、应急人员的准备能够有力支持受灾地区水利设施及时发挥作用、保障受灾人群的生活用水和粮食安全供应。抗旱仅仅依靠技术、资金和人力是不够的，需要有对抗旱灾的应急预案。仅仅依靠农户自身的力量是难以抵抗或承受灾害损失的，需要政府对灾害的重视。应急抗旱能力往往可以通过下面两个措施来提高。一是加强抗旱服务组织应急服务能力建设。县级抗旱服务组织的建设能力的提高，能够快速、直接、有针对性地做好抗旱救灾和解决人畜因旱临时饮水困难。二是健全应急抗旱物资储备体系。旱灾对人们的损害往往是长期性的，不建立品种、数量和功能全覆盖的抗旱物资储备体系就难以提高应急抗旱能力。

3.2 西南民族地区农业抗旱能力综合评价方法

3.2.1 层次分析法基本原理

层次分析法（Analytic Hierarchy Process，AHP）又称多层次权重解析法，是由匹兹堡大学教授 Saaty 于 1971 年美国国防部负责规划工程时，所发展出的把定性分析与定量分析相结合，具有系统化和层次化的一种分析方法。通过层次分析法，可以将半定性、半定量的问题转化为定量问题进行分析。它可以根据要分析问题的性质和分析者想要达到的目标，把需要分析问题的组成因素进行分解，按照各个因素之间的相互关系进行拆分，形成一个具有层次结构的模型。通过这个过程，使分析者的思维层次化，通过对每一层次结构的逐步分解，得出最底层对于最高层的权重值。这种方法有助于解决难以用完全定量的方法进行解释的问题。目前层次分析法已经在资源分配、计划制订、优先序排列、军事管理等领域有了广泛的应用。

层次分析法具有系统、简洁、对定量数据信息要求不高等优点,其应用的基本思想与我们在对一个多层次、多因素、复杂的问题进行决策思考的过程相近。首先,把目标问题层次化。我们所要研究的问题不同,其性质和实现的过程也就不同,根据问题性质把问题按照不同组成因素进行分解,并把所分解的因素按照相互之间的关系(平行或隶属关系)进行层次聚集,构建一个层次化分析模型。通过层次化的过程,完成最底层因素(决策、配置的方案或措施)对最高层因素(目标问题)的重要性权重值的确定。

3.2.2 层次分析法基本步骤

3.2.2.1 建立层次结构

首先对所面临的问题要掌握足够的信息。搞清楚问题的范围、因素、各因素之间的相互关系以及所要解决问题的目标。把问题条理化、层次化,构造出一个有层次的结构模型。在这个模型下,复杂问题被分解为元素的组成部分。这些元素又按其属性及关系形成若干层次,如图 3-1 所示。

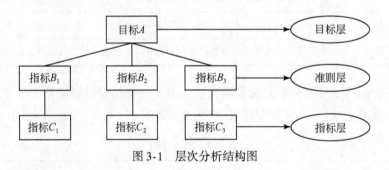

图 3-1　层次分析结构图

层次结构一般分三类。

第一类为最高层,它是分析问题的预定目标和结果,也称目标层。

第二类为中间层,它是为了实现目标所涉及的中间环节,如准则、子准则,也称准则层。

第三类为最底层,它包括为实现目标可供选择的各种指标、决策方案等,也称指标层。

层次结构应具有几个特点:①从上到下顺序地存在支配关系,并用线段表示。②整个结构中层次数不受限制。

3.2.2.2 建立判断矩阵

建立层次分析模型后，通过在各层元素中进行两两比较，构造出比较判断矩阵。判断矩阵表示针对上一层次因素，本层次与之有关因素之间相对重要性的比较，即对评价指标进行权重分配，指标权重是对各个指标对评价目标的贡献率大小的表达。权重的分配一般采用定性和定量相结合的方法。针对层次分析法，Saaty 等建议引用数字 1～9 及其倒数作为标度，如表 3-1 所示。

表 3-1　1～9 标度含义

标度	含义
1	表示两个因素 X_i 和 X_j 相比，具有同等重要性
3	表示 X_i 和 X_j 相比，X_i 比 X_j 稍微重要
5	表示 X_i 和 X_j 相比，X_i 比 X_j 明显重要
7	表示 X_i 和 X_j 相比，X_i 比 X_j 强烈重要
9	表示 X_i 和 X_j 相比，X_i 比 X_j 极端重要
2，4，6，8	表示 X_i 和 X_j 相比，在上述两相邻等级之间
倒数	表示 X_i 和 X_j 比较得判断 a_{ij}，则 X_j 比 X_i 稍微重要比较的判断 $a_{ji} = 1/a_{ij}$

判断矩阵是层次分析法的基本信息，也是进行相对重要度计算的依据。对于 n 个元素来说，可以得到两两比较判断矩阵 $C =（C_{ij}）n×n$，如表 3-2 所示。

表 3-2　判断矩阵

项目	C_1	C_2	C_j	Cn
C_1	C_{11}	C_{12}	…	C_{1n}
C_2	C_{21}	C_{22}	…	C_{2n}
C_j	…	…	C_{ij}	…
C_n	C_{n1}	C_{n2}	…	C_{nn}

其中 C_{ij} 表示因素 i 和因素 j 相对于目标重要值，并且 $C_{ij} > 0$、$C_{ij} = 1/C_{ji}$（$i \neq j$）、$C_{ii} = 1$（i，$j = 1$，2，$\cdots$，n）。

3.2.2.3　判断矩阵的一致性检验

由判断矩阵理论可知，如果 λ_1，λ_2，$\cdots$，λ_n 满足 $A_x = \lambda x$，且所有 $a_{ii} = 1$，则有 $\sum_{i=1}^{n} \lambda_i = n$。

当矩阵具有完全一致性时，$\lambda_1 = \lambda_{\max} = n$，其余特征根均为零，当矩阵不具有完全一致性时，$\lambda_i = \lambda_{\max} > n$，其余特征根有 $\sum_{i=2}^{n} \lambda = n - \lambda_{\max}$。

因此，可以用判断矩阵特征根的变化来检验判断的一致性程度，Saaty 定义了随机性指标 CI，其具体表示形式如下：

$$CI = \frac{\lambda_{\max} - n}{n - 1}$$

当判断矩阵具有完全一致性时，CI = 0，而 CI 越大，矩阵的一致性越差。为了检验判断矩阵是否具有满意的一致性，需要将 CI 与平均随机一致性指标 RI 进行比较。为此 Saaty 提出 RI 的值，如表 3-3 所示。

表 3-3　平均一致性指标 RI

矩阵阶数	1	2	3	4	5	6	7	8	9	10	11
RI	0	0	0.58	0.9	1.12	1.24	1.32	1.41	1.45	1.49	1.51

当 $CR = \dfrac{CI}{RI} < 0.10$ 时，认为判断矩阵的一致性是可以接受的，否则应对判断矩阵作适当修正。

3.2.2.4　层次单排序和层次总排序

计算出某层次因素相对于上一层次中某一因素的相对重要性，这种排序计算称为层次单排序。层次单排序计算问题可归结为计算判断矩阵的最大特征根及其特征向量的问题，方法主要有方根法与和积法两种。

（1）方根法的具体步骤

1）算判断矩阵每一行元素的乘积 M_i：

$$M_i = \prod_{j=1}^{n} a_{ij}, \ i = 1, \ 2, \ \cdots, \ n$$

2）计算出 M_i 的 n 次方根 $\overline{W_i}$：

$$\overline{W_i} = \sqrt[n]{M_i}$$

3）对向量 $\overline{W} = \begin{bmatrix} \overline{W}_1, & \overline{W}_2, & \cdots, & \overline{W}_n \end{bmatrix}^{\mathrm{T}}$ 归一化处理：

$$W_i = \frac{\overline{W}_i}{\sum\limits_{j=1}^{n} \overline{W}_j}$$

4）计算判断矩阵的最大特征根 $\lambda_{\max}$：

$$\lambda_{\max} = \sum_{i=1}^{n} \frac{(CW)_i}{nW_i}$$

其中，$(CW)_i$ 表示 CW 的第 i 个元素。

（2）和积法的具体步骤

1）将判断矩阵按列归一化：

$$\overline{c_{ij}} = \frac{c_{ij}}{\sum\limits_{k=1}^{n} c_{kj}} (i, j = 1, 2, \cdots, n)$$

2）每列归一化后判断矩阵按行相加：

$$\overline{W}_i = \sum_{j=1}^{n} \overline{c_{ij}} (j = 1, 2, \cdots, n)$$

3）对向量 $\overline{W} = \begin{bmatrix} \overline{W}_1, & \overline{W}_2, & \cdots, & \overline{W}_n \end{bmatrix}^{\mathrm{T}}$ 归一化处理：

$$W_i = \frac{\overline{W}_i}{\sum\limits_{j=1}^{n} \overline{W}_j}$$

4）计算判断矩阵的最大特征根 $\lambda_{\max}$：

$$\lambda_{\max} = \sum_{i=1}^{n} \frac{(CW)_i}{nW_i}$$

在得到了某元素对其上一层中某元素的排序权重向量后，还需要得到各层元素，特别是最底层中各方案对于目标层的排序权重，即层次总排序权重向量，层次总排序权重要自上而下地将层次单排序的权重进行合成得到。

3.3 西南民族地区农业抗旱能力综合评价指标体系

由于农业旱灾的形成和影响包含了自然条件、地域位置、人类活动等多方面因素，在抗旱能力的评价方面也应从多方面、多角度进行分析。在构建农业抗旱能力综合评价指标体系时，各个指标的选择应遵循以下几个原则：①能够多角度、多层次、多方面对该区的抗旱能力进行反映，能够对当地农民的某些举措进行衡量；②选取的抗旱因子含义明确，易获取，且具有代表性、可算性和可量化性的特点；③抗旱因子之间是独立的，互不影响的；④具有动态性，长期抗旱和应急抗旱相结合，可反映某一时间段内某地区应对不同程度旱灾的能力变化。

综合考虑以上农业抗旱能力的多要素综合影响及抗旱因子选取原则，建立了农业抗旱能力评价指标体系，将农业抗旱能力从水利工程建设、社会经济实力、农业生产水平、应急抗旱组织基础设施设备 4 个方面来讨论。最终选择"水库调蓄率"（％）、"耕地灌溉率"（％）、"旱涝保收率"（％）、"2010 年水利建设投资完成额"（万元）、"农村人均纯收入"、"人均 GDP"、"节水灌溉率"、"农业机械总动力"、"排灌机械保有量"、"机电井数量"、"固定机电排灌站" 11 个因素作为评价因子，抗旱因子性能如图 3-2 所示。

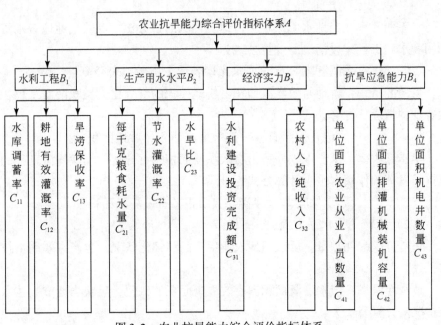

图 3-2　农业抗旱能力综合评价指标体系

3.3.1　评价指标的定义和计算

根据前面确定的抗旱能力评价指标体系，则在西南民族地区抗旱能力的总评价层有 4 个评价因子即：

A 抗旱能力 = $\{B_1$ 水利工程，B_2 生产用水水平，B_3 经济实力，B_4 抗旱应急能力$\}$ = $\{$水利工程，生产用水水平，经济实力，抗旱应急能力$\}$

对于总评价层的各个评价因子又可作为子评价层，并确定其代表性指标，则子评价层如下：

水利工程：代表性指标有 B_1 水利工程 = {水库调蓄率，耕地有效灌溉率，旱涝保收率}。

生产用水水平：代表性指标有 B_2 生产用水水平 = {每千克粮食耗水量，节水灌溉率，水旱比}。

经济实力：代表性指标有 B_3 经济实力 = {水利建设投资完成额，农村人均纯收入}。

抗旱应急能力：代表性指标有 B_4 抗旱应急能力 = {单位面积农业从业人员数量，单位面积机电井数量，单位面积排灌机械装机容量}。

现对所选指标的定义和计算方法介绍如下。

（1）水利工程方面

水库调蓄率：当地水库库容量占地表径流的百分比，反映当地地表水资源利用和水利工程建设情况。计算公式为

水库调蓄率 = 已建成水库库容量／当地地表径流量

耕地灌溉率：耕地有效灌溉面积占耕地面积的百分比，反映灌溉工程在当地普及的情况。计算公式为

耕地有效灌溉率 = 有效灌溉面积／耕地面积

旱涝保收率：旱涝保收面积占有效灌溉面积的百分比，反映灌溉工程的防汛抗旱发挥的作用水平。计算公式为

旱涝保收率 = 旱涝保收面积／有效灌溉面积

（2）生产用水水平方面

每千克粮食耗水量：反映当地农业生产的精细化状况，生产有效用水技术水平。

节水灌溉率：节水灌溉面积占有效灌溉面积的比例，反映当地节水技术普及情况。计算公式为

节水灌溉率 = 节水灌溉面积／有效灌溉面积

水旱比：指一年内耕地上水田作物的播种面积与旱地作物的播种面积之比，是衡量耕地年需水量的重要指标。计算公式为

水旱比 = 全年水田作物的播种面积／全年旱地作物的播种面积

水利建设投资完成额：主要指与抗旱相关的水利工程（包括灌溉工程、节水工程、水利工程基本建设），反映抗旱经济的投入。

农村人均纯收入：反映当地农民年收入、消费能力。

单位面积农业从业人员数量：反映当地抗旱时应急组织人数参与抗旱水平。计算公式：

単位面積農业从业人员数量＝农业从业人员总数／耕地面积

单位耕地面积排灌机械（包括水泵、喷灌机）装机容量：反映当地应急抗旱机械排灌水平。计算公式为

单位耕地面积排灌机械装机容量＝排灌机械装机总容量／耕地面积

单位面积机电井数量：反映当地为农作物蓄水、供水的水平的一个重要指标。计算公式为

单位面积机电井数量＝机电井总数量／耕地面积

3.3.2 数据的无量纲化处理

为消除量纲的影响，需要对评价指标数据进行无量纲化处理。无量纲化处理的方法有极值化法、标准化法、均值化法等。本书采用均值化法，首先对逆向指标正向化运用如下公式：

$$x'_{ij} = \max_{1 \leqslant i \leqslant n} \{x_{ij}\} - x_{ij}$$

然后利用均值化公式即

$$y_{ij} = \frac{x_{ij}}{\overline{x_j}}$$

均值化后，各指标的均值都为 1，其方差为

$$\mathrm{var}(y_{ij}) = E\left[(y_j)^2\right] = \frac{E(x_j - \overline{x_j})^2}{\overline{x_j}^2} = \frac{\mathrm{var}(x_j)}{\overline{x_j}^2} = \left(\frac{\sigma_j}{\overline{x_j}}\right)^2$$

方差为原始指标的变异系数的平方这种方法在消除量纲和数量级影响的同时，保留了原来各指标变异程度的信息，处理后的数值如表 3-4 所示。

表 3-4　处理后的数值

年份	省份	B_1			B_2			B_3		B_4		
		C_{11}	C_{12}	C_{13}	C_{21}	C_{22}	C_{23}	C_{31}	C_{32}	C_{41}	C_{42}	C_{43}
2000	广西	2.1358	1.3037	1.1452	0.0000	1.5362	0.0000	1.6546	1.0953	1.0662	1.1795	0.5283
	重庆	0.9320	0.9481	0.7582	1.7103	0.2798	1.7103	0.8911	1.1111	1.1096	0.9715	0.1038
	四川	0.4981	1.4099	1.0228	1.5794	0.9784	1.5794	1.0405	1.1182	1.1923	1.6214	3.7285
	贵州	0.9218	0.5069	1.1958	0.8455	1.5702	0.8455	0.6294	0.8069	0.8448	0.4442	0.0003
	云南	0.5123	0.8314	0.8780	0.8647	0.6354	0.8647	0.7844	0.8686	0.7871	0.7834	0.6390

年份	省份	B_1			B_2			B_3		B_4		
		C_{11}	C_{12}	C_{13}	C_{21}	C_{22}	C_{23}	C_{31}	C_{32}	C_{41}	C_{42}	C_{43}
2001	广西	1.3110	1.2998	1.1457	0.0000	1.4158	0.0000	1.0186	1.0986	1.0786	1.0890	0.5771
	重庆	1.6190	0.9502	0.7591	1.7863	0.3607	1.1280	1.1569	1.1138	1.0788	0.9104	0.0992
	四川	0.5325	1.4073	1.0280	1.5973	1.1050	1.1025	1.3163	1.1229	1.1852	1.6776	3.7111
	贵州	1.0373	0.5071	1.1855	0.8556	1.4051	1.4564	0.5093	0.7979	0.8531	0.4940	0.0003
	云南	0.5002	0.8356	0.8817	0.7607	0.7133	1.3130	0.9989	0.8669	0.8043	0.8289	0.6124
2002	广西	1.7084	1.2942	1.1460	0.0000	1.4216	0.0000	1.6994	1.0802	1.0985	1.0308	0.6664
	重庆	1.0661	0.9549	0.7526	1.8107	0.4410	1.1091	0.7154	1.1258	1.0578	1.1317	0.0970
	四川	0.6871	1.4012	1.0110	1.6887	1.0592	1.1420	1.3613	1.1311	1.1685	1.6046	3.6383
	贵州	0.9551	0.5113	1.2029	0.5985	1.3650	1.4410	0.4197	0.7995	0.8587	0.4584	0.0003
	云南	0.5833	0.8384	0.8875	0.9022	0.7131	1.3079	0.8042	0.8634	0.8165	0.7745	0.5980
2003	广西	1.9741	1.2868	1.1538	0.0000	1.3472	0.0000	1.5940	1.0687	1.1140	1.0267	0.6927
	重庆	0.8433	0.9591	0.7153	1.8351	0.4559	1.0949	0.8604	1.1299	1.0336	1.1224	0.0846
	四川	0.4671	1.3917	1.0321	1.6661	1.0842	1.1270	1.3763	1.1375	1.1546	1.6094	3.6109
	贵州	0.9843	0.5218	1.1978	0.6694	1.3704	1.4540	0.3447	0.7983	0.8591	0.4622	0.0003
	云南	0.7312	0.8406	0.9010	0.8294	0.7423	1.3242	0.8246	0.8656	0.8387	0.7792	0.6115
2004	广西	1.8482	1.2899	1.1579	0.0000	1.2675	0.0000	1.3705	1.0495	1.1152	1.0324	0.7517
	重庆	0.8950	0.9189	0.7758	1.6964	0.4793	1.1154	0.7965	1.1429	1.0357	1.1622	0.0747
	四川	0.7738	1.4029	1.0373	1.5570	1.1083	1.1049	1.5622	1.1748	1.1520	1.5702	3.5732
	贵州	0.8973	0.5337	1.1237	0.8266	1.3782	1.4732	0.3847	0.7841	0.8520	0.4541	0.0003
	云南	0.5857	0.8546	0.9053	0.9200	0.7668	1.3064	0.8861	0.8487	0.8451	0.7810	0.6001
2005	广西	1.5980	1.2783	1.1623	0.0000	1.2002	0.0000	1.5861	1.0373	1.1216	1.0009	1.0134
	重庆	1.0487	0.9204	0.7782	1.7510	0.4907	1.0980	0.9352	1.1679	1.0179	1.1914	0.0638
	四川	0.6998	1.3983	1.0401	1.5539	1.1256	1.0790	1.4666	1.1654	1.1443	1.5763	3.3802
	贵州	1.0237	0.5396	1.1106	0.7791	1.4016	1.4728	0.3550	0.7804	0.8506	0.4659	0.0003
	云南	0.6298	0.8635	0.9089	0.9160	0.7820	1.3501	0.6571	0.8490	0.8657	0.7656	0.5422
2006	广西	1.4560	1.2762	1.1643	0.0000	1.1900	0.0000	1.1714	1.0754	1.1435	2.6694	0.6681
	重庆	1.2526	0.9181	0.7745	1.7981	0.5047	1.0889	1.7810	1.1154	0.9912	0.6579	1.7982
	四川	0.8267	1.3821	1.0450	1.5856	1.1428	1.0791	0.9366	1.1651	1.1383	1.1365	2.1792
	贵州	0.8867	0.5575	1.1078	0.6352	1.3672	1.4791	0.3433	0.7704	0.8521	0.0789	0.0162
	云南	0.5780	0.8662	0.9083	0.9810	0.7953	1.3530	0.7678	0.8736	0.8749	0.4573	0.3383

西南民族地区农户调适行为与农业抗旱能力提升研究

年份	省份	B_1			B_2			B_3		B_4		
		C_{11}	C_{12}	C_{13}	C_{21}	C_{22}	C_{23}	C_{31}	C_{32}	C_{41}	C_{42}	C_{43}
2007	广西	2.1826	1.2112	1.1804	0.0000	1.2081	0.0000	0.8198	1.0544	1.1313	1.1917	0.3330
	重庆	0.7964	0.9490	0.7906	1.8073	0.5340	1.1495	1.7707	1.1476	0.9895	0.9924	3.3135
	四川	0.7386	1.4088	1.0615	1.5237	1.1649	1.0889	1.0391	1.1601	1.1717	1.7347	1.1936
	贵州	0.7927	0.5932	1.0471	0.8252	1.2568	1.4256	0.3730	0.7764	0.8498	0.3223	0.0167
	云南	0.4897	0.8379	0.9204	0.8437	0.8363	1.3361	0.9975	0.8615	0.8578	0.7589	0.1433
2008	广西	1.3529	1.1754	1.2012	0.0000	1.2320	0.0000	1.0536	1.0344	1.1557	1.2004	0.2554
	重庆	0.7865	0.9602	0.7852	1.7868	0.5406	1.1276	1.9349	1.1566	0.9604	1.1315	2.7248
	四川	0.6717	1.3733	1.0805	1.5223	1.2075	1.0932	0.6147	1.1552	1.1648	1.5381	1.8965
	贵州	1.7445	0.6664	0.9997	0.8590	1.1416	1.4343	0.4715	0.7840	0.8512	0.3631	0.0172
	云南	0.4444	0.8247	0.9334	0.8319	0.8783	1.3448	0.9254	0.8698	0.8679	0.7669	0.1061
2009	广西	1.3501	1.1497	1.2080	0.0000	1.2249	0.0000	0.9021	1.0314	1.1751	1.1285	0.2808
	重庆	0.6522	0.9575	0.7889	1.7259	0.5601	1.1244	1.6228	1.1605	0.9309	1.2584	2.7015
	四川	0.4826	1.3517	1.0874	1.4524	1.2648	1.0798	0.8382	1.1563	1.1571	1.4481	1.8938
	贵州	2.0785	0.7216	0.9829	0.9510	1.0336	1.4428	0.5862	0.7787	0.8622	0.4323	0.0196
	云南	0.4367	0.8195	0.9329	0.8707	0.9166	1.3530	1.0507	0.8731	0.8747	0.7327	0.1043
2010	广西	1.1675	1.1209	1.2344	0.0000	1.2349	0.0000	0.8717	1.0172	1.1965	1.0508	0.4134
	重庆	0.8974	0.9514	0.8108	1.7430	0.5906	1.1057	1.1503	1.1815	0.9089	1.2177	3.3267
	四川	0.4698	1.3325	1.1081	1.4550	1.3123	1.0585	1.0093	1.1390	1.1568	1.5121	1.0889
	贵州	2.0837	0.7832	0.9020	0.8929	0.9270	1.4788	0.6957	0.7774	0.8536	0.3876	0.0249
	云南	0.3816	0.8120	0.9447	0.9090	0.9352	1.3570	1.2730	0.8849	0.8841	0.8318	0.1461
2011	广西	1.1723	1.1201	1.2230	0.0000	1.2312	0.0000	0.8821	0.9793	1.2072	1.0763	0.3217
	重庆	0.6427	0.8703	0.8889	1.6918	0.6722	1.1098	1.3018	1.2132	0.8896	1.2011	3.8218
	四川	0.4019	1.3509	1.0920	1.5874	1.3113	1.0545	0.9495	1.1475	1.1550	1.4905	0.7326
	贵州	2.4022	0.8273	0.8792	0.6232	0.8536	1.4873	0.7646	0.7760	0.8555	0.3868	0.0186
	云南	0.3810	0.8314	0.9169	1.0975	0.9316	1.3484	1.1020	0.8840	0.8928	0.8454	0.1052

注：B_1 为水利工程；B_2 为农业生产用水水平；B_3 为经济实力；B_4 为抗旱应急能力。C_{11} 为水库调蓄率；C_{12} 为耕地灌溉率；C_{13} 为旱涝保收率；C_{21} 为每千克粮食用水量；C_{22} 为节水灌溉率；C_{23} 为水旱比；C_{31} 为水利投资完成额；C_{32} 为农村人均纯收入；C_{41} 为单位面积农业从业人员数量；C_{42} 为单位面积机电井数量；C_{43} 为单位面积排灌机械装机容量

3.4 指标权重计算

层次结构的最高层只有一个元素即决策目标：抗旱能力的综合评价。中间层次是有关评价的影响因素：水利工程、经济实力、农业生产水平、抗旱基础设备设施。这些准则可以包括多层子准则，准则受决策目标支配，子准则又受上一层次的准则支配。

3.4.1 两两比较判断矩阵

建立了层次结构以后，上下层之间元素的隶属关系就被确定了。现在需要对同一个层级的所有指标进行两两对比，直到因子层，确定其相对的重要性，即把每个因素对上层某一目标的影响程度进行排序。在图 3-2 中准则层包含 4 个因素，要比较两因素对目标层 A 相对重要性大小，用 a_{ij} 表示准则层中第 i 个因素相对于第 j 个因素的比较结果，运用 Saaty 教授提出的 1~9 标度量化表，根据专家对农业抗旱能力各相关影响因素权重的评估，可以得到判断矩阵，如表 3-5 所示。

表 3-5 判断矩阵 $A-B$

A	B_1	B_2	B_3	B_4
B_1	1	3	3	1
B_2	1/3	1	1	1/2
B_3	1/3	1	1	1/2
B_4	1	2	2	1

判断矩阵 $A-B$ 具有以下三个性质：$a_{ij} > 0$、$a_{ji} = 1/a_{ij}$、$a_{ii} = 1$，成为正互反判断矩阵。判断矩阵的值直接反映了人们对各因素相对重要性的认识。

参照判断矩阵 A 的结构形式和特点，根据农业抗旱能力，评价结构模型分别以准则层中的因素为基准的判断矩阵 $B_1\text{-}C$、$B_2\text{-}C$、$B_3\text{-}C$ 和 $B_4\text{-}C$，如表 3-6~表 3-9 所示。

表 3-6 判断矩阵 $B_1\text{-}C$

B_1	C_{11}	C_{12}	C_{13}
C_{11}	1	2	5
C_{12}	1/2	1	3
C_{13}	1/5	1/3	1

表 3-7　判断矩阵 B_2-C

B_2	C_{21}	C_{22}	C_{23}
C_{21}	1	1/2	2
C_{22}	2	1	3
C_{23}	1/2	1/3	1

表 3-8　判断矩阵 B_3-C

B_3	C_{31}	C_{32}
C_{31}	1	1
C_{32}	1	1

表 3-9　判断矩阵 B_4-C

B_4	C_{41}	C_{42}	C_{43}
C_{41}	1	3	3
C_{42}	1/3	1	1
C_{43}	1/3	1	1

从而得出评价指标 C_{11}、C_{12}、C_{13} 对准则层 B_1 的相对重要性，C_{21}、C_{22}、C_{23} 对 B_2 的相对重要性，C_{31}、C_{32} 对 B_3 的相对重要性，C_{41}、C_{42}、C_{43} 对 B_4 的相对重要性。

3.4.2　单排序及一致性检验

根据前面的公式，在 Matlab 中可以计算出各项不确定性因素对目标层的重要度权重一致性以及一致性检验参数，如表 3-10 ~ 表 3-14 所示。

表 3-10　A-B 判断矩阵的权重系数

指标	水利工程	农业生产用水水平	经济实力	抗旱应急能力
权重	0.3919	0.1439	0.1439	0.3203

注：$\lambda_{max} = 4.0206$，$CI = 0.006\,867$，$RI = 0.9$，$CR = 0.007\,630 < 0.1$

表 3-11　判断矩阵 B_1-C

指标	水库调蓄率	耕地有效灌溉率	旱涝保收率
权重	0.5816	0.3090	0.1095

注：$\lambda_{max} = 3.0037$，$CI = 0.001\,85$，$RI = 0.58$，$CR = 0.003\,190 < 0.1$

表 3-12　判断矩阵 B_2-C

指标	每千克粮食耗水量	节水灌溉率	水旱比
权重	0.2970	0.5396	0.1634

注：$\lambda_{\max}=3.0092$，CI$=0.0046$，RI$=0.58$，CR$=0.007\,931<1$

表 3-13　判断矩阵 B_3-C

指标	水利建设投资完成额	农村人均纯收入
权重	0.5	0.5

注：$\lambda_{\max}=2.0$，CI$=0$，RI$=0$

表 3-14　判断矩阵 B_4-C

指标	单位面积农业从业人数	单位面积排灌机械装机容量	单位面积机电井数量
权重	0.6	0.2	0.2

注：$\lambda_{\max}=3.0$，CI$=0$，RI$=0$

以上层次排序都具有满意的一致性。设 C_{ij} 对于 B_i 的权数为 b_{ij}，B_i 对于目标层 A 的权数为 a_i，由判断矩阵求得层次单排序：

$$(a_1,\ a_2,\ a_3)=(0.3919,\ 0.1439,\ 0.1439,\ 0.3203)$$
$$b_1=(b_{11},\ b_{12},\ b_{13})=(0.5816,\ 0.3090,\ 0.1095)$$
$$b_2=(b_{21},\ b_{22},\ b_{23})=(0.2970,\ 0.5396,\ 0.1634)$$
$$b_3=(b_{31},\ b_{32})=(0.5,\ 0.5)$$
$$b_4=(b_{41},\ b_{42},\ b_{43})=(0.6,\ 0.2,\ 0.2)$$

3.4.3　总排序及一致性检验

$$W_1=(W_{11},W_{12},W_{13})=a_1(b_{11},b_{12},b_{13})=(0.2279,0.1211,0.4290)$$
$$W_2=(W_{21},W_{22},W_{23})=a_2(b_{21},b_{22},b_{23})=(0.0427,0.0776,0.0235)$$
$$W_3=(W_{31},W_{32})=a_3(b_{31},b_{32})=(0.0720,0.0720)$$
$$W_4=(W_{41},W_{42},W_{43})=a_4(b_{41},b_{42},b_{43})=(0.1922,0.0641,0.0641)$$
$$\mathrm{CR}=0.007\,63+\frac{0.3919\times0.001\,85+0.1439\times0.007\,93}{0.3919\times0.58+0.1439\times0.58}=0.013\,635<0.1$$

总层次排序通过一致性检验。

将各层次间的重要性权值转化为相对于总目标的综合权值，如表 3-15 所示，可以看出，水库调蓄率、耕地灌溉率、节水灌溉率、农村人均纯收入、水利建设投资、单位面积农业从业人数 6 个指标权重较大。这几个指标涵盖水利建设、经济社会等方面，该结果能较好地反映出这 6 个指标对地方农业抗旱能力的程度，比较符合实际情况。

表 3-15　综合权值

项目	B_1	B_2	B_3	B_4	各指标权值
C_{11}	0.5816				0.2279
C_{12}	0.3090				0.1211
C_{13}	0.1095				0.0429
C_{21}		0.2970			0.0427
C_{22}		0.5396			0.0776
C_{23}		0.1634			0.0235
C_{31}			0.5		0.0720
C_{32}			0.5		0.0720
C_{41}				0.6	0.1922
C_{42}				0.2	0.0641
C_{43}				0.2	0.0641

3.5　农业抗旱能力综合评价结果

单目标决策方法是将评价农业抗旱能力的各个指标综合成一个能从整体上衡量抗旱能力强弱的单目标，然后采用单目标进行综合比较，农业抗旱能力综合指标计算如下：

$$K = \sum_{i=1}^{m} \omega_{评} \sum_{j=1}^{n} \omega_{指} X_{ij}$$

式中，K 为抗旱能力综合指标；$\omega_{评}$ 为各评价因子指标的权重；$\omega_{指}$ 为各指标因子的权重；X_{ij} 为指标评价标准化后的值。

综合考虑评价和实际需要，将区域抗旱能力等级分为 5 级，分别为 1 级（强）、2 级（较强）、3 级（中）、4 级（较弱）、5 级（弱），如表 3-16 所示。

表 3-16　农业抗旱能力等级划分

抗旱能力等级	1 级（强）	2 级（较强）	3 级（中）	4 级（较弱）	5 级（弱）
综合指数取值范围	$K \geqslant 1.2$	$1.0 \leqslant K < 1.2$	$0.8 \leqslant K < 1.0$	$0.6 \leqslant K < 0.8$	$K < 0.6$

从表 3-17、图 3-3 中可以看出，广西和四川两个地区的农业抗旱能力总体呈下降的趋势，重庆和贵州则总体呈上升的趋势，而云南省则一直比较平稳。

表 3-17　各地区农业抗旱能力评价结果

年份	广西		重庆		四川		贵州		云南	
	指数	等级	指数	等级	指数	等级	指数	等级	指数	等级
2000	1.3254	1	0.9210	3	1.2361	1	0.7949	4	0.7231	4
2001	1.0817	2	1.0829	2	1.2646	1	0.8182	3	0.7530	4
2002	1.2256	1	0.9431	3	1.2909	1	0.7787	4	0.7621	4
2003	1.2758	1	0.8978	3	1.2386	1	0.7851	4	0.8033	3
2004	1.2284	1	0.9024	3	1.3174	1	0.7712	4	0.7812	4
2005	1.1956	2	0.9500	3	1.2796	1	0.7980	4	0.7773	4
2006	1.2241	1	1.1279	2	1.1650	2	0.7351	4	0.7483	4
2007	1.2386	1	1.1523	2	1.1386	2	0.7315	4	0.7414	4
2008	1.0636	2	1.1283	2	1.1216	2	0.9585	3	0.7285	4
2009	1.0492	2	1.0752	2	1.0681	2	1.0509	2	0.7392	4
2010	1.0104	2	1.1346	2	1.0486	2	1.0498	2	0.7571	4
2011	1.0065	2	1.1145	2	1.0118	2	1.1145	2	0.7532	4

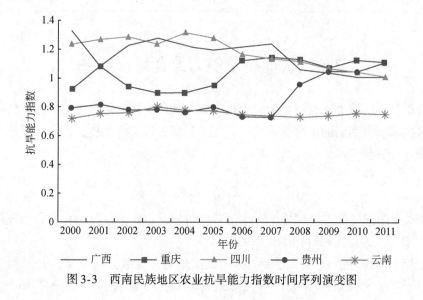

图 3-3　西南民族地区农业抗旱能力指数时间序列演变图

3.6　评价结果分析

3.6.1　水利工程指数分析

由图 3-4 可以看出，2011 年与 2000 年相比，广西在水利工程方面指数，由 1.7704 降到了 1.1618，下降了 34.38%，重庆在水利工程方面的指数由 0.9181 降到 0.74，下降了 26.25%，四川在水利方面的指数由 0.8374 降到 0.7707，下降了 7.97%，贵州在水利方面的指数由 0.8237 增长到 1.7491，增长了 112.35%，云南在水利方面的指数由 0.651 降到 0.5789，下降了 11.08%，可以看出只有贵州在水利指数方面是发展的，其他四个地区都有不同程度的下降，其中下降幅度最大的是广西。

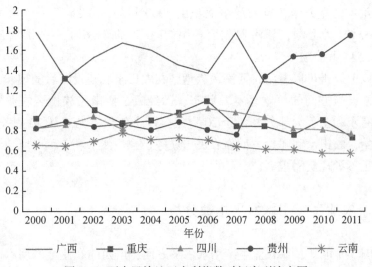

图 3-4　西南民族地区水利指数时间序列演变图

　　虽然广西已建成水库总库容量由 2000 年的 225.50 亿立方米增加到 378.39 亿立方米，平均每年增加 12.74 亿立方米，但已建成水库座数由 2000 年的 4375 座减少到 2011 年的 4349 座，广西的有效灌溉面积由 151.056 万公顷增加到 152.924 万公顷，平均每年增加面积仅仅为 0.156 万公顷，而旱涝保收面积不增反降，由 2000 年的 117.501 万公顷减少到 2011 年的 116.763 万公顷，减少了 0.738 万公顷。重庆的已建成水库总库容量由 2000 年的 36.95 亿立方米增加到 2011 年的 79.07 亿立方米，年均增加 3.51 亿立方米，已建成水库座数由 2000 年的 2730 座增加到 2011 年的 2852 座，有效灌溉面积由 2000 年的 62.477 万公顷增加到 62.988 万公顷，平均每年增加面积仅仅为 0.043 万公顷，旱涝保收面积由 2000 年的 32.178 万公顷增加到 2011 年的 34.955 万公顷，平均每年增加面积仅仅为 0.231 万公顷。四川的已建成水库总库容由 87.58 亿立方米增加到 215.06 亿立方米，年均增加 10.62 亿立方米，水库座数由 2000 年的 6657 座增加到 2011 年的 6759 座，有效灌溉面积不增反降，由 2000 年的

246.899 万公顷减少到 2011 年的 260.075 万公顷，旱涝保收面积由 2000 年的 171.525 万公顷增加到 2011 年的 177.294 万公顷，年均增加 0.481 万公顷。贵州的已建成水库总库容由 2000 年的 74.42 亿立方米增加到 2011 年的 358.58 亿立方米，年均增加 23.68 亿立方米，有效灌溉面积由 2000 年的 65.337 万公顷增加到 2011 年的 120.119 万公顷，年均增加 4.565 万公顷，旱涝保收面积由 2000 年的 53.072 万公顷增加到 2011 年的 65.931 万公顷。云南的已建成水库总库容由 2000 年的 83.15 亿立方米增加到 2011 年的 134.83 亿立方米，年均增加 4.3 亿立方米，有效灌溉面积由 2000 年的 140.34 万公顷增加到 2011 年的 163.424 万公顷，旱涝保收面积由 2000 年的 83.694 万公顷增加到 2011 年的 93.544 万公顷。

从以上分析可以看出，西南民族地区在农田水利建设滞后的现状，农田水利和灌溉设施方面的"吃老本"状态，已经成了西南民族地区农业发展的瓶颈。现有水利工程大部分修建于 20 世纪五六十年代，尤其从 20 世纪 90 年代初期开始，农田水利建设方面靠农民出义务工，虽然水利工程有所建设，但仍远远满足不了现实需求。

3.6.2 农业生产用水水平指数分析

由图 3-5 可知，在农业生产用水水平方面，广西的农业生产用水水平指数由 0.8289 降到了 0.6643，重庆的农业生产用水水平指数由 2000 年的 0.9384 增长到 2011 年的 1.0465，四川的农业生产用水水平指数由 2000 年的 1.2551 增长到 2011 年的 1.3513，贵州的农业生产用水水平指数由 2000 年的 1.2366 降到 2011 年的 0.8888，云南的农业生产用水水平指数由 2000 年 0.741 增长到 2011 年的 1.049，只有广西和贵州是下降的，增长幅度较大的是云南。

广西的节水灌溉面积由 2000 年的 66.143 万公顷增加到 2011 年的 72.717 万公顷，年均增加 0.548 万公顷，年均增加面积是五个地区里最少的，农田实际灌溉亩均用水量由 2000 年的 1176 立方米下降到 2011 年的 958 立方米，广西的农田实际灌溉亩均用水量较大是受其种植结构影响，在 2011 年广西的需水较多的稻谷播种面积占总播种面积的 34.16%。重庆的节水灌溉面积由 2000 年的 4.983 万公顷增加到 2011 年的 16.354 万公顷，年均增加 0.948 万公顷，农田实际灌溉亩均用水量由 2000 年的 254 立方米增加到 2011 年的 318 立方米。

四川节水灌溉面积由 2000 年的 68.851 万 6 公顷增加到 2011 年的 131.715 万公顷，年均增加 5.239 万公顷，农田实际灌溉亩均用水量由 2000 年的 395

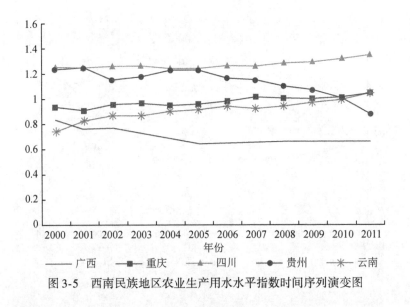

图 3-5　西南民族地区农业生产用水水平指数时间序列演变图

立方米下降到 2011 年的 377 立方米。贵州的节水灌溉面积由 2000 年的 29.242 万公顷增加到 2011 年的 39.603 万公顷，年均增加 0.863 万公顷，农田实际灌溉亩均用水量由 2000 年的 640 立方米下降到 2011 年的 442 立方米。云南的节水灌溉面积由 2000 年的 25.416 万公顷增加到 58.804 万公顷，年均增加 2.782 万公顷，农田实际灌溉亩均用水量由 2000 年的 593 立方米下降到 2011 年的 443 立方米。

　　总体而言，2011 年西南民族地区农业用水量占总用水量的 55% 以上，灌溉水平仍然很低，尤其体现在 2011 年的农田灌溉水有效利用系数上，广西为 0.424，重庆为 0.466，四川为 0.421，贵州为 0.428，云南为 0.409，均低于全国 0.51 的平均水平，这也放映了西南民族地区农业生产的粗放模式。其主要原因是渠系配套差，建筑物老化现象严重，田间工程标准低，地面不平整，缺乏科学的运用管理，政策不配套，水费标准低等。

3.6.3　经济实力指数分析

　　由图 3-6 可知，在经济实力指数上，广西的经济实力指数从 2000 年的 1.3749 降到了 2011 年的 0.9307，重庆的经济实力指数由 2000 年的 1.0011 增长到 2011 年的 1.2575，四川的经济实力指数由 2000 年的 1.0793 降到 2011 年的 1.0485，贵州的经济实力指数从 2000 年的 0.7181 增长到 2011 年的 0.7793，云南的经济实力指数从 2000 年的 0.8265 增长到 2011 年的 0.993。

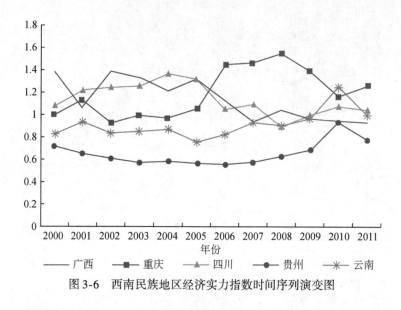

图 3-6　西南民族地区经济实力指数时间序列演变图

　　在水利建设投资完成额方面，广西水利建设投资完成额 2000 年为 24.80 亿元，2011 为 102.81 亿元，重庆水利建设投资完成额 2000 年为 13.35 亿元，2011 年为 151.74 亿元，四川水利建设投资完成额 2000 年为 15.59 亿元，2011 年为 110.68 亿元，贵州水利建设投资完成额 2000 年为 9.43 亿元，2011 年为 89.12 亿元，云南水利建设投资完成额 2000 年为 11.75 亿元，2011 年为 128.46 亿元。虽然各地区水利投资完成额都有不同程度的增加，但其中很大程度上依靠的是中央的投资，各地区本身随着现代农业生产经营体制发展，对农田中小型水利灌溉设施的重视程度没有以前高，投资力度和投入劳动力数量逐渐弱化，尤其是在 2006 年后，因为取消农业税、劳动积累工和义务工，造成农业水利没有经费投入，劳力组织难，而中央的财政投入比起需求量来可谓是杯水车薪，巨大的缺口导致很多地区农业水利设施老化，小型水库、水塘、毛渠等失效，给农业生产造成了很大损失。

　　在农村人均纯收入方面，广西农村人均纯收入 2000 年为 1865 元，2011 年为 5231 元，重庆农村人均纯收入 2000 年为 1892 元，2011 年为 6480 元，四川农村人均纯收入 2000 年为 1904 元，2011 年为 6129 元，贵州农村人均纯收入 2000 年为 1374 元，2011 年为 4145 元，云南农村人均纯收入 2000 年为 1479 元，2011 年为 4722 元。人们的收入水平在不断提高，但收入增速有所放缓，农民的稳定增收任务愈发艰巨。

3.6.4 应急抗旱能力指数分析

从应急抗旱能力看，广西的应急抗旱能力指数从 2000 年的 0.9813 增长到 2011 年的 1.0039，重庆的应急抗旱能力指数从 0.8808 增长到 2011 年的 1.5383，四川的应急抗旱能力指数从 2000 年的 1.7853 降到了 2011 年的 1.1376，贵州的应急抗旱能力指数从 2000 年的 0.5957 降到 2011 年的 0.5944，云南的应急抗旱能力指数从 2000 年的 0.7568 降到 2011 年的 0.7258（图 3-7）。

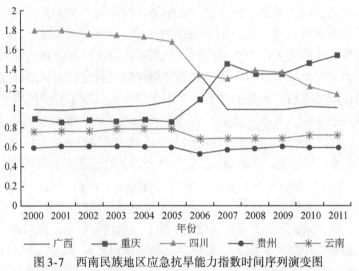

图 3-7　西南民族地区应急抗旱能力指数时间序列演变图

在机电井数量方面，广西机电井数量 2000 年为 1593 眼，2011 年为 7381 眼；重庆机电井数量 2000 年为 27 000 眼，2011 年为 46 480 眼；四川机电井数量 2000 年为 16 991 眼，2011 年为 23 700 眼；贵州机电井数量 2006 年为 101 眼，2011 年为 454 眼；云南机电井数量 2000 年为 2807 眼，2011 年为 3475 眼。在机电排灌站装机容量方面，广西机电排灌站装机容量 2000 年为 5.28 万千瓦，2011 年为 76.4 万千瓦；重庆机电排灌站装机容量 2000 年为 35.27 万千瓦，2011 年为 45.20 万千瓦；四川机电排灌站装机容量 2000 年为 156.40 万千瓦，2011 年为 149.2 万千瓦；贵州机电排灌站装机容量 2000 年为 31.536 万千瓦，2011 年为 29.20 万千瓦；云南机电排灌站装机容量 2000 年为 72.84 万千瓦，2011 年为 86.40 万千瓦。虽然各地的机电井数量和机电排灌站装机容量都有了极大发展，但是在灌溉设施方面存在着极大的保护和管理问题，由于投入不足，导致的只建不管、重建轻管及水利设施带病运行的问题比较普遍，水库出险、堤防坍塌、河道淤积、渠道渗漏、泵站老化、饮用水工程瘫痪等问题众多，因此，许多小型水利设施功能丧失，由于农业自然灾害频发，严重制约农业经济的发展，影响了农民增收。

3.7 政策含义

依据西南民族地区抗旱减灾实践及其管理现状，急需从以下几个方面入手，以达到逐渐增强当地社会的干旱灾害抵御能力、减轻干旱灾害脆弱性的目的。

一是建立健全较为完善的抗旱减灾政策法规。防旱抗旱减灾工作是一项较为复杂的系统工程，是公益性事业，无论是从防旱抗旱减灾工作需求还是法律社会建设的角度讲，建立健全较为完善的抗旱减灾政策法规都是非常必要的。众多出现在抗旱减灾工作中的矛盾和问题需要通过法律加以规范解决。

二是加大抗旱减灾投入力度，加强抗旱基础设施建设。长期以来，抗旱基础设施建设严重滞后，频发的严重干旱灾害突出地反映了我国抗旱基础设施建设严重滞后的现状。虽然"十五"以来中央加大了大中型水库除险加固、灌区节水改造、农村饮水解困以及农村饮水安全工程的建设力度，但从现状看，西南民族地区一多半耕地没有灌溉设施，完全处于靠天吃饭状态。现有的水利工程大部分是 20 世纪 70 年代以前修建的，建设标准不高，配套不全，老化失修严重，灌溉保证率低，遇到干旱年份，远远满足不了抗旱工作的实际需要。因此，通过加大投入，逐步减轻干旱灾害脆弱性是一种治本的防旱抗旱减灾策略。

三是加强抗旱减灾研究，提高防旱抗旱减灾科技水平。与其他自然灾害相比，抗旱减灾研究相对薄弱，这是全世界普遍存在的现象。但随着干旱灾害严重性逐渐被认识，很多国家尤其是美国和加拿大等国家都在逐步加大抗旱减灾研究的力度。抗旱减灾是一项复杂的系统工程，需要开展的研究很多，如结合西南民族地区的防旱抗旱减灾战略问题、干旱及干旱灾害监测、预测及评估问题、抗旱减灾决策支持系统等。

四是加强防旱抗旱减灾宣传力度，提高民众旱灾风险防范意识。抗旱能力的提升需要全社会成员的努力，加强有关防旱抗旱的宣传，有助于人们自觉投入到抵御旱灾的行动之中。干旱时期降雨持续偏少，特别是进入夏季，随着气温的持续升高，江河径流水量减少，水库蓄水位持续下降，加剧旱情。水资源在缓解旱情、提升抗旱能力方面的作用是毋庸置疑的。但是我国西南民族地区普遍存在着水利设施建设滞后、管护不到位等现象。对水资源的合理利用和水利公共设施的维护不仅仅是政府的责任，社会每个成员都应积极发挥作用，应对干旱灾害。这就要求政府加大防旱抗旱减灾的宣传和教育力度，提高民众的旱灾防范意识，积极做好应对干旱的准备。

第 4 章
西南民族地区农户旱灾感知及影响
因素分析

单纯强调工程性减灾建设并不能实现农业旱灾损失的最小化。农户作为干旱灾害最直接的承受者，在农业防灾抗灾中具有不可忽视的作用。将农民纳入农业旱灾防灾减灾体系，是增强区域农业防灾减灾能力的必然要求。农户的旱灾感知状况直接决定着人们在应对旱灾时自身的行为方式以及他们在抗灾减灾中的态度，并且影响到政府相关部门减灾政策的制订及减灾工作的展开。旱灾感知能力的提高，有利于其作出更理性和科学的抉择。因此，加强居民旱灾感知特征和模式的研究，强化居民的旱灾感知能力，对认识旱灾、预防旱灾和减轻旱灾影响有重要的理论和现实意义。基于此，本章对西南民族地区农户旱灾感知及其影响因素进行了深入研究，为完善和优化农业减灾政策提供依据。

4.1　调查区域的选择与被调查农户基本特征

4.1.1　调查区域的选择

本书的数据来源于课题组 2012 年 2 月和 7 月对西南民族地区的实地调研。调研以西南五省为目标，在这一调查样本中选取了 5 个县市，包括贵州清镇市、四川彭州市、云南曲靖市、重庆永川区、广西合浦县，并按照随机抽样原则在以上 5 个县市中进行调查，最终获得有效数据样本 350 个。本次调研地区样本分布如表 4-1 所示。

表 4-1　被调查农户的县域分布表

省份	调查县/市	样本量/人	比例/%
贵州	清镇市	94	26.86
四川	彭州市	77	22.00

省份	调查县/市	样本量/人	比例/%
云南	曲靖市	57	16. 29
重庆	永川区	48	13. 71
广西	合浦县	74	21. 14
总计	—	350	100

4.1.1.1 贵州清镇市概况

贵州清镇市地处黔中腹地，介于东经106°7′~106°33′，北纬26°21′~26°59′，距省会贵阳市区23千米，内通毕节、六盘水、安顺等地区，区位优越，交通便利，是贵州省区域空间结构合理度最好的地区之一。全市行政区域总面积为1492平方千米，辖6乡（其中3个民族乡）、4镇、1个街道办事处，总人口46.7万人，其中少数民族人口占22%，农业人口占80%。从地形上看，清镇市地势南高北低，海拔为1180~1450米，全境为以山地、丘陵为主的丘陵盆地，喀斯特地貌为该市地貌类型的主要特征。清镇市属亚热带季风湿润气候，冬无严寒，夏无酷暑，春迟、夏短、秋早、冬长，山区气候特征明显，年平均气温为14℃，年平均无霜期275天。从降水来看，清镇市年平均降水量为1180.9毫米，雨日（雨量≥0.1毫米）为186天，是全国多雨日区，雨量充沛，雨热同季。

清镇市集区位、矿产、旅游、水电等优势为一体，是贵州重要的工业基地、能源基地、交通枢纽。全市2012年生产总值实现144.1586亿元，比上年增长16.8%，三次产业结构为8.96∶48.67∶42.37；人均生产总值达30 561元，同比增长16.1%。农业生产方面，清镇市依托其得天独厚的自然条件，以各乡镇农业发展的区域条件和比较优势为基础，强化与龙头企业、科研机构的合作，构建以烟、菜、果、茶、药、苗、鸡、猪、牛九大生态产业为主体的新型农业产业化格局。2012年，清镇市实现农牧渔业增加值12.9130亿元，比上年增长9.4%。与贵阳市各区（县市）相比，清镇市2011年生产总值位于第4位，而其第一产业生产总值则位于第2位，农业生产产值比重相对较高。由此可见，研究清镇市的农户灾害感知与农业抗灾能力对讨论贵州省以及西南民族地区的整体情况比较具有代表性。

虽然具有气温、降水等气候方面的优势，清镇市的农业生产用水也存在着一些不可忽视的问题。清镇市地处亚热带高原季风湿润气候区，雨量丰沛，但降水时空分布不均，同时受夏季太阳辐射和盆地地形影响，温度上升快且热量不易发散，易形成连晴少雨的高温干旱天气，造成较严重的伏旱。春季由于降水量较少，也易发生春旱。另外，清镇市全境山地、丘陵间杂，由于缺乏平地支撑，人类活动造成水土流失严重、石漠化加剧，土层较薄，森林植被涵养水源能力差。清镇市水资源总量丰富，境内有"三河四湖"，储水量丰沛。然而，由于部分地区受地形限制，以及水利基础设施薄弱，工程性缺水问题比较突出，一定程度上加重了旱灾的影响力。

2011年，持续的高温少雨使得贵州省发生较为严重的旱情，此次旱灾有持续时间长、受灾面积广、灾害损失大的特点，全省受灾人口高达2113.59万人，农作物受灾面积176.33千公顷，623.37万人、292.2万头大牲畜发生临时饮水困难，因灾共造成直接经济损失122.78亿元。其中，清镇市是贵州受灾较为严重的地区之一，雨季较常年相比降水量减少40%，干旱等级为重旱级别。受干旱影响，清镇市水资源严重不足，全年粮食减产41%，其中秋粮减产更高达45.1%，农业生产损失巨大，同时生活用水和牲畜用水出现困难。农户作为旱灾的承灾者，对其灾害的感知状况及其抗灾能力的研究具有较强的实际价值。因此，研究清镇市农户旱灾感知及抗旱能力，对于提高西南民族地区抗旱救灾的能力具有指导意义。

4.1.1.2 四川彭州市概况

四川彭州市位于成都平原西北部，地处四川盆地与龙门山脉的过渡地带，距离成都市区25千米，介于东经103°40′~104°10′，北纬30°50′~31°26′。目前，彭州市辖20个镇，总人口约80万人。全市辖区面积1421平方千米，其中山地面积664平方千米，占46.7%；丘陵面积334平方千米，占23.5%；平原面积423平方千米，占29.8%。全境地势西北高东南低，海拔为489~4812米，地形多样，区内山地、丘陵、平原气候差异较大。境内河川纵横，水资源储量丰富。

彭州市属亚热带季风气候，气候温和、雨量充沛、四季分明，年平均气温为15.7℃，年降水量1225.7毫米，全年无霜期多达278天。彭州年平均日照时数为1188.4小时，是全国日照较少的地区，日照百分率仅为27%。彭州市雨量充沛，但降水量的年际变化显著，雨季起止时间和雨季长短的年际变化很大，降水的时间分配极不均匀。同时，彭州气候随地形变化有着明显差异，不同海拔高度的干旱情况亦有差异，降水的空间分布表现出明显的立体性特征。这一降水特点使彭州市农业发展受水资源的制约，因此强化农户生产过程中的旱灾感知能力，提高农业防旱抗旱水平，对于彭州市农业发展具有现实意义。

作为古蜀文化发祥地之一，彭州市有着"六山一水三分坝"的自然格局，素有"蜀汉名区"、"天府金盆"的美誉，境内旅游资源丰富。作为成都市农业经济主体区域之一，彭州市农业经济地位十分突出，是全国重要的蔬菜生产基地，也是四川的一个重要商品粮生产基地。彭州市耕地以水田为主，土壤肥沃，宜种性广。2011年年末，彭州市实有耕地面积50 124公顷，农林牧渔业总产值实现58.3564亿元。自2006年以来，彭州市注重蔬菜产业的规模化发展，实现蔬菜生产、加工、销售的一体化，境内年蔬菜种植面积达4万公顷，年产蔬菜15亿千克，是全国五大商品蔬菜基地之一、全国无公害蔬菜示范基地、全国蔬菜质量标准示范区、中国西部最大的蔬菜生产基地。同时，核桃、猕猴桃、彭州柚、中药材等13大商品生产基地也是彭州特色农业发展的重要方面。由此可见，研究彭州市农业抗灾能力对于讨论四川省的整体抗旱水平比较具有代表性，对于提高西南民族地区农业抗灾能力具有参考价值。

4.1.1.3　云南曲靖市概况

云南曲靖市位于云南东部，云贵高原中部，地处东经102°42′~104°50′，北纬24°19′~27°03′。全市总面积32 565平方千米，总人口546.6万人，下辖8县、1市、1区。曲靖市属亚热带高原季风气候，夏无酷暑，冬无严寒，年平均气温为14.5℃，年平均降水量1000毫米。曲靖市地势西北高东南低，海拔为695~4017.3米，境内地形多由山地、丘陵、坝子组成，喀斯特地貌发育典型。其中，曲靖市内陆良坝子面积771.99平方千米，面积居全省之首。

曲靖市得天独厚的地理资源为其发展高原特色农业提供了优势，境内适宜多种粮食作物及经济作物的生长。当前，曲靖市注重农业规模化、专业化、标准化发展，围绕特色农业产业基地建成20个现代农业示范园区，包括以玉米、马铃薯为主的大宗农产品生产基地，以蔬菜、魔芋、中药材等为主的特色种植基地等。同时，曲靖还充分发挥高原资源优势，着力发展林业、水产养殖、畜牧业，构建多样化的农业发展模式。2012年，曲靖市农林牧渔业以及服务业总产值约为444亿元，比上年增长7.6%，与云南省各州市相比，生产总值位于第1位。其中，农业产值186.2亿元、林业产值12.5亿元、牧业230.4亿元、渔业10.1亿元、服务业4.7亿元。

2009年年末，云南遭受持续旱灾，其中曲靖、玉溪旱情最为严重，旱灾导致人畜饮水困难，农业生产损失惨重。持续的干旱使春播过程中水资源极度短缺，土壤缺水失墒严重，对水稻、烤烟、蚕桑等农作物的栽种和培育造成严重影响。据统计，2010年曲靖市小春作物受灾面积达281.13千公顷，土地缺水缺墒面积达117.44千公顷。虽然旱灾已经过去，但抗旱减灾过程中存在的问题却不容忽视。农户作为抗灾主体，其对旱灾的感知水平以及抗旱建设的能力具有研究价值和现实意义。总体来说，曲靖市农业发展水平能较好地反映云南的农业发展状况，研究曲靖市的农业抗旱能力对于讨论云南及西南民族地区的整体抗旱能力比较具有代表意义。

4.1.1.4 重庆永川区概况

重庆永川区位于重庆西部，南与四川接壤，介于东经 105°38′~106°05′、北纬 28°56′~29°34′。永川区总面积 1576 平方千米，目前全区总人口 112 万人，其中农业人口 19.62 万人。永川属于亚热带季风性湿润气候，气候温和，雨量充沛，平均气温 17.7℃，年平均降雨量 1015.0 毫米，平均日照 1218.7 小时，年平均无霜期 317 天。从地形上看，永川区地貌以丘陵为主，土层较厚，土质肥沃。

永川区是重庆西部和川东南地区重要的商业物资集散地，以及区域综合交通枢纽和区域教育、医疗、应急中心。永川工业园区作为重庆市特色工业园和重点建设的千亿级工业园区，是重庆"十强工业园区"，同时永川区还是中国服务外包基地城市示范区、重庆规划建设的现代物流基地，经济规模扩展迅速，经济结构不断优化。2011 年，全区实现生产总值 380.2 亿元，比上年增长 19.8%，其中：第一产业增加值 35.9 亿元，增长 5.8%；第二产业增加值 218.7 亿元，增长 24.4%；第三产业增加值 125.6 亿元，增长 16%，三次产业结构为 9.4∶57.5∶33.1。可以看出，永川区第一产业生产总值占三大产值总值的比例最低，而第二产业比例最高。

就农业生产而言，永川区现有耕地面积 49 802 公顷，人均耕地面积 0.92 亩。2011 年全区实现农业总产值 53.2 亿元，比上年增长 24.1%。永川区是重庆农产品重要出口基地和全国农业综合开发办公室联系市，生猪养殖、水产养殖发展迅速，是全国及重庆商品粮、瘦肉型猪、永川梨、大河龙眼、蚕级、茶叶、楠竹、柑橘等生产基地。

虽然具有降水、气温、土壤等方面的优势，永川的农业生产仍然受水资源条件的限制，主要表现在灌溉用水的短缺。永川区水资源总量为 58 852 万立方米，人均水量为 550 立方米，仅为重庆人均水量的 1/3，不足全国平均水量的 1/4。水资源匮乏成为制约永川区经济社会发展，尤其是农业发展的瓶颈，因此，研究永川区农户旱灾感知与农业抗旱能力，有利于提高该区水资源利用效率，加强农业抵御旱灾的能力。

4.1.1.5 广西合浦县概况

广西合浦县地处广西南部，位于北海市北部，南临北部湾，介于东经

108°51′~109°46′，北纬21°27′~21°55′。总面积2851平方千米，现辖15个乡镇，总人口102.06万人。合浦地形北高南低，由北部丘陵、中部平原以及东、南、西部台地组成，地势平坦，土地肥沃，土地资源丰富。

合浦县属亚热带季风型海洋性气候区，日照强烈，热量充足，年平均气温22.4℃，最高气温37.4摄氏度，最低气温-0.5℃，全年无霜期347天，有些年份无霜冻出现。年平均降雨量约1574.9毫米，雨量充沛，雨热同季。

4.1.2 被调查农户基本特征

4.1.2.1 居住地形

基于西南民族地区地形地貌特点，本书的研究调查选取了西南民族地区的三种主要地形，从问卷样本的有效地形分布情况来看，选取的丘陵地区农户数量最多，达到170户，占48.57%；平原地区农户数量位列其次，为105户，占30.00%；山地地区农户数量最少，有75户，占21.43%（表4-2）。

表 4-2 被调查农民的居住地形分布表

地形条件	丘陵	平原	山地	总计
样本量/人	170	105	75	350
比例/%	48.57	30.00	21.43	100

4.1.2.2 民族

西南民族地区是我国最主要的少数民族聚居地区之一，本书中采访的少数民族共计69人，占19.71%，主要来自壮族、苗族、瑶族、仡佬族等民族（表4-3）。不同的民族由于特定的历史发展轨迹，拥有不同的民族文化和宗教信仰。作为一种维系民族认同感、规范和督导民族的行为、传承民族文化思想的非正式制度，宗教信仰和少数民族宗教活动会影响人们的生产和消费行为，而不同的农业生产结构可能受旱灾的影响程度不同，进而影响农户对旱灾的感知能力。此外，少数民族在生产方式、生活方式、风俗习惯等方面存在着差异。这

表 4-3 被调查农民的民族分布表

民族	汉族	少数民族	总计
样本量/人	281	69	350
比例/%	80.29	19.71	100

些差异构成了各民族独具特色的民俗文化并影响着民族经济的发展，经济行为的差异必然引起收入能力的差异。

4.1.2.3 性别

本书中主要以户主为调研对象，而在中国传统家庭构成中，户主主要以男性为主，因此，在被调查的 350 户农户家庭中，男性有 314 人，占 89.71%，远超过女性的数量（表4-4）。

表 4-4　被调查农民的性别分布表

性别	男	女	总计
样本量/人	314	36	350
比例/%	89.71	10.29	100

4.1.2.4 年龄

如表 4-5 所示，在被调查者中，年龄在 30 岁以下的人有 10 人，占样本总数的 2.86%；年龄为 30~40 岁的有 48 人，占 13.71%；年龄为 40~50 岁的有 106 人，占 30.29%；年龄为 50~60 岁的有 115 人，占 32.86%；年龄在 60 岁以上的有 71 人，占 20.29%。总体来看，被调查户以中老年人居多，其主要原因是随着我国经济社会的发展，青壮年劳动力大部分外出务工或经商，留守的主要是中老年人和儿童，农村劳动力人口老龄化严重。一般年龄较小的农户其劳动力机会成本较高，相比年龄较大的农户，其选择农业生产活动的倾向也不同，如果更愿意采用节约资本的生产技术，那么能更好地掌握新的生产技术，更能接受引进改良品种或者新的经济品种，在进行新技术培训的时候也更有优势。

表 4-5　被调查农民的年龄结构分布表

年龄段	30 岁以下	30~40 岁	40~50 岁	50~60 岁	60 岁以上	总计
样本量/人	10	48	106	115	71	350
比例/%	2.86	13.71	30.29	32.86	20.29	100

4.1.2.5 受教育程度

从受教育程度分布来看，如表 4-6 所示，在被调查者中，受教育程度处于小学及以下水平的人有 151 人，占总数的 43.14%；处于初中水平的人有 145

人，占41.43%；处于高中水平的人有48人，占13.71%；处于大专及以上水平的人有6人，仅占1.71%；约84.57%的被调查农户受教育程度处于初中及以下。由以上数据可知，我国西南民族地区农村受教育程度比较低下，接受过高中及以上教育的人口较少，受教育程度较低严重制约了当地经济社会的发展。虽然由于历史的原因，当地社会经济文化落后，教育不发达，科技人才和实用技术人才缺乏，劳动力素质低，农户受教育程度不高，但是，随着近年来国家农村义务教育政策的实施，农户受教育状况有所改善。

表4-6　被调查农民的受教育程度

文化程度	小学及以下	初中	高中	大专及以上	总计
样本量/人	151	145	48	6	350
比例/%	43.14	41.43	13.71	1.71	100

年龄、受教育程度这些主体特征都会影响农业生产和旱灾感知的重要因素。一方面，农民的年龄越高，思想行为相对越闭塞，对传统农业技术的依赖性就越强，接受新事物的意愿就越低；而年轻农民接受新事物和承受风险的能力越强，对农业新技术的需求就越强烈，获取农业气象信息的意愿也越强烈。另一方面，农民的受教育程度越高，思想相对越开放且学习能力越强，就越易于接受科技成果并将其应用到实际中去，从而获得农业气象信息的渠道就越多；反之，农民的受教育程度越低，就越不愿意放弃传统的农业生产技术和习惯，学习和应用新技术的能力也就越低。

4.1.2.6　家庭人口数量

从家庭人口数量来看，由表4-7可知，在被调查的350户农户中，家庭人口数量在4人以下的共有161户，占总数的46.00%；家庭人口数量在5~8人的户数为155户，占总数的44.29%；家庭成员在8人以上的户数有34户，占总数的9.71%。平均家庭人口数量为5.07人。

表4-7　被调查农户的家庭成员数量分布表

家庭成员数量	4人以下	5~8人	8人以上	总计
样本量/户	161	155	34	350
比例/%	46.00	44.29	9.71	100

4.1.2.7　家庭经营耕地面积

家庭经营的耕地面积主要包括自有耕地面积和承包自他人的耕地面积。我国人多地少的基本国情决定了农户的经营规模普遍较小，本次调研数据也证实了这一点。如表4-8所示，在被调查的350户农户中，耕地面积不足2亩的有43户，占总数的12.29%；耕地面积介于2~5亩的有165户，占总数的47.14%；耕地面积为5~10亩的有111户，占总数的31.71%；耕地面积超过10亩的有31户，占总数的8.86%。超过59.43%的农户耕地面积不足5亩，由此可知，我国西南民族地区农户经营的耕地面积规模普遍较小。农业规模相对较大的农户和贫困程度较深的农户受到旱灾影响的程度也更深，对其家庭经济生活的冲击也更大，可能对旱灾的感知要更强。另外，农户的受教育程度越高、越是单纯靠种植业为生的农户，也越关心旱灾给农业带来的影响，其灾前采取防灾措施的可能性也越大。

表4-8 被调查农户的耕地面积规模分布表

耕地面积	2亩以下	2~5亩	5~10亩	10亩以上	合计
样本量/户	43	165	111	31	350
比例/%	12.29	47.14	31.71	8.86	100

4.1.2.8 家庭收入情况

家庭年人均收入是反映家庭经济水平的重要指标。根据被调查地区实际社会经济发展状况，本书选取农户家庭年人均毛收入这一指标来衡量被调查地区农村家庭经济收入情况。如表4-9所示，在被调查的350户家庭中，家庭年人均毛收入在2000元以下的农户有75户，占被调查农户总数的21.43%；家庭年人均毛收入位于2000~6000元的有128户，占总数的36.57%；家庭年人均毛收入位于6000~10 000元的有74户，占总数的21.14%；家庭年人均毛收入超过10 000元的有74户，占总数的21.14%；约占58%的农户家庭年人均毛收入不足6000元。以上数据表明，在我国西南民族地区，经济发展较为落后，农户家庭收入普遍较低。

表4-9 被调查农户家庭年人均毛收入

年人均毛收入	2000元以下	2000~6000元	6000~10 000元	10 000元以上	合计
样本量/户	75	128	74	73	350
比例/%	21.43	36.57	21.14	20.86	100

农业生产是我国农民最重要的收入来源之一。随着经济的发展，农民在从事农业生产的同时，在闲暇之际还从事着非农生产活动，以提高家庭收入。对一些农民而言，兼业收入甚至已经成为其家庭收入的主要来源。根据调查所知，在农户的家庭收入构成方面，农业收入占家庭总收入比例超过70%的农

户有 152 户，占被调查农户的 43.43%；农业收入占家庭总收入比例为 50%～70% 的农户有 38 户，占被调查农户的 10.86%；农业收入占家庭总收入比例为 30%～50% 的农户有 50 户，占被调查农户的 14.29%；农业收入占家庭总收入比例不足 30% 的农户有 110 户，占被调查农户的 31.43%；约占 54.29% 的农户的农业收入占家庭农业收入的比例超过了五成以上（表 4-10）。以上数据表明，在我国西南民族地区，农业收入仍然是农村家庭最主要的收入来源，农业生产对维持农户生计、稳定农村社会经济有着不可或缺的作用。

表 4-10 被调查农户家庭农业收入占家庭总收入的比例

农业收入占家庭收入的比例	低于 30%	30%～50%	50%～70%	70% 以上	总计
样本量/户	110	50	38	152	350
比例/%	31.43	14.29	10.86	43.43	100

4.2 西南民族地区农户旱灾感知现状

4.2.1 农户对主要受灾类型的感知

受复杂多变的气候条件与特殊的地形地貌环境的双重影响，我国西南民族地区各种自然灾害频发，其中影响较大的主要自然灾害类型包括洪涝、旱灾、冰雹、冻灾、风灾等。根据本书的调研情况，在被调查的 350 户农户中，认为旱灾是最主要的灾害类型的有 231 人，占总数的 66%；认为洪涝灾害是最主要的灾害类型的有 55 人，占总数的 15.71%；认为冰雹是最主要的灾害类型的人有 17 人，占总数的 4.86%；认为冻灾是最主要的灾害类型的仅有 8 人，占总数的 2.29%（表 4-11）。由调研数据可知，超过半数的人都将旱灾作为最主要的自然灾害，这充分表明了干旱灾害对我国西南民族地区的重大影响和给农户带来的巨大损失，也由此证明本书的选题具有重要的实践意义。灾害会引起农户生产和消费行为发生变化。灾害对家庭的影响越大，农户积极采取防范措施降低其影响的动力越大。灾害对家庭的影响不仅在生产方面，还体现在生活方面，其最直接的表现就是对其收入和支出的影响。

表 4-11 西南民族地区农户对最主要的灾害类型的感知

变量	旱灾	洪涝	风灾	冰雹	冻灾	总计
样本量/人	231	55	39	17	8	350
比例/%	66.00	15.71	11.14	4.86	2.29	100

4.2.2 农户对旱灾成因的感知

从农户对旱灾成因的感知来看，如表 4-12 所示，在被调查农户中，认为自然原因是造成旱灾的主要因素的有 258 人，占总数的 73.71%，这部分农户认为旱灾的发生主要是因为降雨量异常减少导致的；认为人为原因是造成旱灾的主要因素的有 20 人，占总数的 5.71%，这部分农户认为旱灾是由于农田水利基础设施建设不到位、政府抗旱能力低下等原因导致的；而认为旱灾的形成原因中自然因素和人为因素都有的有 72 人，占总数的 20.57%，这部分农户较为理性，认为不能单方面地将发生旱灾的责任归咎于自然或人类，而应该将两者综合起来看。

表 4-12　西南民族地区农户对旱灾成因的感知分布表

旱灾成因	自然原因	人为原因	自然原因和人为原因都有
样本量/人	258	20	72
比例/%	73.71	5.71	20.57

4.2.3 农户对旱灾影响的感知

一方面，干旱灾害会导致农作物减产，影响农业生产，进而减少农民的农业收入，同时有可能导致生活用水短缺，威胁农民日常的生活；另一方面，严重的干旱也会对生态环境产生严重的危害。因此，本书将旱灾影响归纳为农业生产影响、社会经济影响与生态环境影响这三个方面，并基于这三个方面对农户展开调研。如表 4-13 所示，被调查农户中，认为干旱灾害的主要影响是农业生产影响的有 303 户，占总数的 86.57%；认为干旱灾害的主要影响是社会经济影响的有 106 人，占总数的 30.29%；认为干旱灾害的主要影响是社会经济影响的有 95 人，占总数的 27.14%。由以上数据可知，西南民族地区农户对旱灾影响的感知主要是从农业生产的角度出发，对干旱对生态环境影响的感知不强。

表 4-13　西南民族地区农户对旱灾的影响感知分布表

旱灾产生的影响	农业生产影响	社会经济影响	生态环境影响
样本量/人	303	106	95
比例/%	86.57	30.29	27.14

旱灾给农户生产生活造成严重影响，使农户承受着一定的心理负担。从农户对旱灾的担心程度来看，被调查农户中，对旱灾表示非常担心的农户有75人，占总数的21.43%；对旱灾表示比较担心的农户有108人，占30.86%；对旱灾表示一般担心的农户有100人，占28.57%；对旱灾表示不担心的农户有59人，占15.86%；对旱灾表示很不担心的农户有8人，仅占总数的2.29%（表4-14）。数据显示，有52.29%的农户表现出对旱灾比较担心或非常担心，其主要原因可能是，被调查农户中，农业收入占家庭总收入的比重较大，面对旱灾对农业生产造成的损失巨大，家庭经济将难以承受，因此，对旱灾表现出更多的担心程度。而对那些农业收入在家庭总收入中所占比例较小的农户而言，旱灾造成的损失相对较小，这些农户拥有其他收入来源，能够确保在旱灾发生年份维持正常的生活，因而表现为对旱灾不太担心。此外，农户家庭自身的防灾能力有强弱之差。造成差异的原因可能有农户防范意识的强弱，获取传递气象信息习惯差异，改变种植结构的能力不同，筹集、准备防灾必要的物资和手段不同、农业生产规模大小。农户家庭自身的防灾能力越强，其主动采取防灾措施的手段和能力越强，也会表现得对旱灾不那么担心。农户家庭自身缺乏相应的防灾手段和条件，其实施防灾措施的能力越差，对旱灾就会表现出更多的关心。1999年开始，中国全面实行农业结构调整，改变了过去"以粮为纲"的做法，在不放松粮食生产的同时，积极发展多种经营。在符合土地利用总体规划的前提下，农民可以自主地在耕地上调整种植业生产格局，种植油料、瓜菜、花木、桑茶、特产品和其他经济作物。同时，鼓励农民积极发展畜牧业以及水产养殖和种植多年生木本果树等经济作物。逐步形成农林牧渔业全面发展，适应市场，优质高效的农业生产结构。农业生产结构的改变也在一定程度上改变了旱灾对农户农业生产活动的影响。

表4-14 西南民族地区农户对旱灾担心程度分布表

旱灾发生担心程度	很不担心	不担心	一般担心	比较担心	非常担心
样本量/人	8	59	100	108	75
比例/%	2.29	16.86	28.57	30.86	21.43

4.2.4 农户对旱灾防治的感知

对于旱灾防治感知，本书主要从农户对抗旱减灾的重要性以及减灾的责任归属两个角度来考察。从农户对防治旱灾的重要性感知来看，被调查的350个农户中，有81人表示防治旱灾非常必要，占总数的23.14%；有76人表示比较必要，占21.71%；有127人表示一般重要，占36.29%；有53人表示不必要，占15.14%；有13人表示非常不必要，占3.71%（表4-15）。由以上数据可知，共有284个农户认为有必要、比较必要或者非常有必要采取防灾减灾措施，占总数的81.14%；但也存在18.85%的农户认为不必要或非常不必要采取防灾减灾的措施。这在一定程度上说明，我国西南民族地区农户认识到了抗旱减灾工作的重要性，但仍有一小部分农户未能正确地认识到抗旱减灾措施的必要性及其重要性。由于其所处区域位置的特殊性，西南民族地区成为国家重点扶贫开发区，通过扶贫开发，农户的收入水平和对防治旱灾的重要性感知都有一定的改善和提升。

表4-15　西南民族地区农户防治旱灾的重要性感知

防治旱灾的重要性	非常不必要	不必要	一般必要	比较必要	非常必要
样本量/人	13	53	127	76	81
比例/%	3.71	15.14	36.29	21.71	23.14

从抗旱减灾的责任归属感知来看，被调查的350个农户中，有58人表示抗旱减灾是自己的责任，占总数的16.57%；有152人表示抗旱减灾自己应负主要责任，政府负次要责任，占总数的43.43%；有111人认为政府和自己都有责任，且责任相当，占总数的31.71%；有24人表示抗旱减灾是政府的事情，与自己无关，占总数的6.86%；有5人表示抗旱减灾与谁都没有责任，占总数的1.43%（表4-16）。由以上数据可知，在抗旱减灾的责任归属上，大多数农户都愿意主动担当起责任，农户旱灾防治责任感知较高。基于此，政府在抗旱减灾的工作中，应充分发挥劳动人民的积极性，将农户纳入抗旱防灾组织工作，团结农户的力量，抵御旱灾。将农户纳入抗旱防灾组织工作，使农户对政府自然灾害防治政策有清晰的了解，可以及时获取灾害信息和掌握灾害应对方法，这些都可以有效促进农户采取灾前防灾措施。

表4-16　西南民族地区农户抗旱减灾责任归属感知

减灾是谁的责任	自己的事情	自己负主要责任，政府负次要责任	都有责任	政府的事情，与我无关	都没有责任
样本量/人	58	152	111	24	5
比例/%	16.57	43.43	31.71	6.86	1.43

4.2.5　农户对政府抗旱行为的满意度的感知

从农户对政府抗旱行为的满意度认知来看，被调查的350个农户中，对政府抗旱行为非常满意的有 18 人，占总数的 5.14%；比较满意的有 61 人，占总数的 17.43%；一般满意的有 160 人，占总数的 45.71%；不满意的有 98 人，占总数的 28.00%；非常不满意的有 13 人，占总数的 3.71%（表 4-17）。由以上数据可知，从整体上看，农户对政府减灾抗旱行为的满意度尚可。但是，表示出不满意或非常不满意的人数也占到了总数的 31.71%，这一比例较高，说明政府在抗旱减灾工作中存在着较多问题，需要进一步改进工作。农户对政府抗旱减灾工作满意主要体现在，当干旱严重时，政府能够采取诸多措施，缓解农户困难。而农户对政府抗旱减灾工作不满意主要体现在，政府抗旱行为较为缓慢，采取的一些旨在增强抗旱能力的农田水利基础设施因设计、施工等问题并为达到预期效果，反而加剧了旱灾造成的损失。农户对政府灾害救援的预期在一定程度上会对农户防灾产生替代效应或带动效应，农户对政府救援预期越强，由于降低成本等原因农户越可能放弃自己主动防灾，根据经济学中的"搭便车"现象，其有可能使用政府提供的防灾减灾服务，而自己不采取防灾措施。同时，政府行为也可能激发农户主动防灾的积极性。

表 4-17　西南民族地区农户对政府抗旱行为的满意度认知

对政府减灾工作的满意度	非常不满意	不满意	一般满意	比较满意	非常满意
样本量/人	13	98	160	61	18
比例/%	3.71	28.00	45.71	17.43	5.14

4.2.6　农户灾害信息来源

通过调研可知，农户获得干旱、洪涝等主要自然灾害相关信息的渠道有电视广播媒体、政府人员（包括村干部）宣传、亲朋好友告知以及互联网信息传递等四种方式。其中，电视广播媒体主要是指灾害相关信息通过新闻广播、电视节目等方式播报；政府人员（包括村干部）宣传指灾害相关信息由政府相关人员通过上门宣传、农技服务等方式传递给农户；亲朋好友告知指农户同周围的社会人员通过聊天彼此传递灾害相关信息；互联网信息传递指农户通过上网浏览网页等方式获取灾害相关信息。农户获得灾害信息的方式并不是单一的，一个农户可以同时通过以上多种途径获取灾害信息。

如表 4-18 所示，在被调查的 350 户农户中，以电视广播媒体作为灾害信息来源的农户有 301 人，占总数的 86.00%；以政府人员（包括村干部）宣传作为灾害信息来源的农户有 69 人，占总数的 19.71%；以亲朋好友告知作为灾害信息来源的农户有 45 人，占总数的 12.85%；以互联网信息传递作为主要灾害信息来源的农户有 12 人，占总数的 3.43%。以上数据表明，电视广播媒体是西南民族地区农户掌握自然灾害信息来源的最主要的途径，可见，大众传媒在减灾防灾宣传方面具有较大的作用。因此，为使农户更加有效地掌握灾害信息，相关部门可以将电视广播媒体作为最佳的灾害信息传播渠道。通过互联网获取灾害信息的方式在西南农村地区较为少见，主要原因可能是受社会经济发展的限制，西南农村地区的互联网基础设施建设较为滞后。另外，被调查农户的受教育程度普遍不高，这也影响了农户通过互联网获取灾害信息。

表 4-18 西南民族地区农户主要灾害信息来源

主要灾害信息来源	电视广播媒体	政府人员（包括村干部）宣传	亲朋好友告知	互联网信息传递
样本量/人	301	69	45	12
比例/%	86.00	19.71	12.85	3.43

4.3 西南民族地区农户旱灾感知水平及影响因素分析

4.3.1 农户旱灾感知水平分析

4.3.1.1 旱灾感知水平测量基本方法

（1）农民旱灾感知评价指标体系

感知是人类个体受外界环境的刺激而在心理上产生的意象（李景宜等，2002）。灾害的发生会引起人们周边环境发生诸多变化，这种变化在一定程度上会影响人们的生产生活，乃至威胁人们的生命安全，对此，人们会根据以往遭受灾害的经历，形成灾害意象，并以这一意象指导人们的行为，这就是灾害感知。灾害感知以个人为基础，随着性别、年龄、文化以及生活环境等社会因素的不同而不同（Walmsley and Lewis，1984）。从构成来看，灾害感知水平应该包括灾害信息传递渠道、灾害成因、灾害影响、灾害防治等方面的内容，即从自然特性、经济特性和社会特性三个角度了解人们对灾害的完整感知。

结合西南民族地区农户在长期防治旱灾过程中形成的实际经验，本书将农户旱灾感知评价指标分为三个维度。第一，旱灾形成机理感知，反映农民在长期遭受旱灾威胁的过程中对旱灾原因的认知。第二，旱灾影响感知，主要包括旱灾对社会生活、经济生产以及生态环境等三方面的认知程度。第三，旱灾防治感知，主要指对防治旱灾的责任归属认知，是农民在防治旱灾的过程中所形成的感知。

基于上述理论分析，结合对西南民族地区农户旱灾感知状况的实地调研情况，可以建立农户旱灾感知评价指标体系（表4-19）。

表 4-19　农户旱灾感知评价指标体系

评价指标	调查内容	分值
旱灾形成机理感知	自然因素	0.25
	人为因素	0.25
	自然因素和人为因素兼有	0.5
旱灾影响感知	社会生活影响	0.3
	经济生产影响	0.4
	生态环境影响	0.3
旱灾防治感知	都有责任，不同的防治工作有不同的责任人	0.4
	自己承担主要责任，政府承担次要责任	0.3
	自己的事情，与他人无关	0.2
	政府的事情，与我无关	0.1
	谁都没有责任	0

（2）熵值法在农户旱灾感知评价中的运用

熵值法用于度量已知数据所包含的有效信息量和确定权重。由于是根据各指标所含信息量的大小来确定指标权重，熵值法可以克服主观赋权法的种种缺陷。在信息论中，所谓熵是对不确定性的一种度量，若各评价对象的某项指标值相差较大，则熵值较小，表明该指标提供的有效信息量较大，其权重也应较大；反之，若某项指标值相差较小，则熵值较大，表明该指标提供的信息量较小，其权重也应较小（李文博，2012）。其主要步骤如下：

原始数据标准化处理。设 m 个评价指标 n 个评价对象的原始数据矩阵为 $A = (a_{ij})_{m \times n}$，对其归一化后得到 $R = (r_{ij})_{m \times n}$，本书中的指标皆为对水灾感知具有正向强化作用的指标，归一化公式为

$$r_{ij} = \frac{a_{ij} - \min_{j}\{a_{ij}\}}{\max_{j}\{a_{ij}\} - \min_{j}\{a_{ij}\}}$$

定义熵。在有 m 个指标、n 个被评价对象的评估问题中，第 i 个指标的熵为 $h_i = -k \sum_{j=1}^{n} f_{ij} \ln f_{ij}$，式中 $f_{ij} = \dfrac{r_{ij}}{\sum\limits_{j=1}^{n} r_{ij}}$，其中，$k = \dfrac{1}{\ln n}$；当 $f_{ij} = 0$ 时，令 $f_{ij} \ln f_{ij} = 0$。

定义熵权。定义了第 i 个指标的熵之后，可得到第 i 个指标的熵权：

$$w_i = \frac{1 - h_i}{m - \sum_{i=1}^{m} h_i} \quad (0 \le w_i \le 1, \ \sum_i^m w_i = 1)$$

运用熵值法算得各指标权重如表 4-20 所示。

表4-20   农户旱灾感知评价指标体系权重表

指标	权重
旱灾形成机理感知 N_1	0.532
旱灾影响感知 N_2	0.281
旱灾防治感知 N_3	0.187

基于农户旱灾感知各指标的权重，算得第 n 个农民水灾感知水平，公式为

$$P_n = A_{1n}N_1 + A_{2n} \times N_2 + A_{3n} \times N_3$$

式中，P_n 为第 n 个农民的旱灾感知值；A_{1n}、A_{2n}、A_{3n} 分别为第 n 个农民旱灾形成原因感知、旱灾影响感知以及旱灾防治感知的分值。

4.3.1.2　农户旱灾感知水平评价

在上述分析的基础上，最终求得西南民族地区 350 位被调查农户的旱灾感知值，并用总体均值分别加减标准差的方法将被调查农户按旱灾感知水平高、中、低分为三类。具体的分类方法和步骤是：第一，分别计算每个样本农户旱灾感知值记为 B_i，其中 i 为第 i 个农户。第二，计算样本总体旱灾感知平均值，记为 B_0，在本书中 $B_0 = 0.381$。第三，计算样本总体旱灾感知平均值的标准差 S，本书中 $S = 0.08$。第四，用样本总体的平均值分别加减标准差，若 $B_i \ge B_0 + S$，则把该农户归为敏感型感知者，若 $B_i \le B_0 - S$，则把该农户归为迟钝型感知者；若 $B_0 - S \le B_i \le B_0 + S$，则把该农户归为中性感知者。

根据此分类方法，得到的农户分类结果的统计性描述如表 4-21 所示。

表4-21   农户旱灾感知水平统计表

旱灾感知类型	样本量/人	比例/%
迟钝型感知者	57	16.28
中性感知者	234	66.86
敏感型感知者	59	16.86
总计	350	100

由表 4-21 可知，在被调查的 350 个农户中，属敏感型感知者的农户有 59 人，占总人数的 16.86%；属中性感知者的农户有 234 人，占 66.86%；属迟钝型感知者的农户有 57 人，占 16.29%。

4.3.2 农户旱灾感知影响因素的实证分析

4.3.2.1 研究假设

影响感知水平高低的因素来自多个方面，其中，个人特征、自然环境、社会环境是最主要的因素（李景宜等，2002）。基于此，结合本书在西南民族地区所进行的实地调研，本书将影响农户旱灾感知能力的因素分为以下四个方面：首先，灾害感知以个人为基础，而个人具备的特征包括性别、年龄、文化程度、职业、技能等五个方面；其次，个人感知受居住环境的影响，主要是指村庄距集市的距离、居住地交通条件等两个方面；再次，家庭经济资源条件决定了农户是否关注灾害，而这是灾害感知能力的重要内容；最后，受灾经历是决定农户灾害感知水平的关键性因素，这些经历包括灾害造成的影响、对政府防灾减灾工作的满意度等方面。因此，受以上四个方面因素的影响，农户的旱灾感知水平各不相同。

基于以上分析，并结合西南民族地区农村社会经济环境、农业生产条件以及数据可获得性等方面的考虑，本书假设农户旱灾感知水平为因变量，影响农户旱灾感知水平的因素为自变量，且根据先验判断，假定了各自变量与因变量间存在如下关系：

1）性别 X_1。男性在家庭中居于主导地位，是生产中的主要决策者，这一点在我国农村体现得尤为明显。在日常生活中，男性注意对旱灾的防治工作，同时，男性与社会的接触面更广，能从社会多层次获取相关灾害知识。提出假设 H1：男性的旱灾感知水平高于女性。

2）年龄 X_2。农民年龄越大，生活阅历越丰富，对所在地区的自然灾害情况越熟悉，其旱灾感知水平越高。提出假设 H2：农民年龄越高，其旱灾感知水平越高，农民年龄与旱灾感知水平呈正相关。

3）受教育程度 X_3。农民受教育程度越高，认知自然灾害的主动性越强，对灾害的成因、影响及防治等感知能力也更高。提出假设 H3：农民受教育程度越高，其旱灾感知水平越高，农民受教育程度与旱灾感知水平呈正相关。

4）是否担任村干部 X_4。担任村干部的农民与政府联系更为紧密，对本地农村社会经济状况更为了解，从事旱灾防治工作的经验也比没有担任过村干部的农民更丰富。提出假设 H4：担任村干部的农民旱灾感知水平比没有担任村干部的农民感知水平高。

5）是否具备非农专业技能 X_5。本书中农民所具备的非农专业技能主要指泥瓦匠、手工艺加工、汽车驾驶等技能，当旱灾对农业生产造成损失时，这部分农民可以通过其专业技能获得额外收入来源，因而对旱灾的担忧程度较低，其抗旱防灾工作的主动性也相对较弱。提出假设 H5：具备专业技能的农民旱灾感知水平比不具备专业技能的农民旱灾感知水平低。

6）村庄距集市的距离 X_6。集市是农民进行生产、生活资料交换的重要场所，是农村地区经济文化信息交流中心。农户家庭距集市越近，信息获取越容易，对旱灾的认知程度越高。提出假设 H6：农户家庭距集市越近，旱灾感知水平越高，农户距集市的距离与旱灾感知水平呈负相关。

7）居住地交通是否便利 X_7。交通对促进地区经济发展具有重要意义。居住在交通便利的地区的农户与外界交流更为频繁，见识更广，获取的灾害信息越丰富，应对旱灾的方式会更加多样化，因此其旱灾感知水平越高。提出假设 H6：农户居住地交通越便利，旱灾感知水平越高，居住地交通条件与旱灾感知水平呈正相关。

8）经营耕地面积 X_8。耕地是农村家庭最重要的经营对象，农户经营的耕地面积越大，在面临旱灾时遭受的损失越严重，此时，农户会更加重视对旱灾的防治减灾工作。提出假设 H8：经营耕地面积越大，农户旱灾感知水平越高，农户经营耕地面积与旱灾感知水平呈正相关。

9）农田灌溉条件 X_9。旱灾给农业生产造成损失的一个重要原因是农地灌溉用水不足。农田灌溉条件好，则遭受旱灾损失小，农户对旱灾的担心程度低，抗旱防灾工作积极性相对不高；反之，则遭受旱灾损失大，农户对旱灾的担心程度高，从事抗旱防灾工作的积极性高。提出假设 H9：农田灌溉条件好，农户旱灾感知水平低，农田灌溉条件与农户旱灾感知水平呈负相关。

10）农业收入占家庭总收入的比重 X_{10}。农业作为弱质产业，抵御旱灾等自然灾害能力较弱，旱灾对其造成的损失较大。农业收入占家庭总收入的比重越高，旱灾对农业生产影响越大，农户对抗旱防灾工作的积极性越强，其旱灾感知水平也越高。提出假设 H10：农业收入占家庭总收入的比重越大，农户旱灾感知水平越高，农业收入占家庭总收入比重与农户旱灾感知水平呈正相关。

11）旱灾对农业生产造成的损失 X_{11}。一般而言，当遭遇旱灾，并对农业生产造成较大损失时，农户才能对旱灾有更直观的认识。旱灾对农业生产造成的损失越大，农户采取抗旱减灾措施的意愿越强烈，其旱灾感知水平也越高。

提出假设 H11：旱灾对农业生产造成的损失越大，农户的旱灾感知水平越高，旱灾对农业生产造成的损失与农户旱灾感知水平呈正相关。

12）旱灾对农户家庭生活造成的影响 X_{12}。旱灾影响农户家庭生活的方式主要有两点，其一，旱灾导致农作物减产，影响农户家庭收入；其二，旱灾导致水源不足，影响农户家庭日常生活用水。提出假设 H12：旱灾对农户家庭生活造成影响越大，农户的旱灾感知水平越高，旱灾对农户家庭生活造成的影响与农户旱灾感知水平呈正相关。

13）农户对政府抗旱减灾工作的满意度 X_{13}。当旱灾发生时，政府会采取诸多减灾措施，最大限度地减少旱灾损失，降低旱灾的危害性。政府减灾工作有可能存在一些不足之处，如果对政府采取的减灾工作满意度较高，农户将更倾向于依赖政府，而自身则会较少关注旱灾动态；而如果满意度较低，则农户可能会更倾向于依靠自身力量采取抗旱减灾措施，并积极关注旱灾动态。提出假设 H13：对政府抗旱减灾工作的满意度越高，农户旱灾感知水平越低，农户对政府抗旱减灾工作的满意度与其旱灾感知水平呈负相关。

14）灾害信息来源 X_{14}。获取灾害信息是农户及时正确地应对灾害的必备条件。农户灾害信息来源途径越多，其获取的灾害信息越丰富，在灾害发生时，越能正确有效地作出应对措施，农户旱灾感知水平越高。提出假设 H14：灾害信息来源途径越多，农户旱灾感知水平越高，农户灾害信息来源与农户旱灾感知水平呈正相关。

以上所有的自变量在理论上将对因变量产生影响，本书将在研究中进行实证分析，探究以上自变量对因变量的具体影响。

4.3.2.2 研究模型与变量测度

（1）研究模型

本书使用多元回归法来分析数据，其中，农户旱灾感知水平的因变量是一个由量表测算得到的分值，虽然本质上是一个定序变量，但可近似地作为定距变量使用，因此可使用普通多元线性回归模型。农户旱灾感知水平的因变量是一个只有三级的定序变量，不能简单地使用普通线性回归模型来分析。因此，在本书中，将使用"定序因变量回归"来分析定序因变量，其基本思路是将定序因变量假定为一个潜藏的连续变量的分类表现，可以使用一般线性模型，用指定的自变量来预测因变量不同类别的累加概率（赵延东，2008）。定序因变量回归模型的基本公式为

$$\text{link}(y_{ij}) = \theta_j - (\beta_1 x_{i1} + \beta_2 x_{i2} + \cdots + \beta_p x_{ip})$$

式中，Y_{ij} 是第 i 个样本处于第 j 个类别的累加概率，link 是一个联结函数，θ_j 是

第 j 个类别的阈值，x_{i1} 到 x_{ip} 是第 i 个样本的预测变量（自变量），β_1 到 β_p 是这些自变量的回归系数（McCullagh and NeHer，1989 年）。在实际预测中，需要将累加概率转换为一个函数后再加以预测，这个函数称为"联结函数"（link function）。在本书中，根据样本变量的选择情况，选择了"Cauchit"联结函数。

（2）变量测度

在本书的研究模型中，已经选择的减灾措施影响因素中，各指标变量具体衡量标准如表 4-22 所示。

表 4-22　变量的选择与赋值

变量	代码	定义及赋值	均值	方差
农户旱灾感知水平	Y	旱灾感知水平低 =0，中 =1，高 =2	1.01	0.58
性别	X_1	男 =1，女 =0	0.90	0.30
户主年龄	X_2	反映户主年龄的自变量	50.21	11.32
受教育程度	X_3	反映户主受教育程度的自变量，户主受教育程度分为小学及以下、初中、高中、大专及以上 4 个层次。文盲 =0，小学 =1，初中 =2，高中 =3，户主文化程度是大专及以上 =4	1.69	0.84
是否担任村干部	X_4	是 =1，否 =0	0.14	0.35
是否具备非农专业技能	X_5	是 =1，否 =0	0.22	0.41
村庄距集市的距离	X_6	反映家庭距集市距离的自变量	4.27	3.51
居住地交通是否便利	X_7	是 =1，否 =0	0.87	0.33
经营耕地面积	X_8	反映农户家庭经营耕地面积的自变量	5.01	4.30
农田灌溉条件	X_9	很差 =0，不好 =1，一般 =2，好 =3	1.35	0.95
农业收入占总收入比重	X_{10}	反映农业收入在家庭总收入中的比重	0.59	0.36
旱灾对农业生产造成的损失	X_{11}	非常小 =0，比较小 =1，一般 =2，比较大 =3，非常大 =4	1.47	0.94
旱灾给家庭生活造成的影响	X_{12}	非常小 =0，比较小 =1，一般 =2，比较大 =3，非常大 =4	1.42	1.15
对政府减灾工作的满意度	X_{13}	非常不满意 =0，不满意 =1，一般满意 =2，比较满意 =3，非常满意 =4	1.92	0.9
灾害信息来源	X_{14}	一种途径及以下 =0，两种途径 =1，三种途径 =2，四种途径及以上 =3	0.23	0.53

4.3.2.3 模型结果与讨论

在最终模型拟合优度检验中，如表4-23所示，表示模型拟合的Chi-square值为46.051，Sig. 值为0.000，因此无法拒绝原假设，也说明方程对数据拟合良好，表示各变量对农户的旱灾感知水平在总体上有统计学意义。

表4-23 模型检验结果

Chi-Square	df	Sig.	Cox and Snell	Nagelkerke
46.051	14	0.000	0.123	0.150

运用SPSS 20.0对上述变量进行分析，得到的运行结果如表4-24所示。

表4-24 定序因变量回归模型分析结果

变量	系数估计值 Estimate	标准差 Std. Error	统计值 Wald	显著性水平 Sig.
性别 X_1	−0.835	0.553	2.284	0.131
户主年龄 X_2	0.002	0.015	0.012	0.912
受教育程度 X_3	0.342 *	0.191	3.190	0.074
是否担任村干部 X_4	0.419	0.443	0.897	0.344
是否具备非农专业技能 X_5	0.480	0.395	1.482	0.223
村庄距集市的距离 X_6	0.008	0.045	0.034	0.854
居住地交通是否便利 X_7	1.207 **	0.511	5.574	0.018
经营耕地面积 X_8	0.074 *	0.045	2.716	0.099
农田灌溉条件 X_9	−0.209	0.184	1.295	0.255
农业收入占总收入比重 X_{10}	0.012 *	0.005	3.648	0.056
旱灾对农业生产造成的损失 X_{11}	−0.134	0.214	0.391	0.532
旱灾给家庭生活造成的影响 X_{12}	0.889 ***	0.198	9.499	0.002
对政府减灾工作的满意度 X_{13}	−2.035 *	0.188	3.337	0.068
灾害信息来源 X_{14}	0.169	0.272	0.384	0.535

*** 、** 和 * 分别表示在1%、5%和10%的水平上显著

由表4-24可知，回归结果通过水平为10%显著性检验的自变量有6个，分别为受教育程度、居住地是否交通便利、家庭经营耕地面积、农业收入占总收入的比重、旱灾给家庭生活造成的影响和农户对政府减灾工作的满意度。而户主性别、年龄、是否担任村干部、是否具备非农专业技能、村庄距集市的距离、农田灌溉条件、旱灾对农业生产造成的损失、灾害信息来源等自变量对农

户旱灾感知的影响不显著。

（1）受教育程度

研究结果表明，受教育程度通过了水平为 10% 的显著性检验，且系数估计值为 0.342，表明受教育程度对农户旱灾感知水平具有比较显著的影响，且两者呈正相关，该结果与研究假设一致。研究表明提高农户受教育程度，对增强农户旱灾感知能力具有重要作用，而农户旱灾感知能力的增强对指导农民科学抗旱，最大限度地减轻旱灾损失具有重要意义。

（2）居住地交通是否便利

研究结果表明，居住地交通是否便利通过了水平为 5% 的显著性检验，且系数估计值为 1.207，表明居住地交通对农户旱灾感知水平具有显著的影响，且两者呈正相关，该结果与研究假设一致。研究表明改善农户居住地交通条件，对增强农户旱灾感知能力具有重要意义。

（3）家庭经营耕地面积

研究结果表明，家庭经营耕地面积通过了水平为 10% 的显著性检验，且系数估计值为 0.074，表明居住地交通对农户旱灾感知水平具有一定程度的影响，且两者呈正相关，该结果与研究假设一致。研究表明经营耕地较多的农户旱灾感知水平更高，在旱灾发生时，更能积极参与抗旱减灾工作。

（4）农业收入占总收入的比例

研究结果表明，农业收入占总收入的比例通过了水平为 10% 的显著性检验，且系数估计值为 0.012，表明农业收入占总收入的比例对农户旱灾感知水平具有重要影响，且两者之间正相关，该结果与研究假设一致。农业收入占总收入的比例大的农户面对旱灾的承受能力更低，旱灾给其家庭造成的损害更大，因而对旱灾更加敏感，旱灾感知水平更高。

（5）旱灾给家庭生活造成的影响

研究结果表明，旱灾给家庭生活造成的影响通过了水平为 1% 的显著性检验，且系统估计值为 0.889，因此旱灾给家庭生活造成的影响对农户旱灾感知具有非常显著的影响，且两者之间为正相关。该结果与研究假设一致。

（6）对政府减灾工作的满意度

研究结果表明，农户对政府减灾工作的满意度通过了水平为 10% 的显著性检验，且系统估计值为 -2.035，因此农户对政府减灾工作的满意度与其旱灾感知水平具有非常显著的负相关关系。该结果与研究假设一致。政府实行的减灾措施抗旱减灾的效果越明显，农户对政府的减灾工作越信任，农户对旱灾的敏感程度越低，对旱灾感知水平越低。

4.4　主要结论

　　本章解释了调查区域的选择和问卷的设计，并对被调查农户的特征、家庭生活经营状况、旱灾感知现状、农户生产行为特征等方面进行了分析。研究结果表明：第一，本书充分考虑了社会经济条件、地形地貌环境和区位差异等因素的影响，调查样本具有较强的代表性。第二，被调查户主中，以男性和中老年人为主，受教育程度比较低。第三，从被调查农户的家庭生活经营状况来看，平均家庭人口数量约为 5.07 人；家庭经营耕地面积规模普遍比较小；家庭年人均毛收入比较低；农业收入在家庭收入中所占比例较大。第四，大部分农民认为旱灾是最主要的灾害类型；73.71% 的被调查农户将自然因素作为旱灾的成因；86.57% 的被调查农户认为对农业生产造成损失是旱灾的主要影响；大多数农民都表现出对旱灾的担心；81.14% 的被调查农户认为防治旱灾是必要的；在抗旱减灾的责任归属上，大多数农户都愿意主动承担起责任，农户旱灾防治责任感知较高；虽然政府在抗旱减灾工作中存在着较多问题，需要进一步改进工作，但是农户对政府减灾抗旱行为的满意度尚可；从农户旱灾感知现状来看，电视广播媒体是农民最主要的灾害信息来源。

　　本章主要从农户旱灾感知水平测度和旱灾感知影响因素分析两个方面进行了探索。在农户旱灾感知水平测度研究中，通过总结已有研究成果，结合西南民族地区农户旱灾感知状况的实地调研情况，构建了农户旱灾感知评价指标体系，并运用熵值法确定了农户旱灾感知评价指标体系中各指标值的权重。在此基础上，测算出农户的旱灾感知值，结果表明：在被调查的 350 户农户中，迟钝型感知者有 57 人，占 16.29%；中性感知者有 234 人，占 66.86%；敏感型感知者 59 人，占 16.86%。

　　在农户旱灾感知影响因素分析中，以农户旱灾感知水平测度为基础，将农户旱灾感知水平作为因变量。基于已有研究成果，结合西南民族地区农村社会经济环境、农业生产条件，以及数据可获得性等方面的考虑，确定了自变量，并提出了研究假设。在此基础上，运用定序因变量回归模型研究假设进行论证，得出研究结果。结果表明，显著影响农户旱灾感知的主要因素有：户主受教育程度、居住地交通是否便利、农业收入占总收入的比重、旱灾给家庭生活造成的影响和农户对政府减灾工作的满意度。

第5章
西南民族地区农户调适行为
及优先序分析

本章的研究主要包括两个方面：一是摸清农户针对灾害的特殊生产管理措施，包括考察外出务工经商、增施农药和除草剂、增加灌溉次数或单次灌溉量、增加地膜覆盖、种植耐旱品种、合理安排作物茬口、购买农业保险、参与防灾减灾知识宣传教育、参与疏通灌溉沟渠等调适行为。二是在总结所有受调查农户调适行为的基础上，对其自发性旱灾调适行为优先序及影响因素进行分析，剖析其参与政府推行的工程性与非工程性减灾措施的意愿及影响因素。

5.1 西南民族地区农户旱灾调适行为

5.1.1 基于自发行动的农户旱灾调适行为

5.1.1.1 外出务工经商

随着经济结构的不断变化，农业收入占农民收入比例不断下滑，但在相当长的时间里农业仍然是我国农民收入的重要来源，因此旱灾一旦发生，会对农户的家庭经营收入造成较大负面的影响。西南民族地区因山地多、坡度大、土层薄、石头密集、喀斯特地容地貌等导致岩溶土层持水时间短、耐旱能力差，使得西南农业系统脆弱性低。如果遭受百年一遇的旱灾，西南民族地区大部分农户将面临农业绝收的威胁。为应对收入的减少，农户会选择到经济发达的城市务工经商或者在周边乡镇打零工。1996年，我国农村农业从业人员占76%，非农业从业人员占24%，而到了2012年，我国农村农业从业人员占64%，下降了12个百分点，非农业从业人员占36%，上升了12个百分点，这一升一降说明农户家庭中外出务工经商的家庭比例正逐年上升，收入多样化已成为农户应对农业风险（包括农业旱灾风险）的重要策略。2010年4月15日在云南省昆明市寻甸县召开了一场别开生面的招聘会，当地政府为最大限度地增加农户收入，保证农户在大旱之年减产不减收，集体组织受灾农户外出务工经商。各级政府部门将各类岗位就业信息通过乡镇招聘会形式送到农户手中，还为当地农户送去技能标准合适、学历要求不高的"量身定做"的就业岗位。这些措施让农户足不出户就可以获取外面的就业信息，及时选择适合自己的岗位，增加非农收入，有效应对农业旱灾风险。

5.1.1.2　增施农药和除草剂

农作物害虫虫卵大多在地表繁殖，在旱灾发生后，伴随着降雨的减少，虫卵无法被降水冲走。地表温度的逐渐升高使害虫虫卵更早出土，这些开始发育的害虫为了生存开始拼命吃植物以汲取水分和养分，无论是咀嚼式口器还是刺吸式口器的害虫都会出现暴食现象。同时，干旱会造成很多捕食动物的消失，尤其是消灭虫害和鼠害的鸟类大量减少，因此适应力相对较强的害虫开始大量繁殖，虫口密度迅速增大，最后引发农业病虫害。干旱持续时间越长、气温越高，稻纵卷叶螟、水稻稻飞虱、蝗虫、蚜虫、红蜘蛛等农作物病虫害越严重。同时，荒草、野草等对环境的适应能力极强，就算在干旱贫瘠的石缝、岩坎、荒坡隙地也能生长。例如，紫茎泽兰在 2010 年西南大旱之后疯长蔓延，在云南、贵州、广西、四川的蔓延面积超过 1400 万公顷，所到之处寸草不生，并且牛羊中毒，威胁到种植业和养殖业，是植物界的"杀手"。干旱衍生的农作物病虫草害具有影响大、种类多、常暴发成灾等特点，其发生的严重程度和范围对农业生产会造成巨大损失。为努力减少干旱引发的病虫害对农作物带来的损失，做到早发现早控制，农户会采取增施抗病虫农药和除草剂的措施，来抵抗旱灾导致的病虫害和杂草。

5.1.1.3　增加灌溉次数或单次灌溉量

灌溉是指利用人工设备，将符合标准质量的水输送至田地、林地、草地等处，通过补充土壤中的水分，以满足植物生长发育所需的水分，同时可起到改善植物的生长环境的作用。其中农作物尤其是经济作物是主要灌溉对象。在有足够水源的条件下，灌溉是最简单、效果最明显的抗旱措施。当旱灾发生后，为尽可能地将损失降到最低，农户会及时采取适合田地农作物的灌溉方式。西南民族地区农业用水基本上都是来自于降雨，当降雨不足时农业用水来自于乡镇附近的河、湖水，但当地农田水利等基础设备的建设与发展严重滞后，工程性缺水局面普遍，获取农业用水非常困难。近年来，云南各级政府支持农村群众建设小水窖等"小农水"工程，由于受到经费不足的限制，大部分地区的小水窖建设数量很少，许多村庄只有不到50%的村民拥有小水窖。

5.1.1.4 增加地膜覆盖

地膜覆盖是指将塑料专用薄膜贴盖到地表面，以改善土壤及近地面的水分和温度状况，保墒保温、增产增收作用显著。在干旱缺水情况下，因地膜的阻隔使得田地中被蒸发的水分在膜内重新变成水珠，然后再落入地表，土壤所含水分散失较慢，在前期干旱的地区使用地膜覆盖可使旱情明显好转。地膜覆盖改善了降水在农田中的分配和农田水分平衡，让土壤水分含量因天气干、湿而波动的幅度明显减小，起到抗旱和防涝的双重作用，效果前期大于中后期，以播种期至拔节期最为显著。同时覆盖地膜能够起到减轻病虫草危害、改善光照条件、改善土壤供应状况和提高肥料利用率等作用。因此，增加地膜覆盖是农户应对旱灾的有效措施。但从实际调查情况来看，大部分使用地膜覆盖技术的农户并未发挥地膜覆盖的作用，有效应对旱灾。原因是农户普遍忽略了以下几个关键工作：一是没有整地施肥，为覆膜和播种创造良好的地块条件；二是没有及早起垄覆膜，最大限度保存土壤中水分；三是没有结合自然条件选择适宜品种；四是忽视了田间管理工作；五是残膜回收利用思想薄弱，残膜清理不净，土壤会受到污染，使土壤肥力下降。

5.1.1.5 种植耐旱品种

耐旱品种是指在气候多变或者干旱条件下仍能保证有良好产量的农作物品种。在出现旱灾年份，耐旱品种在应对气候变化、稳产和增产等方面的作用更为明显。因此，大部分学者认为，在干旱年份，农户会调整种植结构，改种耐旱品种以降低灾害损失，维持正常的农业生产和家庭生活。而以特拉维斯·利博特（Travis Lybbert）为代表的部分学者认为，无论是正常年份，还是干旱年份，耐旱品种都不是农户的第一选择，他们会优先选择种植原来的品种。一是耐旱品种只有在合适的干旱条件下才能将相对优势尽可能地展现出来，但随着干旱压力的不断增大，以及各地微气候和土壤条件的不同，耐旱品种的优势就很难被农户觉察到；二是需要额外支出一笔费用购买耐旱农作物种子，在严重的旱情下这种投入可能无法获得相应的回报，出于降低风险损失的考虑，农户会选择种植原来的品种。从调查结果来看，种植耐旱品种是当地农户应对旱灾的一种重要调适行为，但是的确有一部分农户表示并不会选择种植耐旱品种。

5.1.1.6 合理安排作物茬口

在农业种植中科学利用不同农作物的茬口特性并合理安排轮作顺序，能改善土壤中的肥料、水分以及气热等状况，既能提高耕地利用率和劳动生产率，还能防止病虫草危害，从而达到增产增收目的。在西南民族地区一般将豆类和玉米等作物作为前茬作物，将小麦作为后茬作物。在干旱的条件下，农作物生长所需的水分固然是最大的矛盾，但为了尽可能降低缺水的影响，在土壤肥力方面必不能低，豆类和玉米等作物作为前茬可以给予后茬作物定量的有机肥料，以改善土壤结构和理化性质。大豆的根系入土较深，能吸收土壤深层的水分和养分，可增加土壤中的氮素，并且大豆地杂草较少，可有效改善土壤结构，很好恢复和提高地力。玉米地杂草较少，适合作为多种作物的前茬作物。秋耕农作物的土壤结构较疏松且蓄水较多，有利于种植春麦，能够为春麦的生产提供水分。

5.1.2　针对政府推行措施的农户旱灾调适行为

5.1.2.1　购买农业保险

农业保险是指对农业生产者在从事种植业（农作物）、养殖业（畜禽）生产过程中可能遭受自然灾害或意外事故所造成的经济损失提供经济上保障的一种保险。农业保险是提高农业防灾减灾能力的重要措施。长期以来，我国通过实施紧急恢复计划、安排专项资金直接支持抗旱设施建设等措施来帮助农民抵御农业自然灾害，虽然发挥了一定的积极作用，但是农户事前防灾减损的积极性很难被调动起来。一个重要原因是农业保险的推广一直处于十分尴尬的境地。农业保险作为一种有偿的风险管理手段，通过投保人缴纳保费、保险人提供风险保障这种契约行为，能够大大提高投保人应对风险的能力。但是，一旦出现时间长、地域广、灾情严重的巨灾，商业保险人根本支付不起灾害带来的损失。另外，我国农业生产比较分散，广大农民难以支付农业保险的高保费。农业生产受影响因素众多，与其他保险不同，制定出完善的农业保险赔偿办法难度较大。在这样的背景下，我国农业保险业的发展极为困难。从调研结果来看，农户参保意识薄弱，极少数购买了农业保险。他们对农业各类保险没有最基本的了解和信任，看到其他农户没有购买保险，所以自己也不购买。这也从侧面反映了农户对农业保险没有科学的认识，相关政府在宣传农业保险方面工作有待改进。政府应加大力度推进农业保险在农村的发展，只有依靠政府的力量才可能建立起真正能对广大农户生产起到保障功能的保险体系，既能弥补农户因旱灾而遭受的损失，同时能稳定农户在遇到旱灾时的焦虑情绪。

5.1.2.2 参与防灾减灾知识宣传教育

减灾同所有涉及安全的工作一样,"预防为主"是根本指导思想。目前虽然不能完全认识灾害生成机理,但大量事实表明,通过对长期资料的分析,是可以掌握其发生规律的。通过普及安全文化,增强灾害观,让每个人正确认识灾害的社会危害性和破坏性,充分理解和协调自己的行为,对灾害孕育过程进行干预,减缓物质能量的积累速度,从而达到降低某些灾害发生的频次或避免某些灾害发生的后果。西南民族地区各级政府为提高农户的防灾减灾意识采取了种种措施,如进行防灾减灾知识宣传、开办防灾减灾短期培训班等。这些措施能否取得理想中的效果往往取决于农户的参与程度。农户参与程度越高,对旱灾影响及其现有防灾减灾措施有效性的了解就越全面、越深入,预防旱灾的主动性就越强、积极性就越高,可以有效提高减灾政策的实际效果,也会对农户生计产生积极正面的影响。

5.1.2.3 参与疏通灌溉沟渠

2010 年的西南特大干旱灾充分暴露出我国西南民族地区农田水利设施薄弱的现状。由于水利基础设施薄弱,受灾地区旁边有大水库、大江大河,但不能缓解旱情,"最后一公里"梗阻问题让水资源在遭遇旱灾时不能得到充分利用。云南拥有的水资源总量全国排名第三位,但水资源利用率只有 6%。贵州喀斯特地貌发育完全,水资源容易向地下渗漏,农田水利基础设施具有极其重要的作用。但从贵州省水利厅获取的数据显示,当前贵州全省有 400 多座小(一)型水库,1500 多座小(二)型水库,均为 20 世纪 50 ~ 70 年代建设完成,一直以来没有得到有效的维护,病险水库较多,水利设施老化、破损严重,农户在旱灾面前束手无策。现在大多数农田的水利设施,主要是税费改革前靠"三提五统""劳动积累工和义务工"(两工)搞起来的,农村"两工"取消后,农田水利投工、投劳数量显著减少,小型农田水利设施谁来建设、谁来维护的问题突出。农户参与疏通灌溉沟渠的积极性不高,主要有两个方面的原因。一方面,农户依靠个人力量很难完成灌溉沟渠的疏通工作;另一方面,每个农户都希望有人来完成这项工作,自己坐享其成。为了让日益老化的灌溉设施能正常发挥功效,西南民族地区许多乡镇纷纷组织农户开展互助协作,共同参与灌溉沟渠疏通工程。通过一段时间的疏通,当地灌溉条件有了明显好转,抗旱能力得到有效提升。

5.2 农户自发性旱灾调适行为优先序及影响因素分析

5.2.1 西南民族地区农户自发性旱灾调适行为优先序

从农户的视角，对自发性的旱灾调适行为，按照优先使用顺序进行排列，各项自发性旱灾调适行为在不同的位次上出现的次数如表 5-1 所示。

表 5-1 农户自发性旱灾调适行为排序 单位：次

调适行为	第一位	第二位	第三位	第四位	第五位	第六位
外出务工经商	74	112	89	16	42	8
增施农药和除草剂	61	48	76	48	74	12
增加灌溉次数或单次灌溉量	107	71	123	21	11	3
增加地膜覆盖	5	62	19	171	76	1
种植耐旱品种	94	43	31	53	106	6
合理安排作物茬口	7	12	4	39	38	89

如表 5-1 所示，在最优先的第一位上出现次数最多的是"增加灌溉次数或单次灌溉量"，出现了 107 次；在第二位上出现次数最多的是"外出务工经商"，出现了 112 次；在第三位上出现次数最多的是"增加灌溉次数或单次灌溉量"，出现了 123 次；在第四位上出现次数最多的也是"增加地膜覆盖"，出现了 171 次；在第五位上出现次数最多的是"种植耐旱品种"，出现了 106 次；在第六位上出现次数最多的是"合理安排作物茬口"，出现了 89 次。

由于 6 种自发性旱灾调适行为在不同的位次上出现了不同的次数，无法对其进行有效的排序，本书利用聚类分析中"分层聚类"的方法对这 6 种农户自发性旱灾调适行为进行分类，以便更好地对各种农户自发性旱灾调适行为进行排序。由图 5-1 的聚类结果可以看出，农户自发性旱灾调适行为可以明显地聚为三类。结合表 5-1 关于这 6 项农户自发性旱灾调适行为在不同位次出现的次数，可以将这 6 项农户自发性旱灾调适行为进行分层和排序，具体结果如图 5-1 所示。

第一层次是增加灌溉次数或单次灌溉量、外出务工经商。由图 5-1 所示，增加灌溉次数或单次灌溉量、外出务工经商可以明显地被聚成一类，从重要性来说属于第一层次。结合表 5-1 中这两种农户自发性旱灾调适行为在不同位次上出现的次数，这一层次中的排序依次是增加灌溉次数或单次灌溉量、外出务工经商。从抗旱效果来看，增加灌溉次数或单次灌溉量是非常有效的抗旱方式，能够迅速缓解旱情，因此普遍为农户所接受。尽管外出务工经商对农业抗

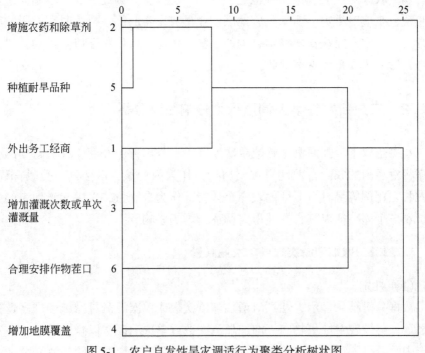

图 5-1　农户自发性旱灾调适行为聚类分析树状图

旱没有直接帮助，并不能降低旱灾造成的损失，但是其通过增加收入，可以帮助农户维持正常的生活水平，并迅速恢复农业生产。

第二层次是增施农药和除草剂、种植耐旱品种。结合这两种农户自发性旱灾调适行为在表 5-1 中各个位次上出现的次数，它们的排序应是种植耐旱品种、增施农药和除草剂。在抵御旱灾的过程中，种植耐旱品种可使农户以投入较少的人力得到相对较高的收益，减轻因旱灾带来的作物减产和经济压力，而且部分抗旱新品种具有很好的耐旱性和丰产性。每当旱灾发生后，病虫害和杂草会迅速蔓延。如果病虫害和杂草处于初级阶段，增施农药和除草剂可以起到有效去除病虫和杂草的作用，如果病虫害和杂草已经非常严重，此时增施农药和除草剂已经无法有效杀死病虫和杂草，反而会增加农户成本。

第三层次是增加地膜覆盖、合理安排作物茬口。在图 5-1 中，虽然增加地膜覆盖与合理安排作物茬口分别独占一类，但是结合这两种农户自发性旱灾调适行为在第一位中分别只出现了 5 次和 7 次，将它们归为一个层次。从增加地膜覆盖与合理安排作物茬口在表 5-1 中各个位次上出现的次数来看，它们的排序应是增加地膜覆盖、合理安排作物茬口。西南民族地区农户对地膜覆盖技术缺乏深入了解，没有做好充分的准备工作，影响了地膜覆盖技术的抗旱效果，另外购买农膜对广大农户而言也是一笔不小的开支。因此，农户不倾向于增加地膜覆盖来应对旱灾。西南民族地区农业旱灾发生时间、持续时间、影响程度经常变化，农户无法作出科学合理的预测，因此，农作物茬口安排的效果并不理想，影响了农户的保产保收。

5.2.2 农户自发性旱灾调适行为影响因素分析

本书选取了增加灌溉次数或单次灌溉量、外出务工经商、种植耐旱品种等排序相对靠前的农户自发性旱灾调适行为作为因变量，以性别、受教育程度、非农收入比例等最具一般性的农户个体特征作为自变量，采用交叉列表的方法分析农户个体特征对其自发性旱灾调适行为的影响。

5.2.2.1 增加灌溉次数或单次灌溉量

（1）性别

数据分析结果显示，性别对增加灌溉次数或单次灌溉量措施的排序选择影响显著，男性较女性更趋向于增加灌溉次数或单次灌溉量以减轻旱情。在农业生产中灌溉是一项看似简单但技术要求较高的环节，灌溉时间、灌溉量和灌溉次数需要根据农作物生育阶段、需水特性、气候和土壤条件而定。在传统农业生产中，男性是主体，他们对这些知识和规律了解更多。女性在对灌溉知识和规律缺乏了解的情况下，往往会错过合理灌溉时间、采用错误的灌溉量或灌溉次数，从而降低灌溉的效用。此外，在灌溉过程中，涵闸饮水、泵站提水和水库放水等中间环节需要投入较多的劳动时间和劳动量，男性在劳动能力方面具有天然的优势，女性受到自身身体条件的限制，更倾向于采用节省劳动力的抗旱措施（表5-2，表5-3）。

表5-2　增加灌溉次数或单次灌溉量与性别的交叉列表　　　单位：人

增加灌溉次数或单次灌溉量排序	性别		合计
	女	男	
1	4	103	107
2	12	59	71
3	14	109	123
4	2	19	21
5	0	11	11
6	4	13	17
合计	36	314	350

表 5-3 相关性检验结果

项目	值	df	渐进 Sig.（双侧）
Pearson 卡方	15.190	6	0.019

（2）受教育程度

从表 5-4 与表 5-5 中可以看出，受教育程度对灌溉措施的排序影响显著，受教育程度越高的农户越倾向于优先采用灌溉措施。受教育程度越高的农户对增加灌溉次数或单次灌溉量在抗旱中的作用理解越充分，越能科学利用有限的水资源，运用各种水利工程和灌溉设施，实施有效的抗旱方案。同时，在调查中发现，受教育程度越高的农民越倾向于集体合作抵御干旱灾害，积极推动依法成立农村用水合作组织，与当地政府部门开展抗旱会商，及时了解旱灾和干旱发展趋势，并加强对各种水利工程的维修和养护，保障了农田水利工程的正常运行。

表 5-4 增加灌溉次数或单次灌溉量与受教育程度的交叉列表 单位：人

增加灌溉次数或单次灌溉量排序	受教育程度					合计
	文盲	小学	初中	高中或中专	大专及以上	
1	0	31	51	21	4	107
2	5	28	28	9	1	71
3	7	46	46	17	1	123
4	3	12	12	0	0	21
5	2	6	6	1	0	11
6	2	9	6	0	0	17
合计	19	132	145	48	6	350

表 5-5 相关性检验结果

项目	值	df	渐进 Sig.（双侧）
Pearson 卡方	40.058	24	0.021

（3）非农收入比例

根据表 5-6 与表 5-7 的分析结果可以看出，非农收入比例对农户灌溉措施的排序影响显著，非农收入比例越高的农户越倾向于采用增加灌溉次数或单次灌溉量的方式抗旱。在西南民族地区，农业收入一般低于非农业收入，非农收入比例越高，农户收入往往越高。与种植耐旱品种、增施农药和除草剂、增加地膜覆盖、合理安排作物茬口等措施相比，增加灌溉次数或单次灌溉量所需的投入更多，从而在一定程度上限制了低收入农户采用这一措施抗旱。此外，非农收入比例高的农户拥有耕地相对较少，农业收入比例高的农户所拥有的耕地面积较大，灌溉支出费用也相对较多，进一步限制了增加灌溉次数或单次灌溉量的抗旱方式在非农收入比例低农户中的推广使用。

表 5-6　增加灌溉次数或单次灌溉量与非农收入比例的交叉列表　单位：人

增加灌溉次数或单次灌溉量排序	非农收入比例					合计
	0 ~ 0.2	0.2 ~ 0.4	0.4 ~ 0.6	0.6 ~ 0.8	0.8 ~ 1	
1	30	17	12	19	29	107
2	30	6	6	19	10	71
3	40	13	20	24	26	123
4	11	2	2	3	3	21
5	7	0	1	2	1	11
6	14	0	1	0	2	17
合计	132	38	42	67	71	350

表 5-7　相关性检验结果

项目	值	df	渐进 Sig.（双侧）
Pearson 卡方	37.863	24	0.036

5.2.2.2　外出务工经商

（1）性别

根据表 5-8 与表 5-9 的分析结果可以看出，性别对农户选择外出务工经商增加收入的抗旱措施排序影响显著，女性较男性更倾向于通过外出务工经商的方式降低干旱对家庭生产和生活的影响。以往男性是农村外出务工经商的主力军，然而随着城镇劳动力市场需求的变化，家政业、服装制造业、餐饮业、电子轻工业等适合女性从事的行业对女性劳动力需求大量增加，使女性比男性外出更好找到工作以补贴家用，降低干旱对家庭生产和生活的影响。同时，从事农业劳动尤其是抗旱作业强度较大，从合理分工的角度看，男性更适宜在家管理责任田。

表 5-8　外出务工经商与性别的交叉列表　　　　　　　单位：人

外出务工经商排序	性别		合计
	女	男	
1	17	57	74
2	5	107	112
3	9	80	89
4	1	15	16
5	3	39	42
6	1	16	17
合计	36	314	350

表 5-9　相关性检验结果

项目	值	df	渐进 Sig.（双侧）
Pearson 卡方	18.680	6	0.005

（2）受教育程度

数据分析结果显示，受教育程度对农户选择外出务工经商的抗旱措施排序影响显著，受教育程度越低的农户越倾向于外出务工经商。受教育程度低的农户在应对旱灾的过程中，往往处于被动应付旱灾的状态，而不主动采取预防措施以降低旱灾损失，所以在旱灾过后大多选择外出务工经商增加收入以减轻旱灾给家庭生产和生活造成的影响，往往具有自发性和盲目性。而受教育程度高的农户除了积极主动采用预防措施抵御干旱之外，往往还是农村的致富带头人或担任社会公职，这也是受教育程度高的农户没有将外出务工经商排在靠前位置的重要原因（表 5-10，表 5-11）。

表 5-10　外出务工经商与受教育程度的交叉列表　　　　　单位：人

外出务工经商排序	受教育程度					合计
	文盲	小学	初中	高中或中专	大专及以上	
1	12	48	14	0	0	74
2	3	37	57	15	0	112
3	1	22	42	19	5	89
4	0	4	6	5	1	16
5	2	10	21	9	0	42
6	1	11	5	0	0	17
合计	19	132	145	48	6	350

表 5-11　相关性检验结果

项目	值	df	渐进 Sig.（双侧）
Pearson 卡方	97.109	24	0.000

（3）非农收入比例

从分析结果来看，非农收入比例对农户外出务工经商的排序选择影响显著，非农收入比例越高的农户越倾向于优先选择外出务工经商。非农收入比例高的农户一般都有非农业技术，大部分收入来自非农产业，所以当旱灾发生后，一般计划着通过外出务工经商来增加收入，降低旱灾给家庭带来的损失和影响。农业收入比例高的农户主要收入来自农业，往往第一选择是采取直接的抗旱措施以抵御旱灾，而不是外出务工经商来弥补旱灾损失。此外，为确保旱灾之年农民群众经济收入不减、生活水平不降，西南民族地区各级政府积极部署农村劳动力转移工作，按照"农业损失非农补"的要求，农业、劳动、扶贫等部门相互协作，迅速开展劳务输出工作，增加与企业的沟通联系，提供就业岗位，促进农村劳动力转移就业，这也在一定程度上强化了非农收入比例对农户外出务工经商排序选择的影响（表 5-12，表 5-13）。

表 5-12　外出务工经商与非农收入比例的交叉列表

外出务工排序	非农收入比例					合计
	0~0.2	0.2~0.4	0.4~0.6	0.6~0.8	0.8~1	
1	2	0	10	34	28	74
2	7	27	24	20	34	112
3	51	10	8	11	9	89
4	14	1	0	1	0	16
5	42	0	0	0	0	42
6	16	0	0	1	0	17
合计	132	38	42	67	71	350

表 5-13　相关性检验结果

项目	值	df	渐进 Sig.（双侧）
Pearson 卡方	259.666	24	0.000

5.2.2.3 种植耐旱品种

（1）性别

表 5-14 与表 5-15 的分析结果显示，性别对农户种植耐旱品种排序选择没有显著影响，农户种植耐旱品种排序选择与性别无关。

表 5-14　种植耐旱品种与性别的交叉列表　　　　单位：人

种植耐旱作物	性别		合计
	女	男	
1	11	83	94
2	0	43	43
3	1	30	31
4	5	48	53
5	15	91	106
6	1	5	6
7	3	14	17
合计	36	314	350

表 5-15　相关性检验结果

项目	值	df	渐进 Sig.（双侧）
Pearson 卡方	9.830	6	0.132

（2）受教育程度

数据分析结果显示，农户受教育程度对种植耐旱品种排序选择有显著影响，受教育程度越高的农户，种植耐旱品种排序越靠前。在学习和采用耐旱品种的过程中，农户的受教育程度是一个至关重要的因素。耐旱品种的栽培种植过程包括轮作倒茬、精细整地、科学施肥、播种、合理密植、加强田间管理、及时收获，每个步骤里都包含丰富的科学知识，受教育程度越高的农户越能将栽培技术运用得恰到好处。所以，在旱灾发生的条件下，受教育程度越高的农户越是有信心利用种植耐旱作物，将旱灾造成的损失降到最低。此外，受教育程度高的农户倾向于利用自身的科学知识，主动或者在政府的引导下从传统种植模式向种植耐旱且经济效益较高农作物转型。在旱灾期间，西南民族地区各地政府积极引导农户调整农业种植结构，改种、补种花生以及中药材等耐旱经济作物或玉米、黄豆、马铃薯和小麦等耐旱作物，同时教育农户紧抓降雨的有利时机，及时翻田犁地，为下一季农作物种植做好准备。这种抗旱举措在西南民族地区受教育程度较高的农户中取得很好的效果（表 5-16，表 5-17）。

表 5-16　种植耐旱品种与受教育程度的交叉列表　　　单位：人

种植耐旱作物	受教育程度					合计
	文盲	小学	初中	高中或中专	大专及以上	
1	0	6	62	24	2	94
2	0	6	22	11	4	43
3	0′	5	20	6	0	31
4	1	33	16	3	0	53
5	5	72	25	4	0	106
6	4	2	0	0	0	6
7	9	8	0	0	0	17
合计	19	132	145	48	6	350

表 5-17　相关性检验结果

项目	值	df	渐进 Sig.（双侧）
Pearson 卡方	275.973	24	0.000

（3）非农收入比例

表 5-18 与表 5-19 的数据分析结果显示，非农收入比例对农户种植耐旱品种的排序选择有显著影响，非农收入比例越高的农户越倾向于选择种植耐旱品种。选择种植耐旱品种需要农户额外投入一部分资金购买耐旱品种。这对非农收入比例低的农户而言，是一笔不小的开支，而且种植耐旱品种并不一定能够达到预期的效果，在权衡风险之后，非农收入比例低的农户会放弃种植耐旱品种，而是选择其他的抗旱调适行为。

表 5-18　种植耐旱品种与非农收入比例的交叉列表　　　单位：人

种植耐旱作物	非农收入比例					合计
	0~0.2	0.2~0.4	0.4~0.6	0.6~0.8	0.8~1	
1	49	6	14	12	13	94
2	16	4	5	9	9	43
3	7	7	7	4	6	31
4	22	9	2	8	12	53
5	32	11	10	27	26	106
6	2	0	2	1	1	6
7	4	1	2	6	4	17
合计	132	38	42	67	71	350

表 5-19　相关性检验结果

项目	值	df	渐进 Sig.（双侧）
Pearson 卡方	38.713	24	0.029

5.3　农户参与工程性减灾与非工程性减灾的意愿及影响因素分析

减灾核心在于采取系统的措施，降低系统的脆弱性，而不仅仅是进行紧急和短期的抗御（商彦蕊和高国威，2005）。系统的措施有哪些？国内在这方面的研究还很缺乏。刘兰芳（2005）通过对衡阳市农业旱灾脆弱性的定性分析与定量评估，指出只有发展生态农业，才能从根本上降低农业旱灾脆弱性。苏筠等（2005）通过实地调查和农户访谈，发现湖南省鼎城区地形和灌溉是影响脆弱性的重要因素，进而提出调整种植结构、增加农业投入等具体的减灾防灾建议。实际上，这些措施和建议在未开展脆弱性研究之前已有许多学者提出过，为什么在开展脆弱性研究之后还有学者提出？措施和建议没有得到贯彻执行的原因可以找出很多，这里要讨论的是农户对措施的参与度——一个最重要却又常常被忽视的问题。

农户作为农业经营的最基本单位和微观主体，其行为可直接或间接地影响所有管理行为和制度的最终效应（宁宝英和何元庆，2006），如果没有农民的主动参与，任何生态环境治理与建设方法都不可能收到令人满意的效果（李虹等，2005）。问题是，农户如何看待这些减灾措施？他们是否会参与这些减灾措施？农户在面对灾害威胁时，会采取诸多行动以减少损失，具体包括，疏通灌溉沟渠、引进新型的种植技术、发展节水农业、减少耕作面积等（Campbell et al.，2010）。这些调适行为有的是参与政府推行的减灾措施的行动，有的是农户的自发减灾行动，对农户抗击灾害都起着重要作用。理解这些调适行为对于提升农业抗灾能力，达成减灾目标具有重大意义。国内在调适行为方面的研究才刚刚起步，只有部分学者对调适行为的作用进行了分析。例如，苏筠等（2009a，2009b）指出，公众的减灾行为直接影响到他们对国家减灾政策的贯彻执行。国外在调适行为方面的研究主要是从个人性因素和外部性因素两个方面对影响调适行为的因素进行探讨。在个人性因素方面，认知、态度、人口属性、社会经济状况、受灾经验、资源拥有度及环境熟悉度等会影响到灾民的调适行为。外部性因素主要包括灾害信息的来源、社会网络、灾害特性及空间区位特性等（Lavigne et al.，2008）。尽管国外在调适行为方面的研究有了许多研究成果，但没有将农户参与政府推行的减灾措施的行动与农户的自发减灾行动区分开，分别进行研究，降低了研究结论的针对性和科学性。基于此，本书将专门探讨农户参与政府推行的减灾措施的行为。

政府为应对灾害采取了种种措施，如发展农业技术、兴修水利、建立社会处理机制等，而这些措施能否取得理想的效果往往取决于农户家庭的参与程度。缺乏对农户参与行为的深入理解，从而也很难深入认识到减灾政策的实际效果和由此带来的对农户生计的影响。因此，分析农户参与工程性减灾与非工程性减灾的意愿，并探讨是哪些因素影响着农户的意愿，对于提高减灾政策和技术效率有十分重要的意义。

5.3.1　理论框架分析与研究假说

农户从事农业生产所面对的是一个有风险的环境，风险主要来源于产品价格与产量的不确定。而有关风险或不确定状况下的经济分析，一般运用 Von Neumann 和 Morgenstern（1944 年）所提出的预期效用定理（expected utility theorem）。即如果一个行为主体对不同的选择组合的偏好满足保序性、中值性及等价关系的独立性，则存在一个效用函数 $U(x)$ 对应该行为主体在不确定状态下对选择组合的偏好。因此，在考虑农业生产者所具有的风险偏好态度时，其最优化行为可以表示为预期效用函数的最大化，即：

$$\max E[U(w_i)] = \sum_{i=1}^{n} g_i U(w_i)$$

式中，w_i 代表第 i 种状况下的报酬，g_i 代表获得报酬的概率，$E(\cdot)$ 为预期公式，$U(\cdot)$ 为 Von Neumann–Morgenstern 效用函数。

如果农户选择参与工程性减灾或非工程性减灾，投入人力、物力，则相应地会产生一定的减损效果。本书以减损函数 $R(z)$ 的形式表示减损效果。参考其他相关研究，将减损函数设定为累计概率密度函数，并具有如下特性：

$$R = R(z), \ R_z > 0, \ R_{zz} < 0$$
$$\lim_{z \to 0} R(z) = 0$$
$$\lim_{z \to \infty} R(z) = 1$$

式中，R 代表减损函数，用以表示减灾投入（Z）降低各种灾害对农作物危害的程度。$R_z > 0$ 表示随着减灾投入的增加，减损函数的值越接近 1，即减灾投入越多，各种灾害对农作物的危害就越小，减损程度越高；反之，当减灾投入越少，各种灾害对农作物的危害就越大，减损程度越低。$R_{zz} < 0$ 表示边际减损效果递减。

农业生产中技术无效率是可控的，而天气、光照等因素是生产者无法控制的（Aigner et al.，1977），因此，本书的生产函数中引入了随机误差项 ε。此外，本书假设生产者没有技术无效率问题，且产量损失部分完全由减损函数所代表。在此基础上，本书的生产函数包括直接的生产性投入（X）、以减灾投入（Z）为主的减损函数（$R(z)$）以及服从标准正态分布的随机误差项 ε。其一般式为

$$Y = F(X,\ R(Z),\ \varepsilon)$$

不确定状况下农户的最优化行为可用下列公式表示：

$$\max_{\{X,\ Z\}} EU(\pi)$$

$$\pi = P \cdot Y - r_x X - r_z Z - B$$

$$Y = F(X,\ R(Z),\ \varepsilon)$$

式中，r_x、r_z 分别表示直接投入（X）与减灾投入（Z）的成本，B、ε 分别表示固定成本与产量干扰项。其中：

$$\varepsilon \sim N(0,\ 1),\ P \sim N(\overline{P},\ \sigma_P^2)$$

对 Z 取微分后得到农户减灾投入量的一阶与二阶条件：

$$\text{F. O. C. } \frac{\partial EU(\pi)}{\partial Z} = E\left[U' \cdot \frac{\partial \pi}{\partial Z}\right] = E\left\{U' \cdot \left[P \cdot \frac{\partial F}{\partial R} \cdot \frac{\partial R(Z)}{\partial Z} - r_z\right]\right\} = 0$$

$$\text{S. O. C. } E\left\{U'' \cdot \left[P \cdot \frac{\partial F}{\partial R} \cdot \frac{\partial R(Z)}{\partial Z} - r_z\right]^2\right\} +$$

$$E\left\{U' \cdot \left[P \cdot \frac{\partial F}{\partial R} \cdot \frac{\partial^2 R(Z)}{\partial^2 Z} + P \cdot \frac{\partial^2 F}{\partial^2 R} \cdot \left(\frac{\partial R(Z)}{\partial Z}\right)^2\right]\right\} < 0$$

上述两个公式过于繁琐，在实证分析上处理非常困难，为使分析简单明了，拟利用"极大化确定性当量"近似于"极大化预期效用"的理论，将上述问题改写为

$$\max_{\{X,\ Z\}} CE = E(\pi) - \frac{r}{2} \cdot \text{Var}(\pi),\ \text{其中 } r = -\frac{U''(\cdot)}{U'(\cdot)}$$

假设农产品市场为完全竞争市场，农产品价格与产量对个别农户统计上独立，则可导出如下公式：

$$E(\pi) = \overline{P}\ \overline{Y} - r_x X - r_z Z - B$$

$$\text{Var}(\pi) = \overline{P}^2 V(Y) + \sigma_P^2 \overline{Y}^2 + V(Y)\sigma_P^2$$

农业生产中减灾投入有效解的一阶必要条件为

$$\frac{\partial CE}{\partial Z} = \overline{P} \cdot \frac{\partial \overline{Y}}{\partial Z} - r_z - \frac{r}{2}\left[\sigma_P^2 \cdot \frac{\partial V(Y)}{\partial Z} + 2 \cdot \sigma_P^2 \cdot \overline{Y} \cdot \frac{\partial \overline{Y}}{\partial Z} + \overline{P}^2 \cdot \frac{\partial V(Y)}{\partial Z}\right] = 0$$

即

$$\overline{P} \cdot \frac{\partial \overline{Y}}{\partial Z} = r_z + \frac{r}{2} \left[\sigma_p^2 \cdot \frac{\partial V(Y)}{\partial Z} + 2 \cdot \sigma_p^2 \cdot \overline{Y} \cdot \frac{\partial \overline{Y}}{\partial Z} + \overline{P}^2 \cdot \frac{\partial V(Y)}{\partial Z} \right]$$

由上式可以看出，农户减灾行为（参与工程性减灾或非工程性减灾）受到农户风险态度、产量风险、价格风险和减灾投入成本的影响，其减灾行为的最优投入量将使预期边际产值等于减灾投入成本与农户以风险态度为权重的产量风险与价格风险交互作用的和。假设一，农户风险态度的影响因素主要包括户主年龄、户主受教育程度、对灾害影响程度的认知。户主年龄越大、户主受教育程度越高，农户风险意识越强，则农户参与工程性减灾或非工程性减灾的积极性越高。农户认为灾害对农业生产的影响程度越大，则其参与工程性减灾或非工程性减灾的意愿越强烈。假设二，产量风险的大小与耕地质量、灌溉条件、耕地面积等因素有关，耕地质量越低，灌溉条件越差，耕地面积越大，产量风险越大，则农户参与工程性减灾或非工程性减灾的积极性越高。假设三，分散的小规模的农户经济，市场信息不完全，产品供给结构雷同，极容易造成较大的价格风险。加入农民专业合作组织，可以有效降低价格风险。假设四，减灾投入成本与家庭人口数、专业技能等因素有关，家庭人口少、农户拥有专业技能，则减灾投入成本高，这会降低农户参与工程性减灾或非工程性减灾的积极性。

5.3.2　农户参与工程性减灾与非工程性减灾的意愿

政府作为减灾主体之一，推行减灾措施，帮助农户抵御自然灾害是政府应该承担的重要责任。政府通常采取的减灾措施主要包括建设防灾设施工程（如新修水库、梳理沟渠等活动）、开展防灾减灾知识宣传教育、制订防灾减灾规划及减灾应急预案、开展防灾减灾演习、加强防灾减灾科研、推广灾害保险等。其中建设防灾设施工程属于工程性减灾措施，开展防灾减灾知识宣传教育、制订防灾减灾规划及减灾应急预案、开展防灾减灾演习、加强防灾减灾科研、推广灾害保险属于非工程性减灾措施。在面对灾害威胁时，农户根据自身特征及外部环境，对减灾措施采取不同的响应行为。为考察农户对政府推行的减灾措施的参与意愿，本书选用整修灌溉沟渠代表工程性减灾措施，选用开展防灾减灾知识宣传教育代表非工程性减灾措施。

对于工程性减灾措施，有60.18%的农户表示会关心并主动参与；26.75%的农户表示关心但不会主动参与，需要政府或者相关机构人员组织，才会参与其中；有9.73%的农户表示虽然关心工程性减灾措施，但不会参与其中；2.74%的农户表示不太关心工程性减灾措施；还有0.61%的农户不关心工程性减灾措施。从整体上看，96.66%的被调查农户关心工程性减灾措施，但主动参与的只占60.18%。被调查农户认为工程性减灾措施会对他们的生产和生活产生正面影响，因此普遍关注工程性减灾措施，但是，出于经济、社会、环境等方面的考虑而最终没有选择主动参与工程性减灾措施。

对于非工程性减灾措施，只有28.34%的农户表示会关心并主动参与，27.39%的农户表示会关心但不主动参与，15.61%的农户关心非工程减灾措施，但不会参与其中，有24.84%的农户不太关心非工程减灾措施，还有3.82%的农户完全不关心非工程减灾。从整体上看，关心非工程性减灾措施的被调查农户只占71.34%，主动参与非工程性减灾措施的被调查农户只占28.34%。被调查农户对非工程性减灾措施的关注度并不高，参与度非常低。

比较农户参与工程性减灾与非工程性减灾的意愿，可以发现，60.18%的农户关心并积极参与工程减灾措施，仅有28.34%的农户关心并积极参与非工程减灾措施；有24.84%的农户对非工程减灾措施不太关心，仅有2.74%的农户不太关心工程减灾措施。关心并积极参与工程减灾措施的农户比例远远高于关心并积极参与非工程减灾措施的农户比例，不太关心工程减灾措施的农户比例显著低于不太关心非工程减灾措施的农户比例，说明工程性减灾措施在农户中有很好的反应，而对非工程减灾措施的响应较低（表5-20）。

表5-20　农户对减灾措施的响应度　　　　　　　单位:%

减灾措施	关心并主动参与	关心但不主动参与	关心但不参与	不太关心	不关心
工程性减灾	60.18	26.75	9.73	2.74	0.61
非工程性减灾	28.34	27.39	15.61	24.84	3.82

5.3.3　农户参与意愿的实证分析

5.3.3.1　基本假设与模型选择

根据上述分析，本书以户主年龄、户主受教育程度、对灾害影响程度的认知、专业技能、家庭人口数、耕地质量、耕地面积、灌溉条件、加入农合组织为自变量，以农户是否参与工程性减灾（整修灌溉沟渠）或农户是否参与非工程性减灾（防灾减灾知识宣传教育）为因变量，采用 Logistic 模型对影响农户参与意愿的因素进行分析（具体指标见表5-21）。运用 SPSS 13.0 的二项 Logistic 回归进行统计分析。

5.3.3.2　变量的选择与赋值

基于上述分析可知，农户是否参与工程性减灾（整修灌溉沟渠）或非工程性减灾（防灾减灾知识宣传教育）受农户风险态度、产量风险、价格风险和减灾投入成本的影响，具体选择方法见表 5-21。

表 5-21　变量的选择与赋值

变量	代码	定义及赋值	均值	方差
是否参与减灾措施	y	参与整修灌溉沟渠=1，没有=0	0.64	0.48
		参与防灾减灾知识宣传教育=1，没有=0	0.39	0.49
户主年龄	x_1	反映户主年龄的自变量，设为虚拟变量。户主年龄分为45 岁及以下和 45 岁以上，以 45 岁及以下为对照组。户主年龄为 45 岁以上=1，45 岁及以下=0	0.85	0.35
受教育程度	x_2	反映户主受教育程度的自变量，户主受教育程度分为小学及以下、初中、高中及以上 3 个层次。户主文化程度是高中及以上=3，初中=2，小学及以下=1	0.73	0.72
对灾害影响程度的认知	x_3	反映农户对对灾害影响程度认知的自变量。认为影响程度极大=4，认为影响程度大=3，认为有些影响=2，认为没有影响=1	2.59	0.75
专业技能	x_4	反映户主拥有专业技能的自变量，设为虚拟变量。户主有专业技能=1，否则=0	0.79	0.41
家庭人口数	x_5	反映农户家庭人口数量自变量	3.73	1.30
耕地质量	x_6	反映农户家庭拥有耕地平均质量的自变量，耕地质量好=3，耕地质量中等=2，耕地质量差=1	1.90	0.54
耕地面积	x_7	反映农户家庭农业生产规模的自变量	11.23	9.51
灌溉条件	x_8	反映农户生产条件的自变量，灌溉条件好=3，灌溉条件中=2，灌溉条件差=1	2.28	0.94
加入农合组织	x_9	反映农户家庭中是否有人加入农合组织的自变量，设为虚拟变量。农户家庭中有人加入农合组织=1，否则=0	0.05	0.22

5.3.3.3　参与模型

Logistic 函数模型能有效地将回归变量的值域限定为 [0, 1]，特别适用于因变量为二项分类的资料。所以，本书的模型的因变量即农户参与减灾措施的意愿为 "0" 或 "1"，而且用概率来表示这一变化，下面为 Logistic 的概率函数模型：

$$p_i = F(y) = F(\beta_0 + \sum_{i=1}^{n} \beta_i x_i) = \frac{1}{1 + \exp(\beta_0 + \sum_{i=1}^{n} \beta_i x_i)}$$

式中，p_i 表示农户参与减灾措施的概率（参与 =1，不参与 =0）；y 是因变量，表示农户是否参与减灾措施（参与 =1，不参与 =0）；β_i 表示影响因素的回归系数；n 表示影响因素的个数；x_i 是自变量，表示第 i 种影响因素；β_0 表示回归方程的常数。

5.3.3.4　两种参与行为的比较分析

分别对参与工程性减灾（整修灌溉沟渠）和非工程性减灾（防灾减灾知识宣传教育）采用全部变量进行二项 Logistic 回归，结果如表 5-22、表 5-23 所示。

表 5-22　参与工程性减灾（整修灌溉沟渠）分析结果

项目	系数	标准误	Wald 值	显著性水平	Exp（B）
户主年龄	0.598	0.409	2.142	0.143	1.819
受教育程度	0.232	0.216	1.153	0.283	1.261
对灾害影响程度的认知	0.590	0.222	7.027	0.008	1.804
专业技能	-0.657	0.384	2.919	0.088	0.519
家庭人口数	0.203	0.120	2.861	0.091	1.226
耕地质量	-0.908	0.301	9.080	0.003	0.403
耕地面积	0.046	0.023	4.176	0.041	1.047
灌溉条件	-0.422	0.196	4.613	0.032	0.656
加入农合组织	-0.276	0.659	0.175	0.676	0.759
常数	0.402	1.114	0.130	0.718	1.495
χ^2			10.149		
-2 对数似然值（-2LL）			281.367		
自由度			8		
显著性水平			0.05		
样本量			350		

表 5-23　参与非工程性减灾（防灾减灾知识宣传教育）分析结果

项目	系数	标准误	Wald 值	显著性水平	Exp（B）
户主年龄	0.426	0.448	0.905	0.342	1.531
受教育程度	0.442	0.222	3.952	0.047	1.555
对灾害影响程度的认知	1.172	0.271	18.770	0.000	3.230
专业技能	-0.227	0.391	0.336	0.562	0.797

项目	系数	标准误	Wald 值	显著性水平	Exp (B)
家庭人口数	−0.014	0.133	0.010	0.919	0.987
耕地质量	−1.046	0.325	10.373	0.001	0.351
耕地面积	0.035	0.018	3.956	0.047	1.036
灌溉条件	−0.865	0.192	20.365	0.001	0.421
加入农合组织	−0.457	0.725	0.397	0.529	0.633
常数	−0.499	1.209	0.170	0.680	0.607
χ^2	5.822				
−2 对数似然值(−2LL)	247.466				
自由度	8				
显著性水平	0.05				
样本量	350				

由表 5-22 可以看出，在最终模型拟合优度检验中，用对数似然比值乘以−2来度量模型对数据的拟合度，值为 281.367。此值较小，表示模型对数据的拟合度较好。Hosmer 和 Lemeshow 模型拟合检验中，其零假设为方程对数据的拟合良好，$P>0.05$，因此无法拒绝原假设，也说明方程对数据拟合良好。在参与工程性减灾（整修灌溉沟渠）的分析结果中，常数项和 6 个变量通过了显著性检验。对灾害影响程度的认知、家庭人口数、耕地面积对农户参与工程性减灾（整修灌溉沟渠）有较为显著的正向作用，专业技能、耕地质量、灌溉条件对农户参与工程性减灾（整修灌溉沟渠）有较为显著的负向影响。

由表 5-23 可以看出，在最终模型拟合优度检验中，用对数似然比值乘以−2来度量模型对数据的拟合度，值为 247.466。此值较小，表示模型对数据的拟合度较好。Hosmer 和 Lemeshow 模型拟合检验中，其零假设为方程对数据的拟合良好，$P>0.05$，因此无法拒绝原假设，也说明方程对数据拟合良好。在参与非工程性减灾（防灾减灾知识宣传教育）的分析结果中，常数项和 5 个变量通过了显著性检验。受教育程度、对灾害影响程度的认知、耕地面积对农户参与非工程性减灾（防灾减灾知识宣传教育）有较为显著的正向作用，耕地质量、灌溉条件对农户参与非工程性减灾（防灾减灾知识宣传教育）有较为显著的负向影响。

1）对灾害影响程度的认知是影响农户参与整修灌溉沟渠（$P=0.008$）和防灾减灾知识宣传教育（$P=0$）的关键因素。农户个人的感受和印象对其行为有重要影响。实证分析表明，农户认为灾害对农业生产的影响越大，越倾向于参与整修灌溉沟渠和防灾减灾知识宣传教育。感觉灾害对农业生产影响大的农户普遍认为，整修灌溉沟渠可以提高农田抗旱排涝能力，熟练掌握防灾减灾知识可以提前作出预防措施，两者均可以有效降低产量风险。

2）耕地质量是影响农户参与整修灌溉沟渠（$P = 0.003$）和防灾减灾知识宣传教育（$P = 0.001$）的关键因素。耕地质量越好，产量风险越小，农户采取相关措施降低产量风险的积极性越低。相反，耕地质量越差，产量风险越大，农户采取相关措施降低产量风险的积极性越高。因此，耕地质量对农户参与整修灌溉沟渠和防灾减灾知识宣传教育有显著的负向影响。

3）灌溉条件是影响农户参与整修灌溉沟渠（$P = 0.032$）和防灾减灾知识宣传教育（$P = 0.001$）的关键因素。灌溉条件对农户参与减灾措施的影响与耕地质量类似。当灌溉条件好时，农户不用参与整修灌溉沟渠和防灾减灾知识宣传教育，也可以保证获得正常的产量。当灌溉条件差时，为保证获得正常的产量，参与整修灌溉沟渠和防灾减灾知识宣传教育是农户较为普遍的选择。

4）耕地面积是影响农户参与整修灌溉沟渠（$P = 0.041$）和防灾减灾知识宣传教育（$P = 0.047$）的重要因素。在同等灾害强度条件下，耕地面积越大，农户遭受的经济损失越高。因此，耕地面积增加有利于农户作出参与整修灌溉沟渠和防灾减灾知识宣传教育的选择。

5）专业技能对农户参与整修灌溉沟渠（$P = 0.088$）有较显著的负面影响，但对农户参与防灾减灾知识宣传教育（$P = 0.562$）的影响不大。户主拥有专业技能，可以有额外的收入来源。参与整修灌溉沟渠需要农户投入较多的时间，会耽误农户从事专业技能工作，无形之中大大提高了农户的减灾投入成本。因此，专业技能会阻碍农户参与整修灌溉沟渠。而参与防灾减灾知识宣传教育只需农户利用空余时间，不会耽搁农户从事专业技能工作，减灾投入成本低。因此，专业技能不会显著地阻碍农户参与防灾减灾知识宣传。

6）家庭人口数量是影响农户参与整修灌溉沟渠（$P = 0.091$）的重要因素，但对农户参与防灾减灾知识宣传教育（$P = 0.919$）的影响不大。一般而言，家庭人数越少，农户农业经营中劳动力供给不足的现象就越严重。由于劳动力不足，农户减灾投入成本提高，排斥参与整修灌溉沟渠。农户可以利用闲暇时间参与防灾减灾知识宣传教育，不会影响正常的农业生产，家庭人口多或少，对农户参与防灾减灾知识宣传教育影响不大。

7）户主受教育程度是影响农户参与防灾减灾知识宣传教育（$P = 0.047$）的重要因素，但对农户参与整修灌溉沟渠（$P = 0.283$）的影响不大。参与整修灌溉沟渠比参与防灾减灾知识宣传教育要花费更多时间，因此，参与防灾减灾知识宣传教育的减灾投入成本比参与整修灌溉沟渠的减灾投入成本低。对于投入成本低的减灾措施,失败带来的损失相对小,户主更关注灾害带来的风险。户主受教育程度越高,风险意识越强,越有利于参与该类型减灾措施。当减灾投入成本较高时,失败带来的损失相对较大,受教育水平高的户主会更容易意识到参与的风险,其参与行为就会更谨慎,从而产生难以抉择的结果,表现为影响不显著。

5.3.4 结论及启示

通过实证分析,本书得到的主要结论如下:第一,农户普遍关心工程性减灾措施,但参与意愿不强烈。96.65%的被调查农户关心工程性减灾措施,但主动参与的只占60.18%。被调查农户认为工程性减灾措施会对他们的生产和生活产生正面影响,因此普遍关注工程性减灾措施,但是主动参与工程性减灾措施的不太多。第二,农户对非工程性减灾措施的关注度并不高,参与度非常低。关心非工程性减灾措施的被调查农户只占71.34%,主动参与非工程性减灾措施的被调查农户只占28.34%。第三,农户选择参与工程性减灾或非工程性减灾受到农户风险态度、产量风险和减灾投入成本的影响。具体表现为,对灾害影响程度的认知、耕地质量、灌溉条件、耕地面积对农户参与工程性减灾(整修灌溉沟渠)和非工程性减灾(防灾减灾知识宣传教育)均有较为显著的影响;户主年龄和加入农合组织对农户参与工程性减灾(整修灌溉沟渠)和非工程性减灾(防灾减灾知识宣传教育)均没有显著影响;户主受教育程度、专业技能、家庭人口数对农户参与一种类型减灾措施的影响显著,对农户参与另一种类型减灾措施则影响不显著。

根据本书的研究结论,在今后的工程性减灾措施和非工程性减灾措施的推行中,政府应提高农户对灾害影响程度的认知,尤其是在农村信息来源较为缺乏的情况下,政府应组织力量并投入经费,深入农户家中进行宣传,让农民全面了解灾害影响及其现有防灾减灾措施的有效性。政府要加大对土地流转所需资金的扶持力度,引导和鼓励农民对土地实行集中连片流转和长期稳定流转,支持规模经营主体发展,提高耕种规模,促进农户参与工程性减灾和非工程性减灾。随着农村经济的发展,劳动力的机会成本会不断升高,未来我国农业防灾减灾措施发展的主要方向之一应该是大力发展劳动投入少的防灾减灾措施,以适应广大农村劳动力市场变化的需要。此外,政府相关部门应进一步提高宣传推广农业防灾减灾措施的针对性。例如,受教育程度高的户主,更倾向于参与非工程性减灾,因而可将宣传重点放在受教育程度低的户主身上,促使他们采参与非工程性减灾。

第 6 章
西南民族地区农户旱灾感知与调适行为的内在逻辑分析

严重灾害事件是 21 世纪人类面临的最严峻挑战之一，尤其在西南民族地区灾害的频发性更是加剧了该地区的脆弱性。目前，已有大量概念性与经验性研究关注了影响农户适应灾害变化的人口、经济、地理及一些社会因素，固然这些因素非常重要，但不能反映出整体情况，农户对灾害的适应机制仍不明确。近年来，感知作为理解人文响应行动的基础日益受到关注（Edward，2008；Bord et al.，1998；Wardekker et al.，2009），这些学者为探明农户的应对气候环境变化的适应机制与适应过程提供了一个新视角。随着对西南民族地区农户调适行为与农业抗灾能力提升研究的深入，证明灾害的频繁发生对以自然资源为生计基础的农业人口的影响尤为显著。从农户角度出发，有助于更好地理解灾害的感知和调适行为之间的内在逻辑性，并且对于制定有效的抗灾减灾政策有非常重要的参考作用。

本部分需要解决的是"灾害感知–调试行为"之间的内在逻辑分析，目的在于通过对该区农户灾害感知的研究来深刻揭示人类关于灾害的调适行为机制，以期为政府部门制定合理的防灾减灾政策，实行有效的抗旱措施，提高西南民族地区农户农业抗旱减灾能力提供决策依据。在第 4 章中已经分别对西南民族地区农户灾害感知的基本情况以及农户面对灾害时所作出的调适行为及优先序作出了分析，这为进一步对两者之间的内在逻辑关系分析打下了基础。在面对灾害问题时，政府部门对农户的扶持和救济起到了很大的作用，如推广农业保险业务、加大防灾减灾知识宣传教育、疏通灌溉沟渠等措施。但是，农户作为各种灾害的受害主体，他们对灾害的感知能力和政府救济的吸收能力会直接影响到他们对灾前、灾中以及灾后的各种应对行为。农户在面对灾害风险时往往会主动采取一定的措施来进行调节以尽量降低损失，如外出务工经商增加收入、增施灌溉次数或单次灌溉量、增施农药和除草剂、增加地膜覆盖、灵活安排作物茬口、种植作物多样化以及种植作物品种多样等方式来稳定农户自身在灾害严重年份的收入。但是，由于不同农户对灾害的感知程度不同，他们的调适行为也不尽相同。国内外相关研究者多认为，灾害感知是调适行为形成的原因与基础，但这一命题尚停留在假设阶段，尚未得到有效证明，值得研究者以更深入的研究来揭示它们之间的关系。基于上述问题，通过西南民族地区农户对干旱感知情况与其调适行为的实地调研数据，运用路径分析模型，分析农户灾害感知与调适行为的内在逻辑关系。

6.1　灾害感知和调适行为关系的理论基础

在本章对灾害感知和调适行为之间的逻辑关系分析之前，对需要用到的理论基础做个总结，其中包括理性行为理论、计划行为理论，以往学者对灾害感知和调适行为关系研究中关注的影响因素和得出的主要结论。

6.1.1　理性行为理论

理性行为理论（theory of reasoned action，TRA）又被称作"理性行动理论"，是由美国学者菲什拜因（Fishbein）和阿耶兹（Ajzen）于1975年提出的，主要用于分析态度是如何有意识地影响个体行为的。该理论关注基于认知信息的态度形成过程，其基本假设是认为人是理性的，在作出某一行为前会综合各种信息来考虑自身行为的意义和后果。理性行为理论独创性地指出了态度并非直接影响或引致行为，行为意向在当中起到调节作用，这也为社会心理学家所指出的态度与行为不一致的原因提供了理论解释。该理论指出行为人基于理性思考，就特定事物的态度从内部角度作出评价，以社会的主观标准作为权衡依据，评价、权衡形成意向后相应地引致后续的行为。本书参考理性行为理论，认为农户在面对灾害时，会综合各种信息来考虑如何作出适当合理的调整行为，去面对发生的灾害风险以尽可能地降低损失。

6.1.2　计划行为理论

计划行为理论是由 Ajzen（1988，1991）提出的，是 Ajzen 和 Fishbein（1975，1980）共同提出的理性行为理论（TRA）的继承者。计划行为理论（theory of planned behavior，TPB）能够帮助人们理解人是如何改变自己的行为模式的。计划行为理论认为人的行为是经过深思熟虑的计划的结果。一般而言，个人对于某项行为的态度越正向时，则个人的行为意向越强；对于某项行为的主观规范越正向时，同样个人的行为意向也会越强；而当态度与主观规范越正向且知觉行为控制越强的话，则个人的行为意向也会越强。

本书在研究中，主要参考了计划行为理论中以下两个观点：①非个人意志完全控制的行为不仅受行为意向的影响，还受执行行为的个人能力、机会以及资源等实际控制条件的制约，在实际控制条件充分的情况下，行为意向直接决定行为；②个人以及社会文化等因素（如人格、智力、经验、年龄、性别、文化背景等）通过影响行为信念间接影响行为态度、主观规范和知觉行为控制，并最终影响行为意向和行为。西南民族地区农户在作出调适行为时，不仅仅受到其对灾害感知水平的影响，也受到个人背景、社会环境的影响，而这些因素又会对农户灾害风险感知产生影响。

6.1.3　灾害感知

灾害感知是指人类对灾害现象或灾害事件的主观感觉，是农户生产决策的信息基础。因为人类个体对灾害的感知是以个人为基础的，随着性别、年龄、职业、文化程度及居住地环境等社会因素的不同农户对灾害感知情况也会不同（Gold，1980；Walmsley，1988）。一方面灾害通常是突发事件，所以其感应往根据个人经验而定；另一方面由于目前大多数人对灾害发生机理认识的局限性，有关灾害的信息常常是含糊的且不确定的（李景宜等，2002）。另外，农户对不同的灾害或者气候变化也有着不同的感知能力。Marin（2010）就曾对蒙古国牧民感知气候变化的情况进行了调查，结果表明牧民对于自己畜牧生产活动密切相关的气象灾害等有较强的感知。云雅茹等（2009）、周旗和郁耀闯（2009）、吕亚荣等（2010）在对中国黑龙江、关中地区、山东德州农民感知气候变化的调查发现，温度感知强于降水感知。从研究脉络看，研究者从单纯研究感知，逐渐过渡到感知的影响因素、感知功能等新的视角上。Spence 等（2011）、Weber（2010）等国外学者通过模型等方法研究，发现感知受土地利用、作物生产、户主年龄、个人灾害经历、信息渠道、社会资本等多种因素影响。

6.1.4　调适行为

在社会学调适行为被定义为"accommodation"，即对情感加以适应的状态或过程，在经济、社会或心理上各自获得的某种补偿性利益；而人类学则将调适行为定义为有机体在其环境方面造成的变化与环境有机体内造成的变化之间的互动过程（何运，2011）。调适行为一般是根据其目的和功能进行定义（张丛文，2012）。从目的上看：调适因为压力而产生的行为或者生理上的反应，是人们心情的一种反应，是一种有意或无意的行为，其目的在于处理内在或外在情境中的压力，减轻压力的影响（Festinger，1957；吴瑞瑜，2003）。从功能上看：调适是人们决定怎样保护自己避免遭受任何压力以及与之相关的不良结果的负面影响，同时充分得出积极的结果的分析和评价过程（Lazarus and Lzunier，1978；Lazarus and Folkman，1980；Sutherland，1984）。Rocheleau（1995）等学者对家庭采取的一系列抗旱行为进行了研究，并确定了一系列与调适行为相关的社会经济因素。Lobell 等（2008）发现农户对气候变化的适应方式因具体环境而异，可通过调整农时、节水灌溉、改变作物品种、外出打工等方式来应对气候的趋势性暖化、旱化及气象灾害。Battaglini 等（2009）、Moser 和 Ekstrom（2010）、侯向阳和韩颖（2011）等学者在研究气候变化感知与适应的研究常时，把干旱、雪灾、沙尘暴等气象灾害纳入研究体系，研究农牧民对这些灾害的感知特征与随之采取的适应策略。以上学者的研究发现，个人特征、种族、民族、收入状况以及教育程度等因素（Drabek，1999；Mileti and Darlington，1995）都可能影响受害者的行动。

6.1.5 灾害感知与调适行为

调适行为并不是一个纯粹理性的技术过程，而是一个有价值取向并嵌入在一定社会背景中具有高度主观性的过程，无论经历了什么外部压力，个体必须感知到行动的需要、能力和动机（赵雪雁，2014）。已有的一些实证研究探索性地研究了感知与调适之间的关系。其中一些学者认为风险灾害的感知是影响农户适应决策的关键因素（Below，2012）。农户对干旱等极端气候的适应措施选择与其感知强度有关（Seres，2010），而且农户应对干旱的适应措施的不同与感知强度有关（Slegers，2008）。当感知到的与气候变化相联系的风险与适应能力较低时，农户参与适应实践的可能性就会降低（Grothmann，2005）；相反，农牧民对极端气候影响的认知越强烈，就越倾向于采取卖畜、购草、转场等适应行为（李西良等，2013）。这些学者通过研究大多得出农户的感知情况与所采取适应策略之间的关系常常是内生的，它与农户的行为变化等（Wheeler，2013）对气候变化的风险准备及管理等呈显著正相关关系（Bostrom，2012）。但是，也有学者认为感知与调适行为之间没有统计学关联（Lindell and Prater，2002；Lindell and Whitney，2000）。Bohensky 等（2012）对印度尼西亚家庭水平响应气候变化模式的研究结果表明，家庭响应气候变化的模式存在偏差，农民感知气候变化与相应气候变化存在非对称性，尽管81.9%的家庭感知到气候变化，但仅有38.9%的家庭具有响应策略。在我国，吕亚荣和陈淑芬（2010）的案例研究结果也支持这一结论，他们对山东德州的案例研究发现，70%以上的农民认识到气候变化，但只有不到50%的农户采取了适应措施。如上所述，个人对风险的感知因人而异，基于他们的认知和所处环境的差异，从而产生不同的调适行为。鉴于此，以干旱灾害的感知为切入点，剖析农户对灾害的调适行为与感知情况的内在逻辑关系成为评估西南民族地区复杂的干旱问题，以减少干旱对农业的影响的新视角。

6.2　路径分析模型的构建与基本假设

本节探索性地提出农户灾害感知与调适行为之间的"因果模式"，即假设灾害感知（对发生干旱灾害的担心程度）与调适行为（农户选择耐旱品种）之间存在某种因果关系，灾害感知情况会直接影响到调适行为，一些影响灾害感知的因素，如政府抗旱补贴、受教育的程度、耕地的灌溉条件、对政府减灾举措的信任以及干旱对农业生产造成损失都会对农户的调适行为产生影响。在此基础上，本书运用路径分析模型对西南民族地区农民旱灾感知与调适行为的内在逻辑关系进行深入探讨，检验其内在逻辑关系的真实性。

6.2.1　路径分析法

20 世纪初，"Pearson 原理"占生物遗传学的统治地位。"Pearson 原理"的一个基本内容就是相关关系是现实生活中最基本的关系，而因果关系仅仅是完全相关关系的（理论）极限情况。这种理论认为没必要寻找变量之间的因果关系，只需计算相关系数即可。然而在对现实情况进行分析时，相关分析暴露出自身的很多局限性，主要包括以下三点：一是相关分析仅仅反应变量之间的线性关系；二是相关分析反应变量之间的关系是对称的，而很多变量之间的关系是非对称的；三是只有在正态假设下，相关思想才是有效的。这也就说明，通过因果关系的研究探讨因素之间的内在逻辑性仍然是十分重要的。在遗传学中，很多现象具有明显的因果关系。例如，父代与子代的基因关系，父代在前，子代在后，两者的关系只能是单向的，而非对称的。在对这种变量结构进行思考时，遗传学家 Sewall Wright 于 1918 ~ 1921 年提出了路径分析法（path analysis），用来分析变量间的因果关系。

路径分析法的主要目的是检验一个假想的因果模型的准确和可靠程度，测量变量间因果关系的强弱，解决以下四点问题：

1) 模型中两变量之间是否存在相关关系；

2) 若存在相关关系，则进一步研究两者间是否有因果关系；

3) 若 A 影响 B，那么 A 是直接影响 B，还是通过中介变量间接影响或两种情况都有；

4) 直接影响与间接影响两者大小如何。该模型现在已经被应用于多元分析遗传学、社会学、心理学等问题，而且开始广泛应用在解决多元经济逻辑关系的问题的分析中。

如图 6-1 所示，路径分析的主要分为以下几个步骤：①选择变量和建立因果关系模型。这是路径分析的前提。采用路径图可以形象地将变量的层次，变量间因果关系的路径、类型、结构等表达得更为清晰明朗。②对设立的模型进行多元回归计算路径系数，并对模型进行调试和检验，对拒绝原假设的模型从统计和理论两方面寻找原因。③对接受原假设的模型进行实证研究分析，并对变量间的相关系数进行分解。④一方面分析原因变量对结构变量的相对影响程度，另一方面分析原因变量对结果变量影响的来源。

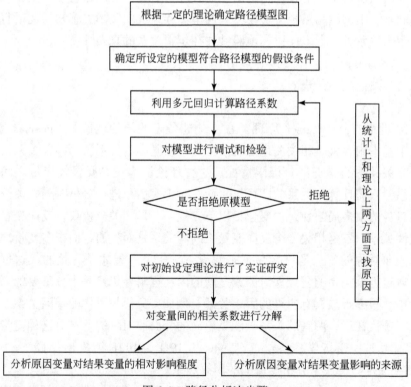

图 6-1 路径分析法步骤

6.2.2 路径分析模型的构建

路径分析法的优点在于不仅能够通过相关系数来衡量变量间的相关程度或通过路径系数来确定变量间的因果关系，还能够说明变量间的直接和间接效应问题。本书在研究西南民族地区农户灾害感知与调适行为的内在逻辑时，设计了一个路径模型（图6-2）。路径分析的主要工具是路径图，它采用一条带箭头的线（单箭头表示变量间的因果关系，双箭头表示变量间的相关关系）表示变量间预先设定的关系，箭头表明变量间的关系是线性的，很明显，箭头表示着一种因果关系发生的方向。在路径图中，观测变量一般写在矩形框内，不可观测变量一般写在椭圆框内。本书中采用的自变量和因变量都是可测变量，而且满足：①模型中各变量的函数关系为线性、可加；否则不能采用回归方法估计路径系数。如果处理变量之间的交互作用，把交互项看作一个单独的变量，此时它与其他变量的函数关系同样满足线性、可加。②模型中各变量均为等间距测度。③各变量均为可观测变量，并且各变量的测量不能存在误差。④变量间的多重共线性程度不能太高，否则路径系数估计值的误差将会很大。⑤需要有足够的样本量。这五个条件是路径分析模型图在建立之前应满足的基本条件。

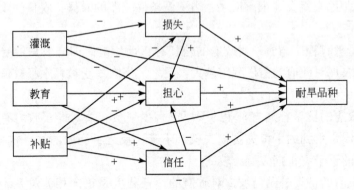

图6-2　农户对干旱感知与调适行为内在逻辑理论模型图

在该路径分析图上的变量分为两大类：一类是外生变量（exogenous variable，又称独立变量，源变量），它不受模型中其他变量的影响，如受教育的程度、耕地的灌溉条件以及政府部分是否给予相关补贴等因素。另一类是内生变量（endogenous variable，又称因变量或下游变量），在路径图上至少有一个箭头指向它，它被模型中的其他一些变量所决定，如本书中的农户对政府减灾举措的信任、干旱对农业生产造成损失、对干旱灾害再次发生的担心以及选择种植耐旱品种。其中，将路径图中不影响其他变量的内生变量称为最终结果变量（ultimate response variable），但是最终结果变量不一定只有一个。在本书中，把调适行为中的农户选择种植耐旱品种作为最终结果变量。

6.2.3 变量间关系的基本假设

本书以前述文献研究为基础，通过对相关理论的收集和整合，结合西南民族地区农户的实际情况，根据影响干旱感知的个人特征（受教育情况、农业损失）、自然条件（灌溉条件）和社会环境（政府补贴、对政府的信任）三个方面，分析这个三个方面影响感知（对发生干旱灾害的担心）、对调适行为（种植耐旱品种）的直接和间接影响的逻辑关系，提出各研究变量的关系假设。

6.2.3.1 影响灾害感知和调适行为的因素内部之间的关系假设

在本部分选出来的农户受教育情况、干旱对农业造成的损失、灌溉条件、政府的干旱补贴、农户对政府的信任五个影响干旱感知和调适行为的因素。五个因素内部之间也存在一定的逻辑关系，本书假设：

1）灌溉条件对农业损失有负面影响。即当灌溉条件越好的时候，农户所受到的农业损失就会越小；反之，当灌溉条件较差的时候，农户的农业损失就会变大。

2）受教育程度与农户对政府的信任有正面影响。即当农户的受教育程度越高时，农户对政府的信任程度越大；反之，当农户受教育水平较低时，对政府的信任就会下降。

3）政府的抗旱补贴与农业的干旱灾害损失负相关。即当政府有抗旱补贴的时候，农户受到的干旱灾害损失就会下降；反之，当政府缺乏抗旱补贴时，农户受到的干旱灾害损失就会较高。

4）政府的抗旱补贴与农户对政府的信任程度是正向相关关系。即当政府有抗旱补贴时，农户对政府的信任就会增加；反之，当政府缺乏抗旱补贴时，农户对政府就不太信任。

6.2.3.2 灾害感知与其影响因素的关系假设

个人特征（受教育情况、农业损失）、自然条件（灌溉条件）和社会环境（政府补贴、对政府的信任）都是灾害感知这一变量的重要影响因素，不少学者也已探讨了这几个变量与灾害感知之间的关系。在以往学者研究的基础上，

西南民族地区农户调适行为与农业抗旱能力提升研究

假设：

1）灌溉条件与农户对发生干旱灾害的担心感知情况是负向的关系。即当灌溉条件越好的时候，农户对发生干旱灾害的担心就会越小；反之，当灌溉条件较差的时候，农户的担心程度就会变大。

2）受教育程度与农户对发生干旱灾害的担心感知有负面影响。即当农户的受教育程度越高时，农户对发生干旱灾害的担心程度越大；反之，当农户受教育水平较低时，对干旱灾害发生的担心就会下降。

3）政府的抗旱补贴与农户对发生干旱灾害的担心感知有负面影响。即当政府有抗旱补贴的时候，农户对发生干旱灾害的担心程度就会下降；反之，当政府缺乏抗旱补贴时，农户对发生干旱灾害的担心程度就会较高。

4）农业的干旱灾害损失程度与农户对发生干旱灾害的担心感知呈正相关。即当农户的农业损失情况较高时，就会担心发生干旱灾害；反之，当农户的农业损失较低的时候，农户不太会担心发生干旱灾害。

5）对政府的信任情况与农户对发生干旱灾害的担心感知是负相关的。即农户越是信任政府的减灾行为，其对干旱灾害发生的担心就会越小；反之，农户如果对政府的减灾行为不信任，则其对发生干旱灾害的担心程度就会越高。

6.2.3.3 干旱灾害感知与农户调适行为的关系假设

农户对干旱灾害的感知对其调适行为有直接和间接两方面的影响。灾害感知的间接影响是通过影响感知的个人特征（受教育情况、农业损失）、自然条件（灌溉条件）和社会环境（政府补贴、对政府的信任）等体现出来的。为了找到灾害感知与调适行为的内在逻辑关系，下面假设：

1）农户对发生干旱灾害的担心与农户采取的种植耐旱作物是正向相关的。即当农户的发生干旱灾害的担心程度越强烈的时候，就越会选择种植耐旱作物此类的调适行为来降低损失；反之，当农户不太担心灾害的发生时，对种植耐旱作物的调适行为就会降低。

2）灌溉条件与农户是否采取种植耐旱作物的调适行为是负向相关的。即当灌溉条件较好的时候，农户不太会采取耐旱作物；反之，当灌溉条件较差的时候，农户种植的耐旱作物就会增多。

3）受教育程度对农户是否采取种植耐旱作物的调适行为是正向影响的。即当农户的受教育程度越高时，农户采用种植耐旱作物的行为就会越多；反之，当农户受教育水平较低时，对采用种植耐旱作物的行为就会减少。

4）政府的抗旱补贴与农户是否采取种植耐旱作物的调适行为是正相关的。即当政府有抗旱补贴的时候，农户会乐意采取耐旱作物的种植；反之，当政府缺乏抗旱补贴时，农户会减少自己的耐旱作物的种植。

5）农业的干旱灾害损失程度与农户是否采取种植耐旱作物的调适行为呈正相关。即当农户的农业损失情况较高时，就会乐意采用耐旱作物的种植；反之，当农户的农业损失较低的时候，农户通常不会种植耐旱作物。

6）对政府的信任情况与农户是否采取种植耐旱作物的调适行为是正相关的。即农户越是信任政府的减灾行为，采用耐旱作物的程度就越高；反之，农户如果对政府的减灾行为不信任，则其对采用耐旱作物的行为就不会太在意。

6.3 实 证 分 析

6.3.1 样本描述

为了深入分析灾害感知和调适行为的内在逻辑，调研小组于2011年7~12月对西南民族地区的农户进行了实地调研采访。在对调研地点的选择上，考虑到地形问题，选择了贵州、四川、云南、重庆以及广西的不同县（区）的村庄作为主要调研地点。为了取得更真实反应情况的样本，在对农户样本的抽取上，对收入水平、是否担任村干部、年龄结构等多方面因素分类、分级进行了调查访谈。

本次的实地调研采用随机抽样的方法，调查问卷分为三部分：①农户家庭及资源基本情况调查，主要包括家庭成员的年龄、性别、受教育程度以及家庭资金情况、居住条件、生活用水和耕地条件等信息；②对农户灾害感知的调查，本部分主要采用量表形式，对可能影响农户灾害感知的因素和农户感知情况进行了调查，主要包括农户对十年来降雨、气温及河流径流量的感知、对干旱灾害再次发生的担心程度、对农业的损失情况、对政府工作的满意度等问题；③对农户调适行为的调查，只要包括为应对干旱灾害采取的调适行为，主要包括为减少干旱损失是否会采取选择种植耐旱的农作物、增施农药、灌溉次数或单次灌溉量、合理安排作物茬口等措施以及遭遇灾害时政府是否给予补贴和农户对政府减灾行为的信任情况进行调查。在调研开始前通过问卷预调研发现，问卷选项设置和问卷的结构设计都比较合理，提出的问题与每个措施都能很好地契合，使调研结果能充分反应农户的感知和调适行为。本次调查共发放357份问卷，回收问卷355份，其中有350份完整有效的问卷在分析中使用。

6.3.2 指标的选取

在对以往文献整理和学者研究基础上，本书研究选取了最能反映西南民族地区农户灾害感知与调适行为内在逻辑关系的几个变量进行分析，包括反应能够影响感知和调适行为的灌溉条件、受教育水平、灾害发生时政府的补贴、农户受到的干旱灾害损失以及农户对政府减灾行为的信任程度，反应感知的农户对再次发生干旱灾害的担心情况，以及反应农户调适行为的耐旱品种的种植选择等。

6.3.2.1 农户耕地的灌溉条件

学者对于灌溉条件的分析主要出现在干旱灾害的损失以及脆弱性研究中。宋丽莉等（2001）分别就自然环境和灌溉条件下的水稻受旱损失进行了客观定量评估，认为水稻灌溉收益十分显著，尤其是在重旱区（重旱年）灌溉收益大于其他地区（年份）。刘静等（2004）在对中国西北旱作小麦干旱灾害损失评估中把灌溉条件作为衡量干旱的一个因子。Wilhelmi 和 Wilhite（2002）通过使用一个包括水分不足的可能性、土壤保持水分的能力、土地利用和农田灌溉状况的加权的组合数据，为干旱脆弱性的研究提供了一个开端。两位学者根据每个因素的分类排名进行分析，研究表明最脆弱的农业干旱地区是位于沙质土壤上无灌溉条件的耕地和牧场，在这些地区季节性作物水分不足的概率非常高。张宏群等（2011）运用 GIS 空间分析功能对安徽省冬小麦农业干旱脆弱性进行了评价，他把该区的灌溉条件作为分析灾害脆弱性的一项主要指标。

本章的研究在构建路径模型时把农户耕地的灌溉条件作为影响干旱灾害感知和调适行为的一项因素，分析灌溉条件与干旱导致的农业生产损失、农户对灾害再次发生的担心之间的关系以及对农户选择种植耐旱品种作物的影响。在对耕地的灌溉条件这个问题进行衡量时，本书采用的问题是：请您对您拥有的所有耕地进行评估，在过去三年里平均灌溉程度是怎么样的？可供选择的答案为以下四个：很差（0）、不好（1）、普通（2）、好（3）。

6.3.2.2 受教育程度

Edwards（1993）、Russell 等（1995）、Miceli（2007）等学者都把农户的教育水平作为感知灾害的一项重要内容。Basolo 等（2009）运用回归模型分析了教育水平等因素对飓风和地震灾害的感知水平以及行为产生的影响。胡家琪（2009）在自然灾害的基础上分析了农村贫困效应，认为当农户的受教育水平较低时更容易造成损失。李宏（2010）对我国自然灾害损失的社会经济因素进行了时间序列建模与分析，结果表明对于每位农户来说，教育水平的提高可以有效降低自然灾害的损失。陈兴民（2010）研究了个体面对灾害行为反应的心理基础，研究发现人为诱发或人为因素引发的自然灾害越来越多，教育在其中产生很大作用。

本书在路径分析模型中把农户的教育水平作为对感知和调适行为的影响因素，并探讨教育水平与干旱导致的农业损失的关系。在问卷设计中，受访者的受教育程度被分为五类：文盲（0）、小学（1）、初中（2）、高中或中专（3）、大专或以上（4）。

6.3.2.3 政府抗旱补贴

Bagstad 等（2007）、Harrington（2000）、Riedl（2007）等学者都认为政府补贴在应对灾害损失中有重要作用。刘小康（2012）对于农户的直接经济补贴还需根据不同地区农民风险偏好及其收入水平的差异而定。Zhang 和 Li（2013）认为政府应该重视补贴政策和补贴期之间的关系，以确保制造商供应规定级别的应急物资。王晗等（2010）针对辽宁省自然条件复杂、灾害种类多样、发生频率高、突发性强的特点，以自然灾害财政补偿问题为研究对象，通过总结三十多年以来自然灾害及财政补偿概况，并借鉴一些发达国家在应对自然灾害时的有益经验和做法，认为自然灾害的政府补贴可以有效降低农户的灾害损失，并针对目前辽宁省自然灾害财政补偿中存在的问题，提出相应的政策建议。

本部分把政府的灾害补贴与否加入西南民族地区农户对干旱灾害的感知和调适行为的内在逻辑分析中，建立路径模型分析补贴与干旱导致的农业生产损失、担心以及对政府减灾举措的信任之间的关系，并考虑到对调适行为（选择种植抗旱品种）的影响情况。在实地调研中，通过 3 年后重新回访农民的方法来评估政府抗旱补贴的使用，问卷设计的问题是：3 年来您是否已收到过政府的抗旱补贴？答案可选为：是（1），否（0）。

6.3.2.4 干旱引起的农业生产损失

越来越多的学者把干旱的影响关注焦点放到了对农业造成的损失和评估上。McWilliam（1986）分析了旱灾的发生在半干旱与湿润地区对农业生产的影响，农民和国家在应对灾害时要付出很高的成本，同时对食品安全产生严重的威胁。Wilhelmi 和 Wilhite（2002）对干旱的脆弱性进行了评估，认为决策者可以将灾害风险和损失信息形象化地传递给其他部门，以确保他们及时和有效地采取措施应对旱灾损失。Quiringa 等（2003）采用常用的四种旱灾评测指标对加拿大西部的干旱进行了检测和评估。其他一些学者如 Keenan 和 Krannich（1997）、Downing 和 Bakker（2000）等都在关注干旱带来的农业损失的同时把视角放到对干旱脆弱性的研究上。在国内，袭祝香等（2006）、刘代勇等（2011）、张峰（2013）也都对干旱产生的农业损失进行了评估研究。

本书在对干旱造成的农业损失的研究上，主要关注的是农户对此的感知情况。为此本书在问卷设计时采用的问题是：您认为旱灾对您的农业生产造成的损失是怎样的？答案可选：非常小（0）、比较小（1）、比较大（2）、中等（3）或非常大（4）。

6.3.2.5 对政府减灾举措的信任

信任在对个体的调适行为的影响研究中主要用于消费信任和所对应的消费者应对措施上。Lobb（2005）认为消费者的信任和风险态度是食品安全研究应该重视的关键问题，并在明确和分析消费者行为框架的基础上做了文献回顾。Simeon 和 Reed（1997）研究了消费者的信任和购买忠诚度之间的关系，认为信任在消费者消费过程中起着很重要的作用。Doney 等（1998）通过对多种商业活动进行研究发现，信任能降低交易成本，促进组织间的关系，提高管理者与部属之间的关系。信任作为感知影响中的一个因素，对其的研究有助于深入理解消费者调适行为。Horst 等（2007）运用问卷调查的方式，测量了感知风险与对政府的信任对电子商务的影响程度，采取结构方程模型来分析数据和设计模型，预测个体对打算采用电子服务的倾向。分析表明体验、知觉行为控制、主观规范等对电子服务的感知有用情况的影响一般，而信任在电子服务的感知有用性中起决定作用。Basolo 等（2009）在研究政府信心、信息感知对实际防备水平的影响后，发现对当地政府管理灾害信心越足和接触更多的准备信息，被研究对象的防备水平就越高。国内学者中蒋凌琳（2011）、王冀宁（2011）、王二鹏（2012）等都把信任问题作为风险感知和应对行为的重要影响因素。卜玉梅（2009）的研究有助于弥补国内有关风险感知实证研究少且规范化程度不高的缺憾。其围绕食品安全风险，在探索风险感知影响因素的基础上，以风险的实际分配为着眼点，进而探讨了系统信任与风险感知之间的关系。研究结论说明系统信任与风险感知之间为负向相关关系，即系统信任程度越高，风险感知越弱。这尤其表现在对政府和专家越信任者，对风险的可控性感知越高；对政府和市场越信任者，对风险的后果严重性感知越弱。王丽娟（2013）在对居民环境风险接受度影响因素研究中发现：居民对垃圾焚烧发电厂的环境风险接受度普遍较低；个体特征（如性别、年龄、受教育程度、收入等）对居民的环境风险接受度的影响并不显著；但是信任，以及婚姻、距离、风险感知、公众参与等因素对居民环境风险接受意愿却具有显著影响，其中信任度越高，则接受度越高。

本书认为，农户对政府减灾举措的信任不仅影响农户对灾害再次发生的担心程度，也同样影响着农户选择种植耐旱品种等调适行为。同时，信任问题也会受到农户的受教育水平和政府的抗旱补贴正向影响。为了解以上的逻辑关系，问卷再设计问题时加入了对政府的减灾举措的信任这个问题的测量：对政府在过去3年已经实施的所有减灾举措进行评估，你是否相信政府的减灾举措？请您根据自己的实际情况作出回答：是（1）、无（0）。

6.3.2.6　对干旱的担心状况

个人对风险的感知大体上是通过对灾害的担忧程度来表现的。Lindell（2013）在总结最近十年北美研究对地震风、飓风、龙卷风、火山险研究中，认为感知风险是始终与对风险的调整行为相关的。Miceli 等（2008）对洪水和山体滑坡脆弱性较强的意大利进行了研究分析，目的是探讨生活在意大利北部的阿尔卑斯山谷人们对洪水风险防灾和感知情况。在搜集民众信息时把对灾害发生的担忧作为处理灾害感知与脆弱性关系的一项内容。结果表明，民众的灾害发生担忧与防灾的实施是显著相关的。Västfjäll 等（2008）分析了在海啸灾难发生之后人们对风险认知和对未来的担忧情况。学者在分析海啸灾害发生后民众的反应认为，自然灾害可能会影响公众的情感的反应和决策，同时对待灾害的乐观（担心）态度也会影响民众在处理灾害时的决策。Raaijmakers 等（2008）研究了面对洪水灾害的风险特征中担心、感知、准备之间的关系，认为一个社区的防灾意识、担心和防范可以用来反映不同程度的安全感知。虽然Sjöberg（1998）也认为风险认知是由对风险的担忧情况来进行测量的，但是他的报告结果表明，风险感知和担心是弱相关的。

本书在路径设计中，把农户对发生干旱灾害的担心与农户选择种植耐旱品种的调适行为做了进一步的分析。对干旱的担心状况采用李克特五点量表进行衡量：您在3年的随访期间对再次发生干旱的担忧程度是怎样的？可以选择：从不担心（0）、担心程度非常小（1）、担心程度比较小（2）、担心程度比较大（3）或非常担心（4）。

6.3.2.7　选择种植耐旱品种

Benson 等（1998）、Samra（2004）、Martínez-Ferri 和 Balaguer（2010）等学者认为耐旱品种在应对干旱灾害时有重要作用。Yang 等（2010）、Nitsch 等

（2010）、Borrell 等（2011）等学者则从耐旱品种的选育上作出研究。国内学者在对抗旱的调适行为中也都把种植耐旱品种作为其中一项。冯晔（2008）认为在减少或避免干旱灾害所带来的损失中，选育抗旱品种是首选预防措施。生产实践中，高温与干旱经常同时发生，为了减少或避免损失，选育耐高温和耐干旱的自交系与杂交种是积极应对灾害，减少损失的一项必要工作。黄桂珍（2010）通过对凌云县干旱灾害成因分析，认为耐旱品种和耐旱作物的选取是有效进行抗旱减灾的措施。翁白莎（2010）同样认为积极培育和推广耐旱的优质高效作物品种是农户合理应对干旱灾害的重要行为。

在对农户的调适行为即耐旱品种的选择情况进行调查访问时，本书的采用的问题是：为减少干旱灾害的损失，您在过去的 3 年中是否选择了耐旱作物以减轻旱灾损失？答案为是（1）、无（0）。

6.3.3 路径分析

在本书设计的路径分析图中（图6-3），每一个箭头指向可表示为一个线性回归方程，在前文中列出的每项变量之间的关系假设即为一个线性回归方程。不仅反映出了因变量与自变量的关系，也反映出了因变量之间的关系；由于本书的目的是探求影响西南民族地区农户干旱灾害感知与调适行为之间的内在逻辑关系，在进行路径分析时主要对感知与调适行为的直接、间接效应做了测量。结果的显示是通过自变量对因变量的系数所体现的。根据路径分析的一般步骤和基本原则，在图6-3 中已经对变量间的基本关系做了假设推断，加号"+"表示正相关，减号"-"表示负相关，即加号或者减号分别表示自变量每变化一个单位所引起的因变量的影响是正或负。系数值的绝对值越接近 1，自变量对因变量的影响效果越大，一个自变量对一个因变量的总效应等于直接效应加上间接效应。

本书在进行路径分析时，利用 SPSS 19.0 软件来计算变量系数，最大似然估计法（ML）在不考虑协差阵的尺度时是适用的，需要的变量是连续的和多元正态的。这是因为变量的偏态或高峰度会导致很差的估计及其不正确的标准误差和较高的卡方值。最大似然估计法对于多数应用问题特别是考虑到统计问题时是首选的方法，本书中的变量基本满足最大似然估计法，因此采用最大似然估计法进行路径分析。路径分析模型检验的主要思路就是将实际收集到的样本值运用于假设的模型，通过建立结构方程组解出未知参数，并且根据未知参数求解各个显变量之间的模型相关系数矩阵；而同时通过样本可直接算出这些显变量间的样本相关系数矩阵。理论上，上述两个相关系数阵应该相等，因此，可以构造统计量或指标来检验其拟合程度。本书建立的评价模型适合于卡

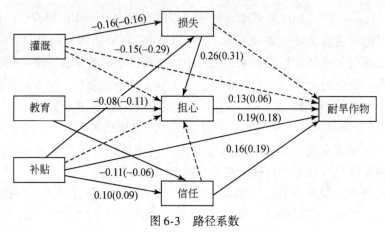

图 6-3 路径系数

注：图中的虚线表示该路径未达显著性水平要求，括号表示直接影响效应

方分布（显著性水平小于 0.05 表示充分拟合）。比较拟合指数 CFI > 0.90
（goodness of fit index，最大值为 1，越接近于 1 越好），均方根误差 RMSEA <
0.1（root mean square error of approximation，越小越好），标准化的均方根残余
SRMR < 0.1（standard root mean-square residual，越小越好）。

6.3.4　分析结果

为了分析西南民族地区农户干旱感知与调适行为之间的内在逻辑关系，本
书把调研数据按照个人特征（受教育情况）、自然条件（灌溉条件、农业损
失）和社会环境（政府补贴、对政府的信任）、灾害感知（对再次发生干旱灾
害的担心）、调适行为（种植耐旱品种）五个方面进行描述统计。在对样本数
据进行分类描述之前，下面先对此次受访者的整体情况做一个概述（表6-1）。

表6-1　受访者整体描述（$N = 350$）

特征	范围	数量/人	比例/%
性别	男	314	89.71
	女	36	10.29
年龄	小于30岁	10	2.86
	30~40岁	48	13.71
	40~50岁	106	30.29
	50~60岁	115	32.86
	大于60岁	71	20.29

特征	范围	数量/人	比例/%
民族	汉族	235	67.14
	少数民族	115	32.86
家庭人口数	4口及4口以下	161	46.00
	5口及5口以上	189	54.00

表6-1列出了受访者的整体描述。在受访者中，男性数量为314人，女性为36人，分别占到总受访者的89.71%和10.29%。从受访者的年龄分层来看，年龄小于30岁的受访者有10人，所占比例为2.86%；年龄为30~40岁的人数为48人，比例为13.71%；40~50岁年龄段的人数为106人，占比达到30.29%；有32.86%的受访者年龄段是50~60岁，人数为115人；年龄超过60岁的有20.29%，人数为71人。就民族分布来看，大约有67%的受访者是汉族，32.86%的受访者是少数民族，人数分别为235人和115人。受访者的家庭人口数情况为：在4口及4口以下的人口数为161人，5口及5口以上的为189人，所占比例分别为46.00%和54.00%。

6.3.4.1　受访者的个人特征描述

对于受访者的教育程度而言，根据调研结果可以发现学历分别为文盲、小学、初中、高中或者中专、大专或以上的人数分别为19人、132人、145人、48人、6人。从各自所占的比例情况来看，文盲的比例达到5.43%，拥有小学教育水平的有37.71%，受访者最高教育水平是初中的占41.43%。该样本还显示，有13.71%的人从高中或中专毕业，大专或以上最高教育水平的却只有1.71%，在受访者中高学历的人还是占少数的（表6-2）。

表6-2　受访者个人特征（$N=350$）

特征	范围	数量/人	比例/%
受教育程度（$N=350$）	文盲	19	5.43
	小学	132	37.71
	初中	145	41.43
	高中或者中专	48	13.71
	大专或以上	6	1.71

6.3.4.2　受访者的自然条件描述

就受访者每个人的自然条件分析样本统计情况，对灌溉条件从好到很差的人数分别为：66 人、144 人、90 人、50 人、49 人。从所占样本总数的比例来看，有 18.86% 的受访者觉得自己具有良好的灌溉条件，大约 40% 的人认为其灌溉条件是不好或者很差的，而有 41.14% 的受访者则称自己的灌溉条件是一般的，可见大多数人都不认为自己具有较好的耕地灌溉条件。就干旱引起的农业损失来分析，14.00%（49 人）的受访者称干旱导致农业生产损失非常大，41.14%（144 人）的受访者认为干旱对农业生产造成的损失相对较大，30.29%（106 人）的受访者认为由于干旱导致的农业生产损失中等。大约有 15%（51 人）的受访者认为损失是相对较小或者非常小的（表 6-3）。

表 6-3　受访者的自然条件（$N=350$）

特征	范围	数量/人	比例/%
耕地灌溉条件	好	66	18.86
	一般	144	41.14
	不好	90	25.71
	很差	50	14.29
干旱引起的农业生产损失	非常大	49	14.00
	相对较大	144	41.14
	一般	106	30.29
	相对较小	45	12.86
	非常小	6	1.71

6.3.4.3　受访者的社会环境描述

在对社会环境的访谈中，主要选取了政府补贴与否、对政府的信任情况进行了统计。有 205 位（大约占总调查人数的 58.57%）的受访者称自己在干旱灾害发生后收到了政府的相关抗旱补贴，同时却有 145 位（大约占总调查人数的 41.43%）的受访者则称旱灾后并没有收到政府的相关补贴。然而，在对受访者进行对政府的减灾举措信任度调查时，有接近 280 位（大约 79.43%）的受访者是信任政府的减灾举措的。同时，剩余的 70 余位（大约 21.57%）却不再信任政府的减灾举措（表 6-4）。

表 6-4　受访者的社会环境（$N=350$）

特征	范围	数量/人	比例/%
政府抗旱补贴	有	145	41.43
	没有	205	58.57

特征	范围	数量/人	比例/%
对政府减灾举措的信任	是	278	79.43
	不是	72	20.57

6.3.4.4 受访者的旱灾感知描述

在干旱灾害的感知选择上，研究选取了对干旱发生的担心作为路径分析的一个变量。对 350 份有限问卷的整理中，发现农户对干旱的担心情况为：只有 8 人，占总人数 2.29% 的受访者从不担心干旱的发生；有 59 人（16.86%）并没有担心干旱，他们只是偶尔担心。有 100 人，占 28.57% 的受访者是担心干旱的；有 108 位，30.86% 的受访者有点担心干旱；有 75 人，占 21.43% 的受访者会非常担心干旱灾害（表 6-5）。

表 6-5　受访者的旱灾感知（$N = 350$）

特征	范围	数量/人	比例/%
对干旱的担心	从不担心	8	2.29
	偶尔担心	59	16.86
	担心	100	28.57
	有点担心	108	30.86
	非常担心	75	21.43

6.3.4.5 受访者的应对干旱的调适行为描述

作为本部分研究的重点，在经过深入分析后选取"农户是否选择种植耐旱作物"作为调适行为分析。调查结果显示，绝大多数（61.14%）受访者还是会选择种植耐旱作物的。只有 136 人称自己并不会采用耐旱作物（表 6-6）。

表 6-6　受访者应对干旱的调适行为（$N = 350$）

特征	范围	数量/人	比例/%
选择耐旱作物	是	214	61.14
	没有	136	38.86

6.3.4.6 路径系数

通过运用 SPSS 19.0 软件对模型的拟合优度指数分析（表 6-7），表明在模型和数据之间一个可接受的拟合：CFI（0.917），RMSEA（0.039；90% CI

0.000～0.072），SRMR（0.088）。

表6-7　常用拟合指数计算结果

拟合指数	CFI	RMSEA	SRMR
结果	0.917	0.039	0.088

图6-3显示了西南民族地区被调查农户个人特征（受教育情况）、自然条件（灌溉条件、农业损失）和社会环境（政府补贴、对政府的信任）、灾害感知（对再次发生干旱灾害的担心）、调适行为（种植耐旱品种）等变量的路径系数标准化和非标准的估计。标准化系数显示在路径上，括号中数字为原始系数。虚线代表在 $P = 0.05$ 的水平上不显著的路径。

从最终的路径分析图的分析结果来看，耕地的灌溉条件与农户对发生干旱灾害的担心感知以及与农户是否采取种植耐旱作物是不显著的。同时，前文假设中的政府的抗旱补贴与农户对政府的信任、农业的干旱灾害损失程度与农户是否采取种植耐旱作物的关系、受教育程度与选取耐旱品种种植也是不显著的。干旱导致的农业生产损失与农户对干旱的担心正相关。对政府减灾举措信任、对干旱担心与种植耐旱品种在统计学上具有显著关系。耕地灌溉条件与干旱造成的农业生产损失呈负相关。政府抗旱补贴与对政府抗旱举措的信任、选择种植耐旱品种呈正相关，与干旱造成的农业生产损失呈负相关，这是与笔者的期望一致的。但是教育水平与对政府抗旱举措的信任呈负相关，这与本书的假设不相同；此外，对政府的减灾举措的信任与对干旱灾害的担心并没有在路径分析图中体现出来（表6-8）。

表6-8　对假设显著性的验证结果

编号	影响感知和调适行为的各因素之间显著性假设	研究结果
1	耕地灌溉条件越好的时候，农户所受到的农业损失就会越小	成立
2	农户的受教育程度越高时，农户对政府的减灾信任程度越大	不成立
3	政府有抗旱补贴的时候，农户受到的干旱灾害损失就会下降	成立
4	政府有抗旱补贴时，农户对政府的信任就会增加	成立

编号	灾害感知与其影响因素的显著性假设	研究结果
1	耕地灌溉条件越好的时候，农户对干旱灾害的担心就会越小	不成立
2	农户的受教育程度越高时，农户对干旱灾害的担心程度越大	成立
3	当政府有抗旱补贴的时候，农户对干旱灾害的担心程度就会下降	不成立
4	农户的农业损失情况较高时，就会担心发生干旱灾害	成立
5	农户越是信任政府的减灾行为，对干旱灾害的担心就会越小	不成立

编号	干旱灾害感知与农户调适行为的直接间接关系假设	研究结果
1	农户对干旱灾害的担心程度越强烈，就越会选择种植耐旱作物	成立
2	当灌溉条件越好的时候，农户不太会采取耐旱作物	不成立
3	当农户的受教育程度越高时，农户就会种植耐旱作物	不成立
4	当政府有抗旱补贴的时候，农户会愿意种植耐旱作物	成立
5	农户的农业损失情况较高时，就会愿意种植耐旱作物	不成立
6	农户越是信任政府的减灾行为，采用耐旱作物的程度就越高	成立

6.3.5　讨论

本书建立的模型通过使用三个属性，即农户的个人特征、自然条件以及社会环境测试了农民属性与其旱灾调适行为之间的影响途径。研究结果表明，旱灾造成的农业生产损失，农户对政府减灾举措的信任以及农户对干旱的担心可以解释农民属性和旱灾调适行为之间的关系。为了更明确地发觉西南民族地区农户的灾害感知与调适行为之间的内在逻辑关系，下面从四个方面进行分析。

6.3.5.1　选择种植耐旱品种与其他变量的关系分析

依据以往文献资料可以知道，当选择种植耐旱作物作为因变量时，农户的个人特征（受教育情况）、自然条件（灌溉条件、农业损失）和社会环境（政府补贴、对政府的信任）、灾害感知（对再次发生干旱灾害的担心）等都会对农户选择调适行为，如选择种植耐旱作物产生影响。通过对表 6-9 的分析，可以发现，在受教育情况、耕地灌溉条件、干旱引起的农业损失三项对农户选择种植耐旱作物的影响是不显著的，间接效应分别为 -0.029、-0.005、0.033。对政府减灾举措的信任、对干旱灾害的发生担心两个自变量都是通过直接效应对种植耐旱作物产生正面影响的，正向影响效应分别为 0.163、0.126。而政府的抗旱补贴对种植耐旱作物的正向影响最大，其中直接影响效应为 0.186，间接影响效应为 0.012，总效应为 0.198（表 6-9）。

表 6-9　选择种植耐旱品种与其他变量的关系分析

影响	直接影响	间接影响	总影响
政府抗旱补贴	0.186 **	0.012 **	0.198 **
受教育程度	—	-0.029 **	-0.029 **
耕地灌溉条件	—	-0.005 **	-0.005 **

影响	直接影响	间接影响	总影响
干旱引起的农业生产损失	—	0.033 **	0.033 **
对政府减灾举措信任	0.163 **	—	0.163 **
对干旱的担心	0.126 **	—	0.126 **

＊表示 $t=2.179$，＊＊表示 $t=3.055$

可以作出以下解释：

1）政府给予农户的各种补贴对其农业生产行为有非常大的影响。合理的解释是政府给予农户的抗旱补贴使农户对政府有了一定程度的信任感，在政府提议种植耐旱品种之时，农户会基于对政府减灾举措的信任而选择种植耐旱品种。

2）受教育程度与选择种植耐旱作物之间没有显著的直接关系，并且两者之间呈现负相关关系，可能的解释是农户受教育程度越高，对各种信息的接触越多。如果受教育程度高的农民接触到了更多关于政府扶持政策执行效果的信息，此时在负面信息的干扰下，农民就会对政府减灾举措产生质疑，从而放弃种植耐旱品种。

3）跟受教育程度类似，耕地灌溉条件与干旱引起的农业生产损失与选择种植耐旱作物之间都没有显著的直接关系。对于灌溉条件与耐旱作物的种植关系不显著的原因之一可能是忽视了干旱年份农民在灌溉管理方面的投入。无论耕地灌溉条件如何，在干旱年份农民都会投入更多的劳动力进行灌溉管理以解决水源不足的问题，因此都增加了其选择种植耐旱品种的概率。

4）尽管干旱造成的农业生产损失与种植耐旱品种并没有显著的直接关系，但是干旱造成的农业生产损失会通过中间变量对种植耐旱品种产生间接影响，这在模型分析结果中得到了证实。其中一个原因可能是农民的大部分农业生产损失是由于种植了非抗旱的经济作物，如蔬菜、中药材，这些经济作物没有抗旱品种。农民希望改善抗灾减灾的能力，但他们没有别的品种可以选择，只好任其自生自灭。相关研究表明，跟资源属性相比，灾害所带来的损失更会促进农户采取调适行为（Lindell et al.，2002）。

5）农户对政府的减灾信任程度越高，越容易采取种植耐旱作物。西南地区干湿季节分明，降水特征明显。近年来，西南地区的旱灾有加强的趋势，当地农业部门应尤其重视旱作农业技术的研发和耐干旱品种的研发力度。政府在推广种植耐旱作物时，非常需要农户的积极配合，农户对政府的信任使得抗灾举措的推广更加顺利，可直接对农户的灾害调适行为作出调节。

6）农户对干旱的担心程度也直接影响到农户的调适行为。农户采取的所有行动都带有主观性，对外界环境的心理接受程度很容易决定他会为改变这种情况作出何种反应。农户对干旱灾害的担心程度越大，越会为避免灾害的发生及降低自己忧虑而采取一定的调适行为。种植耐旱作物作为农户在应对旱灾时方便有效的解决办法，极易受到农户的接受。

出于收益的考虑，安全感高的农民可能不会选择种植耐旱品种。因为虽然耐旱品种的抗旱效果好，可以保证一定的收成，但往往低于其他作物在正常年份的收益。

6.3.5.2　干旱引起的农业生产损失与其他变量的关系分析

影响干旱农业损失的两个变量——政府补贴和耕地灌溉条件都对干旱农业损失产生直接的负面影响。其中政府抗旱补贴对农业损失总影响效应为−0.153，政府的抗旱补贴在一定程度上降低了农户的旱灾损失。耕地灌溉条件对干旱引起的农业损失的影响效应是−0.164（表 6-10）。

表 6-10　干旱引起的农业生产损失与其他变量的关系分析

影响	直接影响	间接影响	总影响
政府抗旱补贴	−0.153 **		−0.153 **
耕地灌溉条件	−0.164 **		−0.164 **

* 表示 $t=2.179$，** 表示 $t=3.055$

对于这两个因素对干旱损失的影响效果很好理解：

1）政府的补贴可以对农户的农业损失产生显著的直接影响。当农户收到干旱灾害时，农户的损失首先会体现在农业生产方面。一旦发生突发自然灾害，农民往往束手无策，被动承受自然灾害对其农业生产的破坏。此时就急需外界资金的帮助来尽量降低损失，政府的补贴就起到了这个作用。但是，补贴对旱灾损失的降低效果不如耕地灌溉条件（补贴效应−0.153，灌溉条件−0.164），这也说明补贴在对农户的帮助上具有局限性。

2）耕地灌溉条件的好坏对农户面对干旱时的农业损失具有很重要的影响。西南民族干旱地区的农业耕地灌溉条件是该地区承受旱灾能力的重要支撑。但是西南地区受地形因素的阻碍，耕地条件变化程度较大。全球变暖的大环境下，西南地区的旱灾灾情日益严重。耕地条件的提高对农业损失的降低起到直接的减少效果。

6.3.5.3　对政府减灾举措的信任与其他变量的关系分析

当把对政府减灾举措的信任作为因变量进行分析时，可以发现政府的补贴和受教育程度都是显著影响的。其中政府抗旱补贴与信任是正向相关的，总效应为 0.102；受教育程度与信任是负相关的，总效应为 -0.111（表 6-11）。

表 6-11　对政府减灾举措的信任与其他变量的关系分析

影响	直接影响	间接影响	总影响
政府抗旱补贴	0.102 *	—	0.102 **
受教育程度	-0.111 **		-0.111 **

* 表示 $t = 2.179$，** 表示 $t = 3.055$

1）政府的补贴与农户对政府的信任是显著相关的。政府补贴的作用不仅在于减少农户农业损失，也在于取得农户对政府减灾行为的信任，为以后耐旱品种的推广、灌溉技术的应用等调适行为起到正向作用。

2）和本书假设不一致的是受教育程度越高，农户对政府的信任则越低。受教育程度较高的农民对发达农业地区的政府减灾工作了解更多。一般来说，发达地区的减灾投资和抗灾设施水平要远远好于西南民族地区。正是意识到这种差异，他们对当地政府产生了不信任感。

3）此外，对干旱的担心与对政府减灾举措的信任之间的间接影响假设并没有得到印证，这说明农户对发生干旱的担心是不会影响到他们对政府减灾举措的信任的。

6.3.5.4　对干旱的担心与其他变量的关系分析

政府补贴、受教育程度、耕地灌溉条件与农户对干旱的担心是负相关的。其中受教育程度与其是直接显性相关的，直接影响效应为 -0.085。政府补贴和耕地灌溉条件的影响是间接的，影响效应分别为 -0.041、-0.043。担心受到的农业损失是直接影响的，影响效应达 0.265，远高于其他变量对担心的负面影响总和（表 6-12）。

表 6-12　对干旱的担心与其他变量的关系分析

影响	直接影响	间接影响	总影响
政府抗旱补贴	—	-0.041 **	-0.041 **
受教育程度	-0.085 *		-0.085 *
耕地灌溉条件	—	-0.043 **	-0.043 **
干旱引起的农业生产损失	0.265 **	—	0.265 **

* 表示 $t = 2.179$，** 表示 $t = 3.055$

1）政府的补贴对降低农户的担心是间接发生作用的，他们之间并没有直接相关关系。政府的补贴程度越大，农户受到的农业损失越小，间接对农户的担心灾害发生影响。政府发放补贴的主要原因之一就是为了降低农户的担心程度，但研究发现他们之间的关系却是不显著的。补贴的作用一方面是为了降低农户损失，另一方面也是为了减少农户不必要的担心，抑制农户可能过于担心灾害的发生而作出一些不理性的行为。例如，他们为了降低自己的担心，可能会大量闲置农田，把资本和劳动力转向进城务工等其他方面，一定程度上的转变生计方式是合理的，但是农户往往由于信息量的局限性会作出不太合理的安排。政府的抗旱补贴对农户的旱灾担心所起到的"镇静剂"作用可能就是通过对农业损失的降低来完成的。

2）受教育程度与农户的担心是负相关的。受教育程度低的农户较少关注风险，他们可能缺乏关于抗灾减灾的信息和知识，对灾害的发生就有可能作出不理性的判断，一些影响较小的灾害也会被无限放大，增加自己的担心。另外，受教育程度较高的农民往往有更多的非农收入，干旱对他们生产和生活的影响较小，所以他们不担心干旱。

3）耕地条件对农户的担心之间也并没有直接的关系。这与本书一开始的假设有所不同，每位农户对自己的耕地灌溉条件都会作出一个判断，不管这个判断高低与否都不会改变他们对灾害的担心程度。因为担心是农户的主观感知，影响他们主观想法的主要还是由自身的个体特征决定，如受教育程度等。耕地条件的好坏只会通过其他方面进行间接影响，这种间接作用的实现很可能体现在对农业损失的降低方面。耕地条件的好坏在一定程度上决定了农户的农业受灾损失，农业损失越高，农户的担心就会越大。

4）农业的损失对农户的担心是很显著的直接关系。农业损失越大，农户的担心程度越高，越害怕干旱灾害的发生。尤其是以家庭经营收入为主的西南民族地区的农户，他们的生计来源很大一部分取自农业生产所得。农业灾害是对农民收入的重要打击，在这些干旱灾害频发区，农户的担心就很自然地与农业损失情况有了直接联系。

6.4　本章小结

通过对调查样本的描述统计和路径分析图的详细分析，可以得出以下结论：

第一，通过问卷的整理，干旱灾害对超过半成的农户还是造成了较大的损失的。在有效调查问卷中有 283 人，接近 81% 的农户是担心灾害的发生的。农户对灾害的担心也是他们选择种植耐旱品种的主要原因之一，路径分析系数直接影响效应达到了 0.126。作为抗旱减灾的主体之一的农户，有接近八成的农户还是会选择信任政府的减灾举措的。同时，在所有的调查者中，大部分农户（61.14%）还是会选择种植耐旱品种作为自己的抗旱调适行为的。

第二，受教育程度与对政府减灾举措的信任、对干旱的担心是显著负相关的，农业损失与政府抗旱补贴和耕地灌溉条件也是显著负相关的；政府的信任与对政府减灾举措的信任、干旱造成的农业生产损失、种植耐旱品种有显著正向相关性。除此之外，种植耐旱品种还与政府补贴、旱灾担心显著正相关。但是，受教育程度、耕地灌溉条件、农业损失与种植耐旱品种却是不显著；政府补贴、灌溉条件也与对政府的减灾举措的信任是不显著的。

第三，农户选择种植耐旱品种是受多种因素影响的。其中以政府的补贴（0.186）、对政府减灾举措的信任（0.163）、对干旱的担心（0.126）直接影响最为显著，而且政府的补贴还会通过影响农户对政府减灾举措的信任间接产生影响。

第四，农户的灾害感知对调适行为的采取起到了中介作用，也就是说受教育程度、干旱引起的损失是通过对农户担忧的直接影响来对选择种植耐旱品种产生间接影响的。

第五，政府补贴和农户对政府减灾举措的信任是通过影响干旱损失对农户的担心程度产生间接影响的。

第7章
提升西南民族地区农业抗旱能力的
政策建议

7.1 充分发挥政府调控作用，提高农业抗旱能力

7.1.1 控制人口过度增长，注重生态环境建设与修复，减少水土流失

森林植被具有涵养水源，减少水土流失的重要作用，这对于减轻旱灾的危害意义重大。因此，减轻旱灾危害，促进农业生产发展，必须合理处理资源开发与生态环境保护两者之间的关系，注重生态环境建设与修复，减轻农业生产对环境的损害，实现人口与环境的协调可持续发展。

其一，人口过度增长是导致西南民族地区生态环境恶化的重要原因，严格控制人口增长速度，将人口数量控制在资源环境承载力的限度之内，实现人口与环境的协调可持续发展，对保护生态环境具有重要意义。政府在人口数量控制中必须充分发挥宣传监督作用，提高农户对我国计生政策的认知水平，保证地方人口数量的有序增长，实现人口增长与资源环境的相适应。

其二，重视生态环境建设与修复，加强森林植被保护，重视对石漠化和水土流失的治理，建设生态家园。西南民族地区要积极实施石漠化综合治理工程、水土保持工程、退耕还林工程、天然林保护工程等大型生态工程，重点加强生态脆弱地区的生态修复工作，保证森林植被涵养水源、蓄洪抗旱的作用。同时，生态环境的修复与建设并非单纯地追求植被覆盖率的高低，而是实现西南民族地区整体的生态平衡，这要求在生态建设中必须结合西南民族地区的自身条件，综合分析各方面的影响，保证生态建设与生态环境的现状相适应，避免"绿色荒漠化"等生态危机的出现。

7.1.2 建立健全农田水利法，完善农田水利基础设施建设

农田水利基础设施是一个地区抗旱防灾能力的重要支撑。长期以来，西南民族地区农田水利设施建设落后，早期建设标准偏低，后续投入不足，为农业服务和抗灾的能力不强，未能在近年西南大旱中充分发挥供水保障能力以及协调调度能力。2011 年中央一号文件《中共中央国务院关于加快水利改革发展的决定》提出，要加大对农田水利基础建设的投入力度。要增强西南民族地区的抗旱能力，必须建立健全农田水利法，完善农田水利基础设施建设，注重对现有水利基础设施的维修保养，提高农业生产应对自然灾害的能力。

第一，加强水利基础设施投资新建。我国的水利投资长期重点关注的是大型水利项目及城市供水，地方小型水利设施投资不足，严重阻碍了农田水利设施的建设，因此加强西南民族地区水利基础设施建设，要求加大投资规模的同时优化投资结构，调整农田中小型水利设施的投资比例，保证水利设施在旱灾救济中发挥作用。我国西南民族地区要结合农业旱灾分布情况，加强大中小型水库、山区水窖及灌溉渠道等配套设施的投资新建，合理配置水资源，提高农田水利基础设施的抗旱减灾效益。西南民族地区由于受地形因素阻碍，发展水利基础设施建设较为困难，现有水库中绝大多数都是小型水库，大型、中型水库数量较少。因此，政府要加大资金投入和政府扶植力度，在农业生产密集区域要加快大中型水库的建设步伐，在偏远山区则着重小型水库及山区水窖的建设，提高水资源配置和调控能力，以抵御旱灾所带来的水资源短缺。

第二，加大对现有农业水利基础设施的维护保养力度。我国西南民族地区很多农业水利基础设施都修建于 20 世纪 50～70 年代，受当时技术条件制约，建设标准普遍偏低、配套差，加之缺乏有效维护，目前设施老化破损严重，病险水库较多，严重制约着抗旱救灾效益的发挥。加强对现有农业水利基础设施的维护和保养，对水利设施要实行定期维修保养，尽可能地延长水利设施的有效使用寿命，更好地发挥其农业生产保障功能。对于西南民族地区现有水库、水窖、塘坝等水利设施，要定时清淤扩容，保证其蓄水能力和供水保障能力；对于农业生产密集地区的大中型农田水利工程，年久失修的则更要加大维修资金的投入，使其能尽快地恢复投入使用。

第三，建立健全农田水利法，提高水利部门责任意识。我国农田水利属于公共物品，具有投资较大、回收期长的特点，其建设中存在的各项问题，必须以法律的形式进行规范约束，保证农田水利建设的顺利实施。农田水利法的制定完善，可以明确政府及个人在农田水利建设中的责任和义务，有效地提高水

利部门的责任意识，保证农田水利建设的顺利进行。

第四，提高农户对水利基础设施建设的参与度。通过补助、奖励以及补贴等方法鼓励农户参与建设农田水利工程，尤其是在山区大力发展以雨水集蓄利用为目的的水窖等小型抗旱水源工程，是对水利基础设施建设的有效补充。提高农户水利基础设施建设的参与度，一是要充分发挥政府的引导作用，通过采取补贴、奖励等方法调动农户积极性，同时开展宣传教育提高农户对水利基础设施重要性的认识；二是要确保农户受益的持续性，将农户增收与水利基础设施发展结合起来，发挥农户在水利设施建设维护中的主动性。政府可以将承包责任制引入水利设施的建设维护中来，将水田水利承包到户，正常年份农户可充分发挥水库、塘坝的经济效益，用于水产养殖、旅游等副业，以此增加农户的收入；旱灾发生年份政府则可以给予农户一定补贴，以保证水利设施维护的正常进行。

7.1.3 建立水资源管理机制，提高水资源利用效率

第一，加快水资源开发，资源节约和污染防治并重。西南民族地区岩溶暗河洞穴等水资源储量丰富，在现有水资源无法完全满足生活和农田建设需要的情况下，政府应组建专业探测洞穴的队伍和地质人员，合理有序地开发地下水资源，实现地表水和地下水的综合调蓄。对于暗河水资源，可以通过打井抽水、修建地下水坝等方式进行开发；在岩溶地区，除了洞穴蓄水外，还可根据地形特征在高低洼地构建地表蓄水湖塘。同时，在加快水资源开发的同时，要注重资源节约和污染防治，加强对水资源的管理，掌握水资源的资源总量和开发进度，保证水资源开发利用的可持续性。

第二，注重水土资源的合理配置。西南民族地区水资源总体相对丰富，只是分布不均，因此生产过程中要注重水土资源的合理配置，保证土地价值与水资源分布相匹配，提高水资源在农业生产中的利用效率，保障水资源价值的充分发挥。

第三，推广节灌技术，建设节水灌溉体系。西南民族地区农田节水灌溉的发展速度相对较慢，滞后于我国农田节水灌溉发展的整体水平，因此政府要提高西南民族地区农用排灌机械和农用排灌机械动力的普及率，同时大力促进节水灌溉技术的推广应用，加强节水骨干工程建设，加快大型灌区的节水改造。此外，政府还可以采取各项扶持政策，鼓励农户发展集雨节灌，创新节水机制和节水模式。其中，推广农业节灌技术主要是指改传统的地面灌溉、普通喷灌为微喷灌、滴管、渗灌等现代灌溉技术，注重精确灌水，在保证灌溉效果的同

时使水的利用率提高，适合水资源匮乏的西南干旱地区。此外，在建设农业节水灌溉体系的过程中，节水灌溉方式、灌溉系统的选择要结合西南民族地区各地的地貌特点和农业特色，同时要考虑节水系统的投资成本，因地制宜地建立符合区域特色的农业节水灌溉体系，保证节水农业的优质、高产、高效。

第四，加大农业科研投入力度，加快农业节水研究。在当前西南民族地区水资源相对不足、分布不均的现状下，当地农业部门应高度重视耐旱品种、旱作技术、节水技术的研发和引进，研究适合西南民族地区农业发展的新品种、新技术、新机具，促进科研成果产业化应用，为发展节水农业，提高水资源利用率，为抗旱增产提供经济实用的技术保障，对于提升西南民族地区抗灾能力具有重要意义。

7.1.4 注重旱灾管理制度建设，完善非工程性减灾体系

抗旱是一项宏大的系统工程，为保证抗旱工作的最佳运作效果，需要将气象、水利、农业等多部门联合起来共同发挥作用。应制定完善的旱灾管理制度，构建抗旱救灾联动机制，将旱灾预防、抗旱减灾、灾后恢复各环节有机结合起来，提高农户对政府减灾工作的满意度，主要要做到以下四个方面：

其一，加强旱灾管理制度，构建抗旱救灾联动机制。政府应重视旱灾防控管理和管理制度建设，针对西南民族地区自然、经济、人文等现实条件，从整体着眼构建西南民族地区旱灾灾前科学预测、灾中积极抵御、灾后恢复重建的立体联动机制，将灾害预警、水库调度、生产恢复等方面纳入旱灾管理体系中，保证抗旱救灾运行机制的科学高效。

其二，建设旱灾防治信息化系统，加强旱情测报应急能力。对旱灾防治的监测预警能有效地解决潜在的致灾因子，改善孕灾环境，还能指导当期农业生产，并在抗旱救灾中发挥引导作用。西南民族地区要重视建设旱灾防治信息化协同系统，通过完善水文气象预报工作、构建西南民族地区石漠化监测与预警预报平台、发展干旱预报预警机制等，建立大范围旱情监测体系，实现灾害监测、预警、治理各环节的信息化，提高旱灾防治的效率。此外，要充分发挥环境减灾卫星数据等技术在旱灾预警监测中的应用，加强旱灾预警监测过程中灾害持续重复观测能力、大范围灾害监测评估应用能力和灾害综合监测评估能力，满足大范围旱灾监测预警的要求。

其三，加强抗旱救灾指挥体系建设。抗旱救灾过程中，政府应组建由各部门组成的专家组，针对旱情发展提供科学的抗旱指挥理论，及时制订和调整抗旱工作应急预案，提高抗旱指挥决策水平，保证抗旱救灾工作的针对性和时效

性，实现灾后生产能力的迅速恢复。

其四，注重灾害的群发性和伴发性，加强对育灾环境的监测。旱灾作为一种原发性自然灾害，其发生往往会导致多种诱发性自然灾害的出现，如引发森林火灾、病虫草害蔓延等。因此，旱灾发生后应及时加强对森林、农田等的同步监测和预警，防止灾害风险的扩大化，降低旱灾的危害，如在病虫草害的初级阶段及时补打农药，保证农药消除病虫草害的作用。

最后，建立旱灾保障体系，保证灾后生活稳定和生产恢复。研究显示，对政府减灾的信任度直接影响到农户抗旱行为的效率。因此，政府应高度重视其在减灾中的作用，灾后尽快给予农民救济补贴，以确保农户有能力维持正常生活以及恢复农业生产。此外，在现阶段政府要加强对农业商业保险的扶持，在抗旱救灾过程中大力开展有偿救灾，逐步建立以农业保险为主，政府无偿救灾为辅，自保互助及社会捐助等多种形式补充的综合救灾保障体系，有效弥补救灾资金和救灾能力的不足，提升抗旱救灾的积极性。

7.1.5 推进防灾减灾宣传培训，提高农户防灾抗灾技能

制订干旱防灾减灾知识宣传规划，深入农户进行干旱防灾减灾技术培训，提高农户减灾意识和抗旱技能。研究表明，农户受教育程度与其旱灾感知水平具有显著的正相关关系，农户受教育程度越高，旱灾感知水平越高。因此，对农户进行干旱防灾减灾宣传教育，发挥农户在防灾救灾中的主体作用具有重要意义。

一是加强农户抗旱防灾宣传教育。西南民族地区可通过报纸、电视、网络、宣传栏等多渠道，尤其要充分发挥农机推广站、种子农资公司等与农户生产关联单位的作用，广泛开展抗旱防灾宣传教育活动，树立农户保护生态环境、节水防旱的观念，提高农户防范和抵御旱灾的意识和能力。一方面，各地区要倡导农户在农业生产中注重对自然环境的保护，坚决杜绝毁林开荒、破坏天然植被的行为，同时对破坏生态环境的行为予以惩处，强化农户防灾意识，防止石漠化、水土流失状况的出现，提升环境的抗灾能力。另一方面，加强农户节水防旱意识，杜绝农业生产中水浪费、水污染的发生，积极推进节水农业、节水灌溉的普及推广。

二是推广优良的耐旱品种，普及旱作技术，发展节水农业。当地政府要重视优良耐旱品种的引进和推广，通过地方的电视广播、农资销售公司等方式，向农户积极推广抗旱能力较强的作物品种，同时要加大优良品种补贴力度，加快耐旱品种的推广速度，从源头上降低农业对水资源的需求。政府还应通过举

办技术培训、发展示范户或示范区等方式，通积极推广旱作技术和节水灌溉技术，同时辅以专家指导、农机补贴等，鼓励农民积极采用节水技术和节水机具，提高水资源的利用效率和效益。在推广旱作技术的过程中，要探索和建立与当地农业发展特点相适应的旱作技术体系，同时要考虑技术采用的成本，加快旱作技术的普及应用。

三是对农户进行职业技能培训，鼓励农户参与非农业生产。非农业收入比例对农户旱灾调适行为的选择有显著影响，非农业收入比例越高的农户越倾向于采取灌溉行为和种植耐旱农作物。因此政府要开展多种形式的职业技能培训提高农户技能，鼓励农户在农闲时参加非农业生产活动，在分散旱灾风险的同时增加其收入来源，增强农户应对旱灾的能力。在旱灾发生年份，通过举办各种乡镇招聘会等方式向农户传递各类岗位就业信息，集体组织农户外出务工，能够确保农户维持正常的生活水平，加快灾后生产活动的恢复。此外，政府要结合地区农业特色，积极发展农业产前、产后相关产业，为当地农户的就地转移创造条件。

7.2 积极加强农户自身抗旱减灾能力建设

7.2.1 转变农业生产经营方式，优化农业生产环境

受自然条件影响，西南民族地区生态环境非常脆弱，长期的粗放式生产经营方式更削弱了生态环境的自我修复能力，导致地表裸露甚至演化为石漠化，土层受侵蚀而丧失生态储水功能，干旱灾害难以避免。因此，农户在农业生产过程中要改变粗放的生产经营方式，保证生态系统的自我修复机制，降低生产经营活动对生态环境的破坏。

第一，推动生产由粗放经营向集约经营的转变。农户要改变传统生产方式对土地的过度开发，推动生产经营方式向集约经营的转变，通过加大单位面积土地上的投入，提高土地产出率，减少由过度放牧、过度耕作以及落后的耕作方式引起的地表裸露，控制农业生产中的对生态环境的污染与破坏，保证生态系统的稳定性。

第二，注重土壤抗旱能力的保持与提高。西南民族地区耕地土层浅薄，土壤纳水能力弱，发生的干旱主要是土壤干旱。农户可根据自身生产情况，对现有农耕地尤其是易发生水土流失的农耕地采取免耕、休耕、轮耕制度，保证耕地的自我修复，避免由地表裸露而引起的水土流失，维持土壤的纳水能力。同

时，要注重土层浅薄的农耕地的土壤改良，通过增厚土层增加土壤蓄水量，提高土壤自身的抗旱能力。

第三，推广坡改梯技术，加快坡耕地改造。西南民族地区地形以山地、丘陵为主，坡耕地占总耕地面积的比例较高，地貌起伏明显，大于15°的坡土占旱地的1/3以上，旱坡地水土流失非常严重，使得土层浅薄纳水能力弱，产出水平低。通过坡改梯技术，降缓坡耕地坡度，增厚土层，从而培肥地力，加快雨水及灌溉水下渗，提高土壤的蓄水量，提高土壤的抗旱能力。同时，在坡改梯过程中配套建设沟渠以拦蓄地表水及雨水，用以弥补农作物生长所需的灌溉用水。

7.2.2 构建农户抗旱服务组织，提高抗旱减灾参与度

单个农户在面对旱灾时往往无力采取行之有效的抗旱措施，而村集体能够通过水资源的合理安排有效地应对干旱。因此，农户要主动构建抗旱服务组织，加强对旱灾信息的关注，及时制订符合自身生产特点的抗旱防灾规划。同时，农户要关注水资源的管理调配，积极参与水利基础设施的建设和维护，在抗灾减灾中充分发挥主体作用。

第一，建设抗旱服务组织，集合组织的力量，共同应对干旱灾害。农户作为西南民族地区抗旱救灾的主体，需充分发挥农村抗旱中的"参谋"作用，即推选农村中抗旱能力突出、号召力强、具有一定威望的农户作为抗旱"参谋"，组建抗旱服务组织，加强对旱灾信息的关注，从自身的利益出发，制订出符合地区实际的、合理有效的抗旱防灾减灾规划。抗旱服务组织以当地农户为主体，农户作为旱灾的承灾体，能第一时间感知旱灾，与政府抗旱救灾队伍相比，对地区农业生产及受灾情况有着更为全面的认知，面对潜在旱灾的预警也能及时地对当期农业生产作出相应调整，具有较强的灵活性。

第二，积极参与小型水利基础设施建设与维护。农业水利基础设施是一个地区应对旱灾能力的重要支撑，农户应该积极参与到水利设施的建设与维护中，尤其是偏远山区小型农田水利设施，如山区水窖的建设，建立完善乡镇水利服务组织，构建国家扶植、地方支持、农户参与的水利基础设施全面发展机制。地方要充分利用当地水利设施和抗旱资金，一方面鼓励地方农户承包水库、池塘，在正常年份用于发展水产养殖、旅游等副业，将其日常维护与农业生产相结合；另一方面组建和扶持各类水利服务队伍，建立健全巡查管护制度，保证农田基础水利设施的正常运转，充分发挥水利设施在抗旱救灾中的效益。

7.2.3　调整农业产业结构，发展节水农业

西南民族地区气候类型复杂多样，物种资源极其丰富，是我国重要的农畜产品生产基地。然而，受经济水平和认知水平的限制，现阶段西南民族地区农户对于旱灾的感知和防范的意识较为薄弱，对节水技术、耐旱品种的认识不足，抗灾减灾能力差，近年来频繁发生的严重灾害对其社会经济发展尤其是农业生产造成了巨大损失。因此，调整农业产业结构，学习推广旱作技术和节水技术，对于提高农户抗旱能力具有重要意义。

第一，采取弹性化种植策略。农业生产由于受自然环境的影响，具有极大的不确定性，因此要求农户在生产过程中因地制宜、因时制宜地调整农作物种植结构，实现多样化种植，分散农业生产风险。一方面，农户要根据不同地块土地肥力和灌溉条件，因地制宜地选择不同的农作物种植品种，合理安排作物茬口，实现资源条件与生产效率的相匹配，同时要保证种植品种的多样化，分散自然因素所带来的潜在风险，降低旱灾对农业生产的影响；另一方面，西南民族地区受季风气候的影响，其降水时空分布极其不均，具有明显的季节性特征，因此，农户要根据当期降水特点因时制宜地提前或推后农作物的种植时间，在旱情持续时间较长的情况下甚至考虑改种其他耐旱作物，通过弹性化的种植策略，规避旱灾带来的损失。

第二，提高耐旱作物的种植比例。提高耐旱作物在农产品种植中的比例是提高农业抗旱能力的重要措施。西南民族地区受水资源限制，在干旱年份或者灌溉条件差的偏远地区，农户在农业生产中应该尽量选种抗旱能力强、生长期较短的作物，或者选用生长周期内水资源供给丰富的品种，以减少干旱所导致的农产品减收带来的损失。西南干旱区应该大力推广玉米、芝麻、薯类、豆类等需水量小的作物，而对于水稻等高耗水作物则必须减少或者停止种植，扩大优质耐旱型作物的种植比例，节约农业用水。

第三，学习旱作技术和节水技术。农户应该主动学习和采用旱作技术和节水技术，通过提高自身农业技术水平，规避和降低旱灾风险。旱作农业技术主要是指通过采用农艺节水技术、农耕节水技术，如水稻旱育秧技术、平衡施肥技术、垄作技术、覆盖技术等，减少农作物生长所需水分，从源头上降低旱灾带来的风险损失。例如，在干旱年份，农户可以采用水稻旱育秧技术，较传统的水育秧技术，其采用较为节水的湿润式育秧，同时延长移栽期，能够根据气候条件灵活选择移栽期，从而避开干旱期；覆盖技术通过用地膜或秸秆覆盖地表降低水分蒸发量，还能增加土壤有机质和养分。农户还可根据农作物特点及

水资源条件，采用简单易学、成本较低的农业节水技术，如采用喷灌和滴管等节水灌溉技术、发展集雨灌溉等，提高水资源的利用效率，同时在旱灾年份还可适当增加灌溉次数或单次灌溉量以满足农作物生长发育所需水分。

7.2.4 转移和分散农业风险，维持正常生活水平

旱灾是西南民族地区发生最频繁且危害最大的农业气象灾害，作为我国重要的农畜产区，旱灾的频繁发生严重影响了当地农业发展和农民收入水平的提高。在不断提升抗旱减灾能力的同时，西南民族地区农户要采取多元经营，将收入来源多样化来分散风险，同时要积极参加农业保险，转移农业风险，保证灾害年份正常生活水平的维持。

一是积极从事非农职业。一般来说，农户家庭收入主要由农业收入和非农业收入两部分组成，农业收入占家庭收入总比重直接决定着旱灾损失的大小，因此将收入来源多元化，提高非农收入占家庭总收入的比例，是农户提升抗旱能力的重要途径。农户可以在农闲时积极参加非农业生产，增加收入来源的同时分散旱灾风险。农户还应该主动关注和参加职业技能培训，提高自身素质，在干旱年份可以适时选择外出务工，以维持家庭正常的生活。此外，灾后积极参与政府组织的有偿救灾也是恢复灾后家庭生活的重要途径。

二是改变消费策略。旱灾的发生会造成粮食和经济作物减产，不可避免地会导致农户家庭经营收入的下降。为了维持正常的生活，农户必须要减少消费数量或降低消费水平，推迟和减少非必需或较大额度的消费需求，以维持家庭的正常生活。同时农户可通过外出务工经商、借助政府及亲戚朋友的救助等方式，尽快恢复灾后家庭农业生产。

7.3 重视抗旱救灾中第三方机构的作用，提高抗旱救灾的效率

7.3.1 发展农业保险，完善旱灾风险转移机制

西南民族地区旱灾频发，传统的救灾方式以政府无偿救助、社会捐助为主，但是这种单一的救灾方式，救灾资金和救灾能力有限，救灾效率较低，同时无偿式救济也造成农户对待旱灾时选择消极抵抗。所以，应大力发展农业保险，将市场经济体制和机制引入抗旱救灾领域，提高抗旱救灾的效率。

保险公司要发展完善农业保险业务，建立完善的自然灾害评估体系和合理的灾后损失补偿规模，同时通过电视、报刊等多渠道加强农业保险的宣传，鼓励农户参加农业灾害保险，转移旱灾风险，减少灾害损失；灾害发生后保险公司要及时对灾害现场进行调查评估，确实履行保险合同义务，做好灾后理赔工作，有效弥补单一政府救灾模式下救灾资金和救灾能力的不足，提升农户投保、参保的积极性。当农业保险发展到相当规模后，保险公司要主动从传统的灾害转移向灾害管理转变，积极发展旱灾风险服务咨询业务，为旱灾风险主体回避旱灾风险提供咨询服务。

同时，在现阶段我国农业保险发展的起步阶段，商业保险公司要积极寻求政府机构的资金支持和政策扶持，促使政府救灾资金由农户向农业保险的转移，建立具有保障功能的保险体系，通过市场经济提高抗旱救灾的效率，降低政府抗旱救灾的成本。

7.3.2 加大科研机构研发力度，加快科研成果转换

依靠现代农业科学技术来抵御和降低旱灾风险，其作用具有显著性和持久性，就目前现状而言，西南民族地区的农业科技贡献率落后于我国的平均水平，节水农业、旱作技术、耐旱品种的推广普及程度较低，这要求科研机构及农业院校要加大研发力度，同时加强与政府及农业企业的合作，加快科研成果转换，促进科研成果的产业化应用，建立节水高效的农作体系。

科研机构要加快适合西南干旱地区的耐旱品种、旱作技术及灌溉机具的研究，研究过程中要充分考虑农户的经济水平和文化水平，以技术的推广应用为导向，降低技术采用的成本和难度，方便科研成果的推广普及。

另外，科研机构要加强与政府及农业企业的合作。一方面，科研过程需投入大量人力物力，科学机构作为非营利机构，需要加强与政府的合作，为科研提供资金支持；另一方面，政府和农业企业是科研成果转换与推广的主要力量，科研机构要强化与农业企业的对接，缩短成果转让时间，加快科研成果的产业化应用。同时，在成果推广过程中要寻求政府的政策扶持，如将新品种、新机具纳入政府良种补贴、农机补贴的范畴，重视农机推广站、农技推广站等机构的作用，加快技术机具的推广应用。

第 8 章
专 题 分 析

8.1　西南民族地区农户抗旱必要性认知及应对策略分析

　　随着人口、资源与环境矛盾的日益加深，我国农业自然灾害成灾次数、经济损失和受灾人口明显增多。最大限度地减轻灾害的影响和损失已成为社会经济可持续发展的重要前提之一（罗小锋，2007）。西南民族地区属于亚热带湿润性气候，降水较多，历来以雨水丰沛著称，但近年来频繁遭遇干旱灾害。2010 年，西南民族地区发生了百年一遇的特大旱灾。云南、贵州、广西、四川、重庆分别有 125 个、86 个、105 个、33 个、34 个受灾县，受灾人口分别是 2512 万人、1868.9 万人、1237.23 万人、91.6 万人、117 万人。云南、贵州、四川、重庆的小春作物绝收面积分别达 4743.7 万亩、696.8 万亩、358.52 万亩和 140 万亩。大旱导致西南民族地区至少 218.54 万人返贫，受灾人口超过 5826.73 万人，经济损失超过 351.86 亿元。如何科学抗旱已经成为西南民族地区迫切需要解决的重大问题。

　　认知是行为的基础。国民灾害认知状况在一定程度上影响政府减灾战略的制定，国民对旱灾的认知与抗旱行为影响着减灾政策和减灾规划的实施，分析和研究影响其认知的因素，掌握其特征的规律有重要意义（庞德谦等，1997）。政府在制定灌溉等抗旱策略时要以农户利益为基本出发点，突出农户作为抗旱活动主体的重要性，农户抗旱认知越高，参与抗旱的积极性越强（杨伟，2012）。为了减少旱灾带来的巨大损失，国外在抗旱减灾策略方面进行了深入研究。美国的亚利桑那州特别容易遭受旱灾，应急管理部门为减轻干旱危害，采取了改善基础设施和存储设施、加强污水再利用、维修灌溉系统和实施集水等抗旱策略。针对西南民族地区旱灾，我国学者提出的策略主要包括：科学规划，逐步建设夯实水利基础；因地制宜，分区布局水利工程建设

（王树鹏，2011）；推广农业节水技术，提高水资源利用率（鲍文，2011）；建立和完善国家风险管理体系（马显莹，2012）；加强领导，扩大宣传，及早做好抗旱准备（王小军，2010）等。这些措施可以帮助农户抵抗旱灾，但缺乏对农户认知和自身策略的关注，从而降低了上述措施的针对性和科学性。深入干旱地区，准确把握当地农户对抗旱必要性认知及其应对策略，对针对性地制定提升农业抗旱能力的策略具有重要的意义。基于此，本书利用西南民族地区350户农户调查数据对其抗旱必要性认知及应对策略进行深入分析，为制定科学的抗旱策略提供微观依据。

8.1.1 数据来源与研究方法

8.1.1.1 研究区域概述与数据来源

西南民族地区主要包括云南、贵州、广西、四川和重庆5个省份，位于东经91°21′到112°04′、北纬20°54′到34°19′，土地面积为136.4万平方千米，占有中国陆地总面积的14.2%。西南民族地区从东往西跨越我国地形的三大阶梯，分布有横断山区、云贵高原、四川盆地和广西石灰岩丘陵山地四个主要的地貌区，地形地貌复杂多样，岩溶地貌分布广泛，境内高原、山地、丘陵、平原、河谷等均有分布。近年来，西南民族地区频发旱灾，对西南民族地区经济社会发展和农民生活带来很大影响，这为课题组在此地开展农户抗旱策略及抗旱必要性认知的调研，提供了基础和依据。为了能科学了解西南民族地区旱灾、旱灾发生时农户的抗灾策略和农户抗旱必要性认知，课题组利用非概率随机抽样、田野观察、入户问卷调查相结合的方法，于2012年分别前往云南、贵州、广西、四川和重庆进行实地调研，最终获得350份有效问卷。

8.1.1.2 样本特征描述性统计

在350位被调查者中，男性314位，占89.71%；女性36位，占10.29%。被调查者的平均年龄是50.21岁，最大的为90岁，最小的为22岁。平均受教育程度接近于初中水平。被调查者平均拥有耕地面积为5.01亩，最多的拥有55亩，最少的没有耕地。平均土壤肥力超过一般水平，平均灌溉条件接近于一般水平。被调查者的家庭平均人口为5.07人，最多的家庭有15人，最少的家庭为2人。2011年，家庭农业收入平均为17 316.82元，家庭总收入为32 805.56元，农业收入占家庭总收入的比例为52.79%（表8-1）。

表 8-1　样本特征描述

变量	最大值	最小值	均值	方差
性别	1	0	0.90	0.60
年龄（岁）	90	22	50.21	11.32
受教育程度	5	1	2.69	0.84
耕地（亩）	55	0	5.01	4.30
土壤肥力	4	1	2.07	0.72
灌溉条件	4	1	2.65	0.95
家庭人口（人）	15	2	5.07	2.07
农业收入（元）	246 400	0	17 316.82	25 470.55
家庭总收入（元）	260 400	600	32 805.56	32 483.35

8.1.1.3　研究方法

研究使用了多元回归的方法来分析数据，农户抗旱必要性认知的因变量是一个由量表测算得到的分值，虽然本质上是一个定序变量，但可近似地作为定距变量使用，因此可使用普通多元线性回归模型。本书将使用"定序因变量回归"来分析（赵延东，2008）。定序因变量回归模型的基本公式为

$$\text{link}(y_{ij}) = \theta_j - (\beta_1 x_{i1} + \beta_2 x_{i2} + \cdots + \beta_p x_{ip})$$

其中，Y_{ij} 是第 i 个样本处于第 j 个类别的累加概率，link 是一个联结函数，θ_j 是第 j 个类别的阈值，x_{i1} 到 x_{ip} 是第 i 个样本的预测变量（自变量），β_i 到 β_p 是这些自变量的回归系数（McCullagh and NeHer，1989）。在本书中，根据样本变量的选择情况，选择了"Cauchit"联结函数。

8.1.2　研究结果与分析

8.1.2.1　农户抗旱必要性认知

本书通过深入西南当地农户家中，与农户进行面对面交谈，衡量他们对抗旱必要性的认知。认知结果可以分为两类：农户认识到抗旱有必要和农户认为抗旱没有必要。如果被调查者认为采取相应措施抗旱有必要，则表明他对抗旱必要性有认知；否则，则表明他对抗旱必要性没有认知。

调查结果显示，有 284 位被调查者认为采取相应策略抗旱是有必要的，66 位被调查者认为没有必要，认识到抗旱必要性的被调查者占总数的 81.14%。

在被调查者中，有82.48%的男性认识到抗旱必要性，有69.44%的女性认识到抗旱必要性。从年龄来看，年龄越小的农户，越倾向于认为采取相应的策略去应对旱灾是必要的。从受教育程度来看，受教育程度越高的农户，认识到抗旱必要性的可能性越大。通常认为，农户耕地面积越大，越可能认识到抗旱的必要性；反之，则相反。但是，描述性统计结果却显示两者没有明显的相关性（表8-2）。

表8-2 不同特征农户抗旱必要性认知

组别		必要		非必要		总计
		人数	比例/%	人数	比例/%	
性别	男	259	82.48	55	17.42	314
	女	25	69.44	11	30.56	36
年龄	30岁以下	13	92.86	1	7.14	14
	30~40岁	53	92.98	4	7.02	57
	40~50岁	91	78.45	25	21.55	116
	50~60岁	81	77.88	23	22.12	104
	60岁以上	46	77.97	13	22.03	59
受教育程度	文盲	14	73.68	5	26.32	19
	小学	108	81.82	24	28.18	132
	初中	117	80.69	28	19.31	145
	高中及中专	41	85.62	7	14.38	48
	大专及以上	4	66.67	2	33.33	6
耕地面积	0~3亩	100	82.64	21	17.36	121
	3~6亩	121	78.57	33	21.43	154
	6~9亩	36	85.71	6	14.29	42
	9~12亩	17	89.47	2	10.53	19
	12亩以上	10	71.43	4	28.57	14
总计		284	81.14	66	18.86	350

8.1.2.2 农户抗旱必要性认知的影响因素

目前，中国农业生产仍以农户家庭为单位，男性作为家庭的主导者，一般对农业生产具有决策权。但家庭中外出务工以男性劳动力为主，女性劳动力在农业生产中的作用不断增强，所以本书认为性别对抗旱必要性认知的影响方向难以确定。年龄越大的农户越有经验，所以对农业生产及抗旱必要性的认知越强烈。受教育程度越高的农户，对旱灾成因及抗旱科学更了解，进而抗旱必要性认知越强。耕地面积越大，同等条件下旱灾造成的影响越大，因此拥有更多耕地的农户，其抗旱必要性认知越强（表8-3）。

表8-3　模型中所涉及的各变量代码、定义、均值、方差及预期影响方向

变量	代码	定义及描述	均值	方差	预期影响方向
农户抗旱必要性认知	y	非常不必要=1；不必要=2；必要=3；非常必要=4	3.22	0.84	–
性别	x_1	男性=1；女性=0	0.90	0.30	
年龄	x_2	反映农户年龄的自变量	50.21	11.32	+
受教育程度	x_3	文盲=1；小学=2；初中=3；高中及中专=4；大专及以上=5	2.69	0.84	+
耕地面积	x_4	反映农户耕地面积的自变量	5.00	4.30	+
家庭总收入	x_5	反映农户家庭全年所有收入	32 805.56	32 483.35	
对政府抗旱工作的满意度	x_6	非常不满意=1，不满意=2，一般满意=3，比较满意=4，非常满意=5	2.92	0.90	+
旱灾对生活造成的影响	x_7	非常小=1，比较小=2，一般=3，比较大=4，非常大=5	2.42	1.15	+
对旱灾的担心程度	x_8	绝不担心=1；不担心=2；一般=3；担心=4；很担心=5	3.52	1.06	+

家庭总收入越多的农户，可能存在两种倾向，一是旱灾严重影响家庭收入时，其抗旱必要性认知越强；二是旱灾对家庭收入影响较弱时，其抗旱必要性认知越弱。因此，本书认为家庭总收入对抗旱必要性认知的影响方向难以确定。政府的抗旱工作对农户抗旱有直接的帮助，对政府抗旱工作的满意度越高的农户，往往在抗旱中获益越多，因此，其抗旱必要性认知越强；旱灾会影响农户家庭的正常生活，影响越大，农户的抗旱必要性认知越强；农户对旱灾再次发生的担心程度与抗旱必要性认知有直接联系，越担心旱灾再次发生，其抗旱必要性认知越强。因此，本书选取性别、年龄、受教育程度、耕地面积、家庭总收入、对政府抗旱工作的满意度、旱灾对生活造成的影响、对旱灾的担心程度8个变量建立模型，对影响农户抗旱必要性认知的因素进行分析。

经拟合优度检验，各变量对农户的抗旱必要性认知在总体上有统计学意义。运用SPSS 20.0对上述变量进行分析，得到的运行结果如表8-4所示。分

析可知，年龄对农户的抗旱必要性认知有负向影响；旱灾给生活造成的影响对农户抗旱必要性认知有正向影响；担心旱灾再次发生的程度对农户抗旱必要性认知有正面影响。

表8-4　定序因变量回归模型分析结果

变量	系数估计值 Estimate	标准差 Std. Error	统计值 Wald	显著性水平 Sig.
性别 X_1	0.019	0.30	0.347	0.729
年龄 X_2	−0.089***	11.32	−1.665	0.097
受教育程度 X_3	−0.014	0.84	0.263	0.793
耕地面积 X_4	0.029	4.30	0.497	0.619
家庭总收入 X_5	0.006	32 483.35	0.101	0.920
对政府抗旱工作的满意 X_6	−0.080	0.90	−1.493	0.136
旱灾对生活造成的影响 X_7	0.164*	1.15	−3.052	0.002
对旱灾的担心程度 X_8	0.145*	1.06	2.670	0.008

***、**和*分别表示在1%、5%和10%的水平上显著

8.1.2.3　农户旱灾应对策略的分析

为了尽量减少旱灾对家庭生活和农业生产等方面的影响，西南民族地区农户不仅利用农业科学知识和多年来从事农业的经验积极主动采取各种抗旱策略，还积极配合各级政府部门，关心并参与政府工程性及非工程性减灾活动。

一旦发生旱灾，农业减产会十分严重，农户会根据当地旱灾具体情况，采取最适合自身的抗旱策略。在共同实施抗旱救灾策略方面，有接近八成的农户信任政府采取的减灾措施，认为每次发生旱灾时，政府都立即作出反应，并且减灾力度也比较大，认为跟着政府走、听政府的安排能帮助他们抗旱。90.86%的农户称会关心并积极参与政府工程性或非工程性减灾措施。75.43%的农户会选择种植多种耐旱经济作物。干旱使土壤水分不足，不能满足农作物生长最基础的需要，为给土壤增加水分或者防止土壤水分继续被蒸发掉，71.71%农户会增加灌溉次数或单次灌溉量，41.71%的农户增加地膜覆盖。旱灾往往导致虫灾泛滥，69.14%的农户会增施抗病虫农药抵抗旱灾导致的病虫害。57.71%的农户表示，通过多年种植经验的积累，合理安排农作物茬口，会在一定程度上缓解旱灾对作物生长带来的影响（表8-5）。

表 8-5　被调查农户抗旱应对策略

抗旱策略	人数/人	比例/%
参加政府工程和非工程性减灾	318	90.86
选择种植耐旱作物	264	75.43
增加灌溉次数和单次灌溉量	251	71.71
增施抗病虫农药	242	69.14
合理安排作物茬口	202	57.71
增加地膜覆盖	146	41.71

8.1.3　讨论

西南民族地区旱灾发生频繁，对农民生产生活造成的影响很大，大多数农民对抗旱必要性具有比较科学的认知。影响农户抗旱必要性认知的主要因素有年龄、旱灾给生活造成的影响及担心旱灾再次发生的程度三个方面。年龄越大的农户越倾向于采用传统生产方式，被动应对旱灾，缺乏主动应对的积极性，对抗旱必要性的认知较弱。此外，抗旱技术和旱灾信息的获取往往与新方法、高科技相联系，年龄较大的农户不愿意接受新鲜事物，从而降低了其抗旱必要性的认知。农户的一切活动是以提高生活水平为目的，当家庭生活受到旱灾影响时，农户首先会选择面对旱灾，并积极主动采取相应的抗旱策略，以减少旱灾给家庭生活带来的影响。因此，旱灾对家庭生活造成的影响越大，农户抗旱必要性认知越强。如果往年的旱灾已经给农户生产和生活造成了损失，农户往往会担心旱灾的再次发生。担心程度越强烈，对抗旱必要性的认知越强，提前采取抗旱策略的积极性越高。

大多数农户积极主动采取多种多样的抗旱措施，其中最主要的是增加灌溉次数或单次灌溉量、增施抗病虫农药、合理安排作物茬口等被动适应性行为。这几种抗旱策略相对来说是最简单实用的方法，另外几种应对策略本质上属于很好的抗旱措施，不过在发生旱灾后往往不好实施。

8.1.4　结论

教育可以增加农户对抗旱必要性的充分认知，进而提高他们的抗旱能力，提升抗旱信心，为他们主动而有效的抗旱创造合适前提条件。因此，政府应加强对农户有关旱灾基本知识和各种抗旱策略的教育,特别是对年龄大的农户的教育。农户采取的抗旱策略比较单一,主要围绕合理安排作物茬口、选择种植耐旱作物和增加投入等方面,政府可以加强对农户采取不同类型抗旱策略的培训和指导,引导农户正确开展抗灾自救。政府应当鼓励农户采纳抗旱新技术,加强农田基础设施建设等,进一步提高农户抗旱能力。完善农田水利基础设施建设,尤其是加强对中小型及微型水利工程的建设,克服西南民族地区田地高、水位低、田地散、喀斯特地貌等困难,提高水资源调控能力是减轻西南民族地区旱灾危害的重要途径。

8.2 基于 CRITIC 法的西南民族地区农户 旱灾感知实证研究

自然灾害是自然变化超出人类生产、生活体系的承受幅度并造成损失的事件。中国是世界上自然灾害最为严重的国家之一,灾害种类多、频度大、分布广泛、损失严重,已成为影响经济发展和社会安定的重要因素。随着人口、资源与环境矛盾的日益加深,中国农业自然灾害成灾次数、经济损失和受灾人口明显增多。开展防灾、减灾工作对中国的可持续发展具有重要的意义。而人类特别是普通民众在何种程度上感知、适应灾害,从根本上决定着一个地区灾害脆弱程度和基本减灾能力的大小,因此应予以特别关注。灾害感知研究已经成为国内外学术研究的热点。

White 通过对美国洪患的探讨发现,虽然防洪设施不断兴建,防洪经费年年增长,抵御洪患的能力似乎也在逐年增强,但洪患的损失却持续增加,原因主要是过去灾害防治大多偏重于工程性的灾害防治之道,忽略了人文社会因素。自此,陆续有学者投入从灾害感知角度探讨提升抗灾能力的研究。在国外,灾害感知研究已被广泛地应用于各种灾害研究之中,其中包括洪水灾害、灾害风险管理、地震台风灾害等。这些研究显示,从人文社会方面的看法和需求着手采取措施,可以有效提升灾害防治能力。与此同时,国外许多学者对灾害感知的影响因素进行了深入研究。其中,Ethan T. Knocke 与 Korine N. Kolivras 认为,个人因素的差异决定了不同人群对于同样的灾害会产生不同感知。此外,灾害信息来源的差异也会影响人们的灾害感知。这些研究为如何影响人群的灾害感知,进而提升抗灾能力,提供了微观和理论基础。国内开展灾害感知研究相对较晚,最初是从心理学的角度来探讨相关问题。例如,李景宜等建立了国民灾害感知能力测评指标体系;钱洁凡等对影响北京市城市居民风险认知的因素进行了分析;李景宜对不同个体特征造成的风险感知差异进行了研究。尽管国内部分学者探索性地开展了灾害感知研究，但总体而言，我国在农户灾害感知领域的研究，尤其是对西南民族地区农户灾害感知的具体探讨还非常薄弱。因此，借鉴国外研究成果，从不同角度去了解背景、经验、外部环境等如何影响民族地区农户对灾害的感知，是本专题所要探讨的重点所在。

8.2.1 研究区域概况

西南民族地区地形地貌复杂，气候差异大，灾害性天气频繁发生，面临着严峻的防灾减灾形势。该地区面积约占全国总面积的 12%，位于我国三大灾害带中的沿江灾害带与山前灾害带的交汇部位，灾害类型较多。居主导地位的自然灾害是干旱、地震、滑坡、泥石流，其次是暴雨洪灾，其他还有水土流失、森林大火、冰雹大风、低温冷害等。据历史资料显示，1949～1988 年，云南、贵州、四川三省发生旱灾、水灾、冷冻灾、雪灾、地震、雹灾、风灾等自然灾害约 60 次，平均每年发生 1.5 次。进入 21 世纪以来，自然灾害更加频繁，突发性灾害增加。统计资料显示，西南民族地区发生的地质灾害次数在不同年份起伏很大，2006 年为 1071 次，2007 年则达到 12 901 次。成灾面积由 2000 年的 2535 千公顷增加到 2008 年的 2967.38 千公顷，在 2006 年度曾达 4047.08 千公顷。平均每起地质灾害的直接经济损失由 2003 年的 19.58 万元增加到 2008 年的 22.4 万元，且每起地质灾害的直接经济损失都大于全国的平均水平。近几年来西南民族地区干旱频繁发生，尤其是 2010 年发生百年一遇的特大干旱，受灾人数超过 5000 万人，饮水困难人群超过 2000 万人，直接经济损失高达 190 多亿元。

8.2.2 问卷设计与统计分析

8.2.2.1 问卷设计

2012 年春季和夏季，课题组选择了西南民族地区 5 个县的 16 个村进行了实地调查，本书所用数据是在上述调查资料进行整理基础上获得的。调查问卷包括三部分的内容：①家庭成员的基本情况；②家庭生产、生活状况；③农户旱灾感知。本次调查以村民为调查对象，以户为单位进行。发放调查问卷 400 份，回收有效问卷 350 份。

8.2.2.2 被调查农户基本情况

从表8-6可以看出，被调查对象中，男性有314人，占89.71%，女性有36人，占10.29%，这表明调查对象主要以男性为主。从年龄分布看，被调查对象30岁及以下有14人，占4%，31~40岁有57人，占16.29%，41~50岁有116人，占33.14%，51~60岁有104人，60岁及以上有59人，占16.86%。由此看出，调查对象主要以中老年为主，这主要是因为青年主要外出打工，平时不在家务农。从民族看，被调查对象中汉族有281人，占总数的80.29%，苗族有9人，占2.57%，仡佬族有2人，占0.57%，壮族有50人，占14.29%，瑶族有8人，占2.29%。从文化程度看，文盲有19人，占5.43%，小学文化程度有132人，占37.71%，初中文化程度有145人，占41.43%，高中及中专文化程度有48人，占13.71%，大专及以上有6人，占1.71%。可见，我国西南民族地区接受过高中及以上教育的农民人数较少，受教育程度比较低下。

表8-6　被调查农户基本情况　　　　　　　　单位：人

性别	人数	年龄	人数	民族	人数	文化程度	人数
男	314	30岁及以下	14	汉族	281	文盲	19
女	36	31~40岁	57	壮族	50	小学	132
		41~50岁	116	苗族	9	初中	145
		51~60岁	104	瑶族	8	高中或中专	48
		60岁及以上	59	仡佬族	2	大专及以上	6

8.2.2.3 近十年来农作物主要遭受灾害类型

表8-7显示，在调查农户对近10年来农作物主要受何种灾害影响时，231户选择旱灾，占66%，55户选择洪涝，占15.71%，8户选择冻灾，占2.29%，

表8-7　农作物主要遭受灾害类型

灾害类型	户数/户	比例/%
旱灾	231	66
洪涝	55	15.71
冻灾	8	2.29
风灾	39	11.14
冰雹	17	4.86

39 户选择风灾，占 11.14%，17 户选择冻灾，占 4.86%。可见，超过半数的被调查农户都将旱灾作为最主要的自然灾害，这充分表明干旱灾害是我国西南民族地区的主要自然灾害，对地区农业发展有重大影响，由此也证明本专题的选题具有重要的实践意义。

8.2.2.4 旱灾给家庭生活造成的损失

表 8-8 显示，在调查旱灾对农户家庭生活造成损失的大小时，17 户农户选择非常小，占 4.86%，49 户选择比较小，占 14%，87 户选择一般，占 24.86%，107 户选择比较大，占 30.57%，90 户选择非常大，占 25.71%，这说明旱灾所带来的影响范围广，对当地农户家庭生活造成了负面影响。

表 8-8　旱灾对家庭生活造成的影响

选项	户数/户	比例/%
非常小	17	4.86
比较小	49	14
一般	87	24.86
比较大	107	30.57
非常大	90	25.71

8.2.3 旱害感知能力评测体系

8.2.3.1 旱灾感知能力评测内容

依据前人对国民灾害感知能力测评指标体系建立的研究。本书旱灾感知能力的测量主要包括 4 个方面：①旱灾形成机理感知，即农户对旱灾发生原因的了解；②旱灾防治必要性感知，即农户对旱灾防治有无必要的认识程度；③旱灾与生态环境联系的感知，即农户对破坏生态环境导致旱灾加重的看法；④旱灾防治责任感知，即旱灾防治中政府与个人的责任区分态度。

8.2.3.2 测评赋值

参照地震灾害认知指标体系和前人研究成果，并根据李克特量表原理，对各部分的每道题目的各个选项予以赋分（0~10 分）（表 8-9）。

表 8-9　旱灾感知能力评测体系

问题	选项	分值
旱灾形成机理感知 C_1	人为原因	5
	自然原因	5
	自然和人为原因都有	10
旱灾防治必要性感知 C_2	非常不必要	0
	不必要	2
	必要	5
	比较必要	8
	非常必要	10
旱灾与生态环境联系的感知 C_3	是	10
	不是	0
	不清楚	2
旱灾防治责任感知 C_4	自己的事情	10
	自己承担主要责任，政府承担次要责任	8
	都有责任，不同的防治工作有不同的责任人	5
	是政府的事，与我无关	2
	谁都没有责任	0

8.2.3.3　CRITIC 法在农户旱灾感知评价中的运用

本书原始数据源于对 350 户农民的访谈调查，为消除量纲的影响，通过初步的数据处理后把数据转化为更有利于分析的综合数据得分。由于旱灾感知能力测评体系 4 部分得分都属于极大型指标数据，可用如下变换：

$$z_{ij} = \frac{x_{ij}}{\max\limits_{1 \leqslant i \leqslant n} x_{ij}}$$

CRITIC 客观赋权法的基本思路是确定指标的客观权数以两个基本概念为基础。一是评价指标内的变异性，它表示同一指标各个评价对象之间取值差距的大小，以标准差 σ_j 的形式来表现，即 σ_j 的大小表明在同一指标内各对象取值差距的大小。σ_j 越大各对象之间取值差距越大。二是评价指标间的冲突性，指标之间的冲突性以指标之间的相关性为基础，以 $R_i = \sum\limits_{i=1}^{n}(1 - r_{ij})$ 的形式来表现，其中 r_{ij} 为评价指标 i 和 j 之间的相关系数，如果两个指标之间具有较强的正相关，说明两个指标冲突性较低。各个指标的客观权重确定就是以指标内的变异性和指标间的冲突性来综合衡量的。设 C_j 表示第 j 个评价指标所包含的信

息量，则 C_j 可表示为

$$C_j = \sigma_j \sum_{i=1}^{n} (1 - r_{ij}) = \sigma_j R_j, \quad j = 1, 2, 3, 4$$

C_j 越大则第 j 个评价指标所包含的信息量越大，该指标的相对重要性也就越大，所以第 j 个指标的客观权重 W_j 应为

$$W_j = \frac{C_j}{\sum_{j=1}^{n} C_j}, \quad j = 1, 2, 3, 4$$

经过计算可得到权重（表 8-10）。

表 8-10 各指标的信息量及权重

指标	C_1	C_2	C_3	C_4
σ_j	0.0979	0.2420	0.3209	0.2671
R_j	2.7765	2.6719	3.0169	2.9223
C_J	0.2717	0.6466	0.9661	0.7805
W_j	0.1020	0.2426	0.3625	0.2929

基于农户旱灾感知各指标的权重，可以计算得到第 n 个农户水灾感知水平，公式为

$$I_n = C_{1_n} \times 0.1020 + C_{2_n} \times 0.2426 + C_{3_n} \times 0.3625 + C_{4_n} \times 0.2929$$

8.2.3.4 农户旱灾感知水平评价

在上述分析的基础上，最终求得西南民族地区 350 位被调查农户的旱灾感知值，并用总体均值分别加减标准差的方法将被调查农户按旱灾感知水平（高、中、低）分为三类。具体的分类方法和步骤是：第一，分别计算每个样本农户旱灾感知值记为 I_n，其中 n 为第 n 个农户。第二，计算样本总体旱灾感知平均值，记为 B_0，在本书中 $B_0 = 0.752\,448$。第三，计算样本总体旱灾感知平均值的标准差 S，本专题中 $S = 0.153\,407$。第四，用样本总体的平均值分别加减标准差，若 $B_i \geq B_0 + S$，则把该农户归为敏感型感知者，若 $B_i \leq B_0 - S$，则把该农户归为迟钝型感知者；若 $B_0 - S \leq B_i \leq B_0 + S$，则把该农户归为中性感知者。根据此分类方法，得到的农户分类结果的统计性描述如表 8-11 所示。

表 8-11 农户旱灾感知水平统计表

旱灾感知类型	农户数量/户	比例/%
迟钝型感知者	57	16.28

旱灾感知类型	农户数量/户	比例/%
中性感知者	239	68.29
敏感型感知者	54	15.43
合计	350	100

由表 8-11 可知，在被调查的 350 个农户中，属迟钝型感知者的农户有 57 人，占总人数的 16.26%；属中性感知者的农户有 239 人，占 68.29%；属敏感型感知者的农户有 54 人，占 15.43%。

8.2.4 旱灾感知能力影响因素分析

8.2.4.1 模型选择

农户旱灾感知水平的因变量是一个只有三级的定序变量，不能简单地使用普通线性回归模型来分析。本书将使用"定序因变量回归"来分析定序因变量，其基本思路是假定定序因变量其实是一个潜藏的连续变量的分类表现，可以使用一般线性模型，用指定的自变量来预测因变量不同类别的累加概率。定序因变量回归模型的基本公式为

$$\text{link}(y_{ij}) = \theta_j - (\beta_1 x_{i1} + \beta_2 x_{i2} + \cdots + \beta_p x_{ip})$$

其中，Y_{ij} 是第 i 个样本处于第 j 个类别的累加概率，link 是一个联结函数，θ_j 是第 j 个类别的阈值，x_{i1} 到 x_{ip} 是第 i 个样本的预测变量（自变量），β_1 到 β_1 是这些自变量的回归系数。在实际预测中，需要将累加概率转换为一个函数后再加以预测，这个函数称为"联结函数"（link function）。在本书中，根据样本变量的选择情况，选择了"Cauchit"联结函数。

8.2.4.2 基本假设

户主年龄（X_1）。不同年龄阶段的农民对旱灾感知的敏感度存在差异。年轻人思维清晰敏捷，接受能力强而且行为果敢。随着年龄增长，思想越来越保守，对周围环境变化的判断和适应能力逐渐下降。因此，本书认为，随着年龄的增加，农民的旱灾感知能力越来越弱，年龄与旱灾感知能力有负相关关系。

户主性别（X_2）。男性在家庭中居于主导地位，是农业生产中的主要决策者，对农业生产的关注度更高。因此，男性农民更为关注旱灾的防治工作。同时，男性接受教育的机会偏多，文化水平相对较高，与社会的接触面更广，能从社会多层次获取相关灾害知识。因此，本书认为，男性农民的旱灾感知水平

高于女性农民。

户主受教育程度（X_3）。人们所属的文化与亚文化圈强烈地影响着人们的见解与活动，旱灾感知也不例外。一般来说，旱灾及防灾减灾知识的获得与受教育程度有正相关关系，即受教育程度越高，旱灾及防灾减灾知识越丰富，越会主动关注各方面的灾害信息，对旱灾感知就越强。因此，本书认为，受教育程度越高，农户旱灾感知能力越强，受教育程度与农户旱灾感知能力有正相关关系。

耕地灌溉条件（X_4）。旱灾给农业生产造成损失的一个重要原因是农地灌溉用水不足。农田灌溉条件好，遭受旱灾的可能性小，则平时会疏忽对旱灾及防灾减灾知识的收集和学习，参与防灾减灾工作的积极性不高；反之，遭受旱灾的可能性大，对旱灾及防灾减灾知识的收集和学习更为主动，从事防灾减灾工作的积极性高。因此，本书认为，农田灌溉条件越好，农户旱灾感知水平越低，耕地灌溉条件与农户旱灾感知能力有负相关关系。

灾害信息收集（X_5）。获取灾害信息是农户及时正确地应对灾害的必备条件。农户灾害信息来源途径越多，其获取的灾害信息越丰富，旱灾感知水平越高。因此，本书认为，注重灾害信息收集的农户，其旱灾感知能力比不注重灾害信息收集的农户强。

对再次发生旱灾的担心程度（X_6）。对旱灾的发生越担心，农户越会主动了解旱灾防治与减灾相关方面的知识信息，对旱灾防治的参与积极性也越高。因此，本书认为，农户对再次发生旱灾的担心程度越高，其旱灾感知能力越强，对旱灾发生的担心程度与农户旱灾感知能力正相关。

旱灾对农业生产造成的损失（X_7）。一般而言，当遭遇旱灾，并对农业生产造成较大损失时，农户对旱灾会有更深刻的认识。旱灾对农业生产造成的损失越大，农户采取抗旱减灾措施的意愿越强烈，其旱灾感知水平也越高。因此，本书认为，旱灾对农业生产造成的损失与农户旱灾感知水平正相关（表8-12）。

表8-12　变量选择及赋值

变量	代码	定义及赋值
户主旱灾感知能力	Y	1=能力低，2=能力中，3=能力高
户主年龄	X_1	单位：岁
户主性别	X_2	1=男，0=女
户主受教育程度	X_3	1=文盲，2=小学，3=初中，4=高中或中专，5=大专及以上
耕地灌溉条件	X_4	1=好，2=一般，3=差，4=很差
灾害信息收集	X_5	1=是，0=否
对旱灾再次发生担心程度	X_6	1=绝不担心，2=不担心，3=担心，4=比较担心，5=非常担心
旱灾对农业生产造成的损失	X_7	1=非常小，2=比较小，3=一般，4=比较大，5=非常大

8.2.4.3　模型运行结果分析

在本模型中,户主性别、户主受教育程度、灾害的信息收集、旱灾再次发生担心程度与农户旱灾感知能力强弱呈正相关关系。户主年龄、户主耕地灌溉条件与农户旱灾感知能力强弱呈负相关关系。根据 P 值大小可以看出平时信息收集 (X_5)、旱灾对农业生产造成的损失 (X_7) 两个解释变量通过了 5% 的显著性检验、对再次发生旱灾的担心程度 (X_6) 通过了 10% 的显著性检验。户主年龄、户主性别、户主受教育程度、耕地灌溉条件、户主所在村庄地形的影响不显著 (表 8-13)。

表 8-13　模型运行结果

变量	系数	标准误差	Z 统计量	概率值
户主年龄 (X_1)	−0.002 938	0.006 119	−0.480 1	0.631 1
户主性别 (X_2)	0.259 182	0.218 403	1.186 71	0.235 3
户主受教育程度 (X_3)	0.013 815	0.079 686	0.173 37	0.862 4
耕地灌溉条件 (X_4)	−0.108 33	0.071 663	−1.511 7	0.130 6
灾害信息收集 (X_5)	0.363 993	0.159 931	2.275 93	0.022 8
对旱灾再次发生担心程度 (X_6)	0.113 128	0.064 475	1.754 6	0.079 3
旱灾对农业生产造成的损失 (X_7)	0.199 221	0.074 574	2.260 64	0.007 5

农户平时是否注重灾害信息搜集是影响农户旱灾感知能力强弱的重要因素。如果农户平时注重通过政府部门(包括村干部)、专业农技人员、邻里乡亲、广播电视节目等各种渠道来搜集相关的灾害信息,必定会增加农户的与灾害有关的信息知识储备,进而增强农户自身的灾害感知能力。

农户对旱灾再次发生的担心程度对农户旱灾感知能力的强弱有一定程度的影响。农户对未来旱灾发生的担心程度,会提高农户对旱灾的重视程度,农户会采取更积极主动的态度防灾减灾,具备较强的旱灾感知能力。

旱灾对农业生产造成的损失是影响农户旱灾感知能力强弱的关键因素。农业生产活动是农户的主要生产行为,农业收入是农民的主要收入来源,旱灾所造成的农作物的减产、减收甚至绝收,对农户的日常生产生活及家庭收入产生了重要影响。为减少旱灾带来的影响,农户往往会更加关注旱灾,提高自身旱灾感知能力,以采取正确减灾行为。

8.2.5　结论与政策建议

8.2.5.1　结论

通过对西南民族地区 5 县（市）17 个行政村农户旱灾感知能力的实证分析，本书得到的主要结论如下：①从农户旱灾感知水平测度和旱灾感知影响因素来看，农户可按农户旱灾感知水平高低分为迟钝型感知者、中性感知者和敏感型感知者三类。②农户平时是否注重信息搜集对其旱灾感知能力有重要影响，注重灾害信息搜集的农户旱灾感知能力比不注重灾害信息搜集的农户要强；农户对旱灾发生的担心程度与其旱灾感知能力正相关，对旱灾的发生越担心，越会主动积极了解旱灾防治与减灾相关方面的知识信息；旱灾对农户农业生产造成的损失大小会影响其旱灾感知能力。旱灾对农业生产造成的损失越大，其旱灾感知水平也越高。

8.2.5.2　政策建议

制订干旱防灾减灾知识宣传规划，深入农户进行干旱防灾减灾技术培训，提高农户旱灾感知能力，应主要做好以下四个方面的工作。一是大力扶持农村信息化建设，拓宽村干部、农业技术专员获取灾害信息的渠道，并鼓励他们宣传农业自然灾害、灾情和防灾减灾等方面的知识。二是加强农户抗旱防灾思想教育，树立"保护环境、节水防旱"的意识，培养农户保护生态环境，节约用水的良好生活习惯，坚决杜绝毁林开荒，破坏自然环境的行为。三是加强对农户进行节水灌溉技术培训，搞好节水灌溉示范，引导农民积极采用节水设备和技术，提高水资源的利用效率和效益。四是以农田水利为重点的农业基础设施是现代农业的重要物质基础，在农业基础设施投资中，水利投资占大部分，加强以农田水利为重点的农业基础设施，中央、地方各级政府和企事业单位以及农民群众应进一步加大对农田水利的投入力度。

8.3　西南地区农户旱灾脆弱性分析：基于排序选择模型的实证研究

随着工业化和城市化的快速发展，全球气候变暖趋势越来越明显，各种自然灾害频发。尤其以水旱灾害最为明显，近年来，我国西南民族地区旱灾出现的频率明显增加，西南民族地区干旱脆弱性不断加强。2003 年，西南部分地区发生严重伏秋连旱；2005 年，云南发生近 50 年来少见的严重春旱；2006年，四川重庆出现百年难遇的伏旱；2007 年，四川重庆又发生严重的冬、春、夏三季连旱；2009 ~ 2010 年，连续的长时间高温，加之降水偏少，使得境内河水断流，地表龟裂，西南民族地区遭受了历史罕见的大旱，仅 2010 年，西南民族地区就有 5104.9 万人受灾，直接经济损失达 190.2 亿元；2011 年，西南民族地区农作物受灾面积达到 4500 万亩左右，占全国旱灾总面积的一半以上。频繁发生的干旱对西南民族地区经济发展、人民生活稳定以及生态环境保护造成了极其严重的影响，对国民经济发展尤其是农业生产造成了巨大损失。

农户是农村社会的细胞，它既是旱灾直接影响和冲击的承灾体，也是农村抗旱减灾的最小实施单位。了解农户家庭的旱灾损失的影响因素对降低农户旱灾脆弱性、减轻旱灾损失、增强旱灾恢复重建能力有重要的意义。同时，也为政府出台减灾政策，建立抗灾救灾防御体系提供相应的理论指导。

脆弱性，最早是作为社会学范畴的概念出现的，如今频繁出现在自然科学、自然灾害研究，甚至环境管理、公共卫生、气候变化、土地利用等领域。在脆弱性概念的研究上，Birkmann（2006）认为脆弱性是多尺度的综合性术语，最初仅表示受灾体本身的敏感性，后来逐渐引入了应对能力和暴露性等，是由自然、经济、环境共同决定的多元结构。Moser（1998）认为脆弱性是由于个人、家庭或者社区缺乏一系列的资产而面临的升级风险的增加。George（1989）认为脆弱性包含暴露性、应对能力以及恢复力，是三者作用的结果。史培军等（2006）、王静爱等（2006）都将脆弱性和恢复力并列，不同的是，史培军认为脆弱性、恢复力和适应性一起构成风险，王静爱认为脆弱性和恢复力的综合才是适应性，脆弱性是状态量，恢复力是一种表征过程的量。程静（2011）指出农业旱灾脆弱性是指农业系统所受旱灾的损害程度或者抵御旱灾的能力，取决于内部和外部的双重风险。在脆弱性研究意义方面，Dercon（2001）建立了风险和脆弱性的分析框。在此基础上，陈传波（2005）将农户的各类资源、收入、消费及相应的制度安排纳入体系中。李小云（2007）则在农户脆弱性定性分析的基础上，将农户生计资产（自然资产、人力资产、社会资产、物质资产、金融资产）指标化，对农户的灾害脆弱性进行整体的判断与评价，认为生计资产单一缺乏或者多元缺乏都是导致农户脆弱性的直接原因。孙阿丽等（2009）利用《中国民政统计年鉴》中每年不同的灾种所造成的成灾面积和受灾面积的比值来衡量研究区域面对此灾种的脆弱性。罗小锋等（2012）将可持续农户生计框架中的核心生计资产评价方法运用到实证分析当中，认为在江汉平原农户灾害脆弱性的影响因素当中，自然资产缺乏是首要原因，同时，金融资产、社会资产和人力资产缺乏也是影响江汉平原地区旱灾脆弱性的重要原因。

目前，脆弱性还没有一个统一的概念，许多学者根据各自的研究方向，对脆弱性概念的理解角度不同，侧重点也不一样。本书在对西南民族地区旱灾脆弱性研究时，借鉴了程静（2011）认为的农业旱灾脆弱性是指农业系统所受旱灾的损害程度或抵御能力，对旱灾脆弱性的理解主要侧重于旱灾对西南民族地区造成的损失，即旱灾灾损程度。

8.3.1 数据来源与研究方法

8.3.1.1 西南民族地区区位环境

西南民族地区是指我国西南部的广大腹地，包括云南、贵州、广西、四川和重庆5个省份，土地面积为136.4万平方千米，占有中国陆地总面积的14.2%。2010年，西南民族地区总人口数量为23 408万人，总耕地面积28 949万亩，分别占全国人口的17.08%和总耕地面积的15.85%。西南民族地区自东往西，跨越了我国地形的三大阶梯，地形地貌复杂多样，高原、山地、丘陵、平原、河谷等均有分布，岩溶地貌发育典型。近年来，西南民族地区旱灾频发，给西南民族地区社会生活稳定以及生态环境造成了极其严重的破坏，对国民经济发展尤其是农业生产造成了巨大损失。

8.3.1.2 数据收集与来源

相关数据来源于国家社会科学基金项目"西南民族地区农户灾害感知与农业抗灾能力提升研究"的项目调查，该研究重点位于旱灾频发的西南民族地区。为了保证调查的代表性，在调查中选择了经济发展程度不同的县市，对高中低不同经济实力水平层次的农户采取3：3：4的比例进行抽样。为了解西南民族地区旱灾发生对农户生活与农业生产的影响，本书中选取了近几年发生过旱灾的市（县）作为调查地点。旱灾的影响具有区域性，如果一区域发生了旱灾，那么该区域内几乎所有农户都会受到旱灾的影响。实际情况也的确如此，在发生过旱灾的市（县）进行调查时，随机选取的调查对象都为受灾农户。

8.3.1.3 研究方法与模型假设

根据前人的研究，本书主要是从可持续农户生计资产框架的角度，以自然资产、人力资产、金融资产、社会资产、物质资产五大生计资产作为自变量，农户家庭的灾损程度为因变量，采用排序选择模型对影响农户家庭旱灾脆弱性的因素进行分析。运用 Eiews 7.2 的排序选择模型进行统计分析。

多元离散选择问题普遍存在于经济生活中，通常情况下，当因变量有两种以上的选择时，需要用到多元选择模型（multiple choice model），并且当因变量之间有明显的大小区别，存在程度上的差异时，属于排序问题，此时一般的多元选择模型则需要建立排序选择模型。本书主要采用的实证分析方法为排序选择模型（ordered choice model），设有一个潜在变量 y_i^*，是不可观测的，可观测的是，设有 0，1，2，…，M 等 $M+1$ 个取值。

$$y_i^* = x_i\beta + \mu_i^*$$

式中，x_i 是独立同分布的随机变量，y_i 可以通过按下式得到

$$y_i \begin{cases} 0, & y_i^* \leqslant c_1 \\ 1, & c_1 < y_i^* \leqslant c_2 \\ 2, & c_2 < y_i^* \leqslant c_3 \\ \quad\cdots\cdots \\ M, & c_M < y_i^* \end{cases}$$

设 μ_i^* 的分布函数为 F_x，可以得到如下概率：

$$P(y_i = 0) = F(c_1 - x_i^*\beta)$$

$$P(y_i = 1) = F(c_2 - x_i^*\beta) - F(c_1 - x_i^*\beta)$$

$$P(y_i = 2) = F(c_3 - x_i^*\beta) - F(c_2 - x_i^*\beta)$$

$$\cdots\cdots$$

$$P(y_i = M) = 1 - F(c_M - x_i^*\beta)$$

根据以上模型对因变量进行定义：本书将西南地区 210 户受灾农户的旱灾灾损程度作为被解释变量，以此来衡量农户的干旱脆弱性。调查问卷中将农户对旱灾给农户家庭带来的损失程度分为损失非常小、比较小、一般、比较大、非常大五个等级，分别赋值为 1、2、3、4、5，表示损失程度的强弱。

8.3.2 模型结果与分析

8.3.2.1 农户生计资产指标体系构建

本书从农户微观角度出发，利用可持续农户生计框架中的核心生计资产情况来分析西南民族地区农户的旱灾的脆弱性情况。生计资产测量指标选择

如下。

1）人力资产指标。人力资产主要是选取三个指标，家庭整体劳动能力指标、家庭有无男性成年劳动力指标、家庭成年劳动力的受教育程度指标。其中在衡量家庭整体劳动力时是对家庭各个成员的劳动能力进行赋值并加总，家庭成年劳动力的受教育程度是对家庭成年劳动力受教育程度进行赋值并加总。

2）自然资产指标。对于农户来讲，耕地无疑是最重要的自然资源，由于土地流转制度的不断完善，家庭人均拥有的耕地面积与人均实际耕种面积是不一致的，所以本书在选择自然资产指标时选用的是家庭人均实际拥有的耕地面积作为自然资产指标来进行衡量。同时，林地也是农业生产的重要生产资料，本书将林地也作为自然资产的衡量指标。

3）金融资产指标。金融指标的选取主要是来自三个方面：家庭的现金收入、借贷收入以及无偿援助收入。家庭现金收入主要是指家庭成员的劳动收入，借贷收入主要是指各种正规或者不正规渠道（高利贷）获得的收入，无偿援助收入包括社会以及亲朋好友的馈赠。

4）物质资产指标。一般情况下，对于同一地区的农户而言，基础设施类的物质资产是不存在差异性的，物质资产的差异主要在于耐用消费品或生产性设备类物质资产上。本书物质资产指标主要选取家庭住房指标，固定资产指标主要是考察农户家庭是否拥有牛马等畜力资产，该指标的选取主要是考虑畜力在西南民族地区农业生产中的重要作用。

5）社会资产指标。在一定程度上，社区组织为农户的生产生活提供支持和帮助，传递信息、共享资源。本书社会资产的确定主要是采用农户参与社区组织与否这一指标来衡量，农户参与社区组织的状况是指农户是否参加了社区组织或是否有行政性职务。

表 8-14 为农户家庭特征描述性统计表。

表 8-14　农户家庭特征描述性统计表

资产类型	指标项	分指标	频数	比例/%
劳动力资本	成年劳动力	2 个以下	12	5.7
		2 个及以上	198	94.3
	男性成年劳动力	有	204	97.1
		无	6	2.9
	成年劳动力受教育程度	初中以下	111	53
		初中及以上	99	47

资产类型	指标项	分指标	频数	比例/%
自然资本	耕地	10 亩以下	19	9
		10 亩及以上	191	91
	林地	有	25	11.9
		无	185	88.1
物质资本	住房类型	砖瓦房	64	30.5
		砖混凝土	118	56.2
		砖木	24	11.4
		土木	4	1.9
		草房	0	0
	住房面积	200 平方米以下	172	81.9
		200 平方米及以上	38	18.1
	固定资产（是否拥有牛马等畜力）	是	174	82.9
		否	36	17.1
社会资产	参加 1 个及以上社会组织	是	8	3.8
		否	202	96.2
金融资产	现金收入	平均水平以上	137	65.2
		平均水平以下	73	34.8
	借贷收入	有	53	25.2
		无	157	74.8
	无偿援助收入	有	20	9.5
		无	190	90.5

8.3.2.2　农户家庭核心生计资产的测量及标准化

本书根据李小云等（2006）、罗小锋（2010）设定的各类生计资产指标权重，对西南民族地区农户家庭的生计资产进行量化处理。由于各项指标是从不同的角度来反映不同的侧面，在度量单位以及度量方向上也存在差异，因此本书在计算农户生计资产体系的各种资产时，进行了标准化处理（标准值＝数据指标值/数据指标最大值），消除了指标量纲的影响，从而使十一项指标具备了合成为五大生计资产指标的基础。五种生计资产的权重分配如表 8-15 所示。

表 8-15　变量的选择与赋值

生计资本测量 指标及其权重		赋值
人力资本	家庭整体劳动能力（0.5）	儿童为 0；工作的儿童为 0.3；成人的助手为 0.6； 成年人为 1.0；老年人为 0.5
	成年劳动力受教育程度（0.25）	文盲（初小）为 0；小学为 0.25；初中为 0.5；高 中或中专为 0.75；大学及以上为 1.0
	男性成年劳动力（0.25）	家庭成员中有 1 个及 1 个以上男性成年劳动力为 1； 反之则为 0
自然资本	耕地（0.5）	人均实际耕地面积
	林地（0.5）	人均实际林地面积
物质资本	住房类型（0.4）	混凝土房为 1；砖瓦房为 0.75；砖木房为 0.5；土木 房 0.25；草房为 0；
	家庭固定资产（0.6）	调查户是否拥有牛马等畜力牲口
社会资本	参加 1 个或以上 社会组织（1.0）	1 个或以上为 1；反之为 0
金融资本	家庭现金收入（0.5）	家庭现金收入与平均家庭现金收入之比
	借贷（0.25）	有借贷为 1；反之为 0
	无偿援助收入（0.25）	有无偿援助收入为 1；反之为 0

注："工作的儿童"是指上初中的孩子；"成人的助手"是指上高中的孩子

8.3.2.3　农户家庭旱灾脆弱性的实证分析

1）模型结果如表 8-16 所示。

表 8-16　排序选择模型结果

项目	系数	标准误	Z 统计量	P 统计量
人力资产	−0.8071	0.3302	−2.4447	0.0145
自然资产	−0.1611	0.0262	−6.1320	0.0000
金融资产	−0.2962	0.1271	−2.3306	0.0198
物质资产	0.1929	0.0578	3.3349	0.0009
社会资产	0.0191	0.4075	0.0468	0.9626

　　统计数据显示，旱灾约给 3.81% 的农户造成非常小的损失，给 8.1% 的农户造成比较小的损失，给 26.67% 的农户造成一般的损失，给 34.29% 的农户造成比较大的损失，给 27.14% 的农户造成非常大的损失。

最初选择的 x_1、x_2、x_3、x_4 和 $x_5$5 个变量作为 Y 的解释变量，经过初步计算，发现 x_5 不显著（表 8-16），x_1、x_2、x_3、x_4 参数变化不大，其中 x_1、x_4 的系数通过了 1% 的显著性检验，x_2 和 x_3 的系数通过了 5% 的显著性检验，说明 x_1、x_2、x_3、x_4 可以作为旱灾灾损程度的重要预测源。由此得出排序选择模型的标准形式如下：

$$Y = -0.807\ 176 \times x_1 - 0.161\ 108 \times x_2 - 0.296\ 234 \times x_3 + 0.192\ 878 \times x_4$$

2）结果分析。模型结果显示，人力资产、自然资产、金融资产和物质资产对农户旱灾脆弱性有显著的影响，其中人力资产、自然资产、金融资产的估计系数都为负，说明了旱灾灾损程度与人力资产、自然资产以及金融资产呈显著的负相关关系，即人力资产、自然资产、金融资产越缺乏，农户家庭的旱灾损失越严重，灾损程度越大，农户的旱灾脆弱性越大。而物质资产的估计系数为正，旱灾灾损程度与物质资产值呈显著的正相关关系，说物质资产越丰富，农户家庭的旱灾损失越严重，农户的旱灾脆弱性越大。

8.3.3 研究讨论

人力资产是影响农户旱灾脆弱性的关键因素，也是影响农户旱灾脆弱性的关键因素。人力资源系数符号为负，说明人力资产越缺乏，旱灾损失越严重，主要是因为家庭劳动能力的大小关系到旱灾脆弱性的高低，充足的劳动力在灾前的预防、灾中的治理、灾后的恢复环节中都起到极大的支持作用。调查发现，劳动力结构失衡的现象在农村尤其是西南民族地区农村普遍存在，大量青壮年外出务工，留下老人、妇女从事农业生产，在面对旱灾等自然灾害时，他们的体力、认知能力都存在一定的不足，所以，家庭是否有男性成年劳动力对农户的旱灾脆弱性有一定的影响。劳动力文化程度的高低对旱灾的预防性适应措施和恢复性适应措施的认知和实施都存在着一定的差异，一般情况下，文化程度较高的农户的提前抗灾意识更加强烈，更愿意接受并采纳选择抗旱品种、改种作物、修堤筑坝等抗灾减灾措施。

自然资产与旱灾脆弱性呈显著的负相关关系，自然资产越缺乏，旱灾损失越严重，旱灾的脆弱性越大，主要原因可能是农户的人均耕地面积越大，农业收入占家庭收入的比重越大，农户对旱灾的预防治理关注越多，在灾前对旱灾作出了大量的防治工作，如地膜的铺设、抗旱品种的选择等。同时也可能是加大灌溉机械的使用，在干旱时提供农田的基本灌溉，保证农作物的正常生长。

金融资产与旱灾脆弱性呈显著的负相关关系，金融资产量越小，旱灾脆弱性越大。金融资产包括农户家庭的现金收入、借贷收入以及无偿性收入等，现金收入的灵活能动性使家庭在面对旱灾影响时，有足够的经济能力去采取旱灾预防措施，及时恢复正常的日常生活和农业生产。借贷收入包括从亲戚朋友、银行信用社等处获得的收入，无偿性收入包括他人捐献的金钱和物质，这些周转获得的资金能有效、及时地投入家庭的抗灾减灾活动中，减缓旱灾损失程度。

物质资产与旱灾脆弱性呈现显著的正相关关系，即物质资产越丰富，旱灾脆弱性越强。可能是因为本书是从农业生产的角度出发，在选取农户物质资产时，主要是选择牛、马等农业生产畜力在家庭固定资产中的比重，对家电等不易受旱灾影响的耐用消费品与旱灾脆弱性的关系没有作出过多的研究。牛、马等畜力在农业生产中用于运输或牵引农具等工作，旱灾发生造成牲畜饮水困难，影响畜力耕作运输作用的发挥。

社会资产的系数没有通过模型检验，主要是因为在实地调查区域，农业专业合作社、农业专业技术协会、农业企业等社会集体组织存在稀少，几乎属于空白领域，西南民族地区普遍存在社会资产缺乏，指标的选取不具有代表性，同时，也说明了西南民族地区农村各种社会组织的建设亟待解决。

8.3.4 结论与建议

8.3.4.1 结论

通过实证分析，本书得到的主要结论如下：第一，人力资产、自然资产、金融资产和物质资产对农户旱灾脆弱性有显著的影响。第二，人力资产、自然资产、金融资产与农户旱灾灾损程度显著负相关，即人力资产、自然资产、金融资产越缺乏，农户家庭的旱灾损失越严重，农户的旱灾脆弱性越大；物质资产与农户旱灾灾损程度显著正相关，即物质资产越丰富，农户家庭的旱灾损失越严重，农户的旱灾脆弱性越大。第三，不同类型的资产对农户的旱灾脆弱性影响程度不同，自然资产对农户的旱灾影响最为明显，农户抵御旱灾的能力弱。第四，农户的受灾程度与农户的生计资产有着密切的关系，自然资产、人力资产、金融资产缺乏的农户家庭的旱灾抵御能力较弱，受旱灾影响明显，旱灾灾损程度大。物质资产丰富的农户，对牛马等畜力的依赖较强，在面对旱灾影响时，抵御能力不足，受旱灾影响显著，旱灾损失严重。

8.3.4.2 建议

根据不同的地区各资产现状不同，有针对性地进行资产调整。由排序选择模型处理结果来看，西南民族地区受到自然资产的巨大影响，西南民族地区地形地貌复杂，增加耕地的实际面积存在较大的困难，在这种情况下，增加单位土地面积的经济效益成为增加自然资产的关键，农户可以选择种植经济效益更高的特种作物。

金融资产是影响农户旱灾脆弱性的重要原因，积极深化农村金融制度改革，实现农村小额信贷，能有效解决农户的生产资金投入困难。加速农业机械化进程，加强农户种植养殖技能培训，提高劳动效率，增加资金投入效益。严格落实政府资金投入，建立农田水利工程资金的稳步增长。

从模型结果来看，西南民族地区社会资产极其缺乏，加快西南民族地区农村专业合作经济组织建设，从发展协会型组织开始，并逐步过渡到生产经营型，加大资金投入与补贴，实现农村专业合作经济组织的多样化、综合化和实体化。

参 考 文 献

Roberts M G，杨国安 . 2003. 可持续发展研究方法国际进展：脆弱性分析方法与可持续生计方法比较 . 地理科学进展，22（1）：12-21.

鲍文 . 2011. 干旱气候变化对西南干旱河谷农业的影响及适应性对策研究 . 安徽农业科学，23：14197-14199.

卜玉梅 . 2009. 风险分配、系统信任与风险感知 . 厦门：厦门大学 .

陈传波 . 2005. 农户风险与脆弱性：一个分析框架及贫困地区的经验 . 农业经济问题，8：47-50.

陈红，张丽娟，李文亮，等 . 2010. 黑龙江省农业干旱灾害风险评价与区划研究 . 中国农学通报，3：245-248.

陈兴民 . 2000. 个体面对灾害行为反应的心理基础及教育对策 . 重庆：西南师范大学 .

陈玉萍，丁士军 . 2010. 我国南方地区农业干旱问题及其缓解的对策建议 . 华中农业大学学报（社会科学版），6：31-35.

程静，陶建平 . 2010. 全球气候变暖背景下农业干旱灾害与粮食安全：基于西南五省面板数据的实证研究 . 经济地理，9：1524-1528.

程静 . 2010. 农业干旱脆弱性与我国农村贫困的灰色关联分析 . 生态经济，9：88-90，145.

程静 . 2011. 农业旱灾脆弱性及其风险管理研究：以湖北省孝感市为例 . 武汉：华中农业大学 .

邓建伟，金彦兆，李莉 . 2010. 甘肃省农业抗旱能力综合评价 . 人民长江，41（12）：105-107.

邓绍辉，罗晓彬 . 2005. 建国以来四川旱灾特点及其防治 . 四川师范大学学报（社会科学版），32（3）：125-132.

邓玉娇，肖乾广，黄江，等 . 2006. 2004年广东省干旱灾害遥感检测应用研究 . 热带气象学报，22（3）：237-240.

杜继稳 . 2008. 陕西省干旱监测预警评估与风险管理 . 北京：气象出版社 .

费振宇，蒋尚明，金菊良，等 . 2012. 安徽省易旱地区抗旱能力评价 . 水电能源科学，30（7）：29-33.

费振宇，周玉良，金菊良，等 . 2013. 区域抗旱能力评价指标体系和评价模型的构建 . 灾害学，28（4）：197-204.

风笑天 . 2009. 社会学研究方法 . 北京：中国人民大学出版社 .

冯浩 . 2012-03-08. 对西南干旱及抗旱工作的思考和建议 . 中国水利报，第6版 .

冯相昭，杨萧语，周景博 . 2010. 极端气候事件使水资源管理面临严峻挑战：西南地区大旱的启示 . 环境保护，14：30-32.

傅伯杰 . 1991. 中国旱灾的地理分布特征与灾情分析 . 干旱区资源与环境，5（4）：1-8.

高策，邹文卿 . 2013. 明代汾河流域旱灾时空特征分析 . 山西大学学报（哲学社会科学版），36（1）：21-26.

巩前文，张俊飚 . 2007. 农业自然灾害与农村贫困之间的关系：基于安徽省面板数据的实证分析 . 中国人口·资源与环境，17（4）：92-95.

顾锦龙 . 2010. 国外抗旱举措略览 . 中国减灾，9：44-46.

顾阳 . 2009. 如何搞好农村水利工作 . 太原：山西经济出版社：177，178.

顾颖，倪深海，王会容 . 2005. 中国农业抗旱能力综合评价 . 水科学进展，16（5）：700-704.

顾颖 . 2006. 风险管理是干旱管理的发展趋势 . 水科学进展，2：295-298.

郭纯青，潘林艳，周蕊，等 . 2011. 2009 ~ 2010 年中国西南岩溶区旱情分析与减灾对策：以广西岩溶区为例 . 桂林理工大学学报，32（4）：495-499.

郭巍，魏鸣 . 2011. 2010 年春西南酷旱的监测与机理分析 . 自然资源学报，26（9）：1628-1636.

韩峥 . 2002. 广西西部十县农村脆弱性分析及对策建议 . 农业经济问题，5：39.

韩峥 . 2004. 脆弱性与农村贫困 . 农业经济问题，10：8-12.

何爱平 . 2001. 我国西部农业灾害的特点及减灾对策研究 . 经济地理，21（1）：19-22.

何运 . 2011. 城市化过程中失地农民的行为调适研究 . 合肥：安徽大学硕士学位论文 .

贺晋云，张明军，王鹏，等 . 2011. 近 50 年西南地区极端干旱气候变化特征 . 地理学报，66（9）：1179-1190.

侯向阳，韩颖 . 2011. 内蒙古典型地区牧户气候变化感知与适应的实证研究 . 地理研究，10：1753-1764.

胡娜 . 2010. 西南旱灾对农业经济的影响及对策 . 安徽农业科学，23：12807，12808.

黄桂珍，韦庆华 . 2010. 2010 年凌云县干旱灾害成因分析及抗旱措施 . 气象研究与应用，3：16-17，23.

黄慧平 . 2010. 1949 ~ 2007 年我国干旱灾害特征及成因分析 . 冰川冻土，32（4）：659-665.

黄荣辉，蔡榕硕，陈际龙，等 . 2006. 我国旱涝气候灾害的年代际变化及其东亚气候系统变化的关系 . 大气科学，30（5）：731-743.

黄荣辉，刘永，王林，等 . 2012. 2009 年秋至 2010 年春我国西南地区严重干旱的成因分析 . 大气科学，36（3）：443-457.

姬跃红，张金霞，成自勇 . 2012. 甘肃省农业抗旱能力评估分析研究 . 中国水利，17：35-37.

江涛，杨奇，张强，等 . 2012. 广东省干旱灾害空间分布特征 . 湖泊科学，1：156-160.

姜德贵 . 2002. 旱情评价及抗旱减灾研究 . 合肥：合肥工业大学 .

蒋金铃 . 2012. 辽代自然灾害的时空分布特征与基本规律 . 东北师大学报（哲学社会科学版），3：75-80.

蒋凌琳，童筱华，蒋越帅，等 . 2011. 台州市黄岩区居民食品安全知识、态度及行为调查 . 中国社会医学杂志，3：192-194.

金菊良，魏一鸣 . 2002. 改进的层次分析法及其在自然灾害风险识别中的应用 . 自然灾害学报，11（2）：20-24.

李彬，武恒．2009. 安徽省农业旱灾规律及其对粮食安全的影响．干旱地区农业研究，5：18-23.

李斌，李小云，左停．2004. 农村发展中的生计途径研究与实践．农业技术经济，4：10-15.

李道增．1999. 环境行为学概论．北京：清华大学出版社：137,138.

李宏．2010. 自然灾害的社会经济因素影响分析．中国人口·资源与环境，20（11）：136-142.

李虹，章政，田亚平．2005. 南方丘陵区水土保持中的农户行为分析：以湖南省衡南县为例．农业经济问题，2：62-65.

李金鑫．2013. 干旱灾害对农村经济的影响研究．合肥：合肥工业大学．

李晶，王耀强，屈忠义，等．2010. 内蒙古自治区干旱灾害时空分布特征及区划．干旱地区农业研究，28（5）：266-272.

李景宜，周旗，严瑞．2002. 国民灾害感知能力测评指标体系研究．自然灾害学报，11（4）：129-134.

李景宜．2005. 公众风险感知评价：以高校在校生为例．自然灾害学报，14.

李莉，匡昭敏，等．2013. 基于 AHP 和 GIS 的广西秋旱灾害风险等级评估．农业工程学报，29（19）：193-201.

李莉．2009. 中国赤潮灾害影响下的海洋劳动者收入损失最小化研究．青岛：中国海洋大学．

李茂松，李章成，王道龙，等．2005. 50 年来我国自然灾害变化对粮食产量的影响．自然灾害学报，2：55-60.

李蓉．2010. 西南干旱与农村生产性公共产品供给的思考．商业文化，8：116,117.

李树岩，刘荣花，成林，等．2009. 河南省农业综合抗旱能力分析与区别．生态学杂志，28（8）：1555-1660.

李文博．2012. 江汉平原洪涝灾害脆弱性及农户减灾需求分析．武汉：华中农业大学．

李文娟，覃志豪，林绿．2010. 农业旱灾对国家粮食安全影响程度的定量分析．自然灾害学报，3：111-118.

李西良，侯向阳，Leonid Ubugunov，等．2013. 气候变化对家庭牧场复合系统的影响及其牧民适应．草业学报，1：148-156.

李小云，董强，饶小龙，等．2006. 农户脆弱性分析方法及其本土化应用．地域研究与开发，5：32-39.

李雅坤．2012. 干旱对西南四省水稻生产影响的实证研究．武汉：华中农业大学．

李永华，徐海明，刘德．2009. 2006 年夏季西南地区东部特大干旱及其大气环流异常．气象学报，67（1）：122-132.

李治国，朱玲玲，程昆，等．2012. 1950~2009 年河南省干旱灾害特征及成因分析．湖北农业科学，6：1107-1111.

李周．2007. 中国反贫困与可持续发展．北京：科学出版社．

梁晓伟，李胜斌，吴继轩．2010. 从西南地区旱情看建设农业水利基础设施的紧迫性．经济导刊, 4：11-12.

梁旭, 尚永生, 张智, 等. 1999. 我国西北五省旱灾历史变化规律分析. 干旱区资源与环境, 13 (1)：28-33.

梁忠民, 郦建强, 常文娟, 等. 2013. 抗旱能力理论研究框架. 南北水调与水利科技, 11 (1)：23-28.

刘成武, 黄利民, 吴斌祥. 2004. 论人地关系变化对湖北省自然灾害的影响. 灾害学, 1：65-70.

刘代勇, 梁忠民, 易知之. 2011. 旱灾农业损失动态评估模型及灌溉效益评估研究. 南水北调与水利科技, 9 (5)：36-39, 62.

刘定辉, 刘永红, 熊洪, 等. 2011. 西南地区农业重大气象灾害危害及监测防控研究. 中国农业气象, 32 (增刊1)：208-212.

刘建刚, 万金红, 等. 2011. 2009 年秋至 2010 年春我国西南地区干旱及与历史场次干旱对比分析. 防灾减灾工程学报, 31 (2)：196-200.

刘静, 王连喜, 马力文, 等. 2004. 中国西北旱作小麦干旱灾害损失评估方法研究. 中国农业科学, 2：201-207.

刘兰芳. 2005. 农业水旱灾害风险评估及生态减灾研究：以衡阳市水旱灾情为例. 衡阳师范学院学报, 3：111-114.

刘青, 杜忠潮, 周旗. 2011. 陕西略阳县居民地震灾害感知研究. 咸阳师范学院学报, 2：67-71.

刘小康. 2012. 基于自然风险度量的农业保险定价及其财政补贴研究. 长沙：湖南科技大学.

刘晓敏, 王慧军. 2014. 自然灾害对河北省粮食产量影响的实证分析. 灾害学, 1：115-119.

刘迎春, 肖谦益. 2007. 湖南农业综合抗旱能力评价. 云南地理环境研究, 19 (4)：39-42, 57.

龙方, 杨重玉, 彭澧丽. 2010. 粮食生产波动影响因素的实证分析：以湖南省为例. 农业技术经济, 9：97-104.

卢丽萍, 程丛兰, 刘伟东, 等. 2009. 30 年来我国农业气象灾害对农业生产的影响及其空间分布特征. 生态环境学报, 4：1573-1578.

路琮, 魏一鸣, 范英, 等. 2002. 灾害对国民经济影响的定量分析模型及其应用. 自然灾害学报, 3：15-20.

吕娟, 高辉, 孙洪泉. 2011. 21 世纪以来我国干旱灾害特点及成因分析. 中国防汛抗旱, 5：38-43.

吕亚荣, 陈淑芬. 2010. 农民对气候变化的认知及适应性行为分析. 中国农村经济, 7：75-86.

罗文映. 2012. 自然灾害因素对中国农民收入影响的实证研究. 西安：陕西师范大学.

罗小锋, 2010. 农户对农业生产中科技作用的认知及影响因素分析：基于 9 省 1311 户农户的调查. 农业技术经济, 8：80-86.

西南民族地区农户调适行为与农业抗旱能力提升研究

罗小锋，江松颖，冷俊磊．2012．江汉平原农户灾害脆弱性分析．华中农业大学报，1：17-20.

罗小锋，雷海章．2004．制度创新：我国自然灾害管理的新发展．生态经济，8：8-10.

罗小锋，李文博．2011．农户减灾需求及影响因素分析：基于湖北省352户农户的调查．农业经济问题，9：65-71.

罗小锋．2005．水旱灾害与湖北农业可持续发展．武汉：华中农业大学．

罗小锋．2007．水旱灾害与湖北省农业可持续发展研究．北京：中国农业出版社．

罗小锋．2007．自然灾害对湖北粮食产量的影响分析．灾害学，22（2）：109-113.

马建华．2010．西南地区近年特大干旱灾害的启示与对策．人民长江，41（24）：7-12.

马莉，赵景波．2009．明代陕南地区旱灾时空特征分析．干旱区资源与环境，23（4）：115-119.

马显莹，白树明，黄英．2012．浅析云南干旱特征及抗旱对策．中国农村水利水电，5：101-104，108.

马柱国，符淙斌．2007．20世纪下半叶全球干旱化的事实及其与大尺度背景的联系．中国科学，37（2）：222-233.

马柱国，任小波．2007．1951～2006年中国区域干旱化特征．气候变化研究进展，3（4）：195-201.

穆兴民，王飞，冯浩，等．2010．西南地区严重旱灾的人为因素初探．水土保持通报，2：1-4.

倪福全，卢修元，等．2011．农业水利工程概论．北京：中国水利水电出版社．

宁宝英，何元庆．2006．农户过度放牧行为产生原因分析：来自黑河流域肃南县的农户调查．经济地理，1：128-132.

潘世兵，路京．2010．选西南岩溶地下水开发与干旱对策．中国水利学会学术年会论文集：302-308.

潘耀忠，龚道溢，王平．1996．中国近40年旱灾时空格局分布分析．北京师范大学学报（自然科学版），32（3）：138-142.

庞德谦，周旗，方修琦．1997．灾害对策学．北京：中国环境科学出版社．

庞晶，覃军．2013．西南干旱特征及其成因研究进展．南京信息工程大学学报（自然科学版），5（2）：127-134.

彭世彰，吴佳，姚俊琪．2012．南方季节性干旱成因及抗旱对策．中国农村水利水电，3：149-151.

齐述华，牛铮，王军邦，等．2006．1982～2001年中国干旱发生时空特征的遥感分析．土壤学报，43（3）：376-382.

钱洁凡，孟耀斌，史培军．2009．北京城市居民风险认知状况调查，中国减灾，8：26，27.

秦越，徐翔宇，等．2013．农业干旱灾害风险模糊评价体系及其应用．农业工程学报，29（10）：83-91.

任林军．2009．我国风暴潮灾害造成的渔民收入损失评估研究．青岛：中国海洋大学．

荣宁.2007. 建国 40 年来西部民族地区自然灾害的初步研究. 青海民族研究，2：144-148.

桑琰云，崔占峰，徐刚，等.2004. 旱灾经济损失估值初步研究. 山西师范大学学报（自然
　　科学版），1：102-109.

桑琰云.2004. 重庆市旱灾及其经济损失研究. 西南师范大学硕士学位论文.

商彦蕊，高国威.2005. 美国减轻农业旱灾的系统控制及其对我国的启事. 农业系统科学与
　　综合研究，2：128-132.

商彦蕊.2000. 自然灾害综合性研究的新进展：脆弱性研究. 地域研究与开发，2：73-77.

石彦，杨庆媛，周旗，等.2008. 半干旱区居民旱灾感知的初步研究：以陕西省关中平原西
　　部为例. 灾害学，6：24-28，40.

石勇，许世远，石纯，等.2011. 自然灾害脆弱性研究进展. 自然灾害学报，20（2）：132-
　　137.

史培军，叶涛，王静爱，等.2006. 论自然灾害风险的综合行政管理. 北京师范大学学报
　　（社会科学版），5：130-136.

史培军.2002. 三论灾害系统研究的理论与实践. 自然灾害学报，2：73-78.

宋丽莉，王春林，董永春.2001. 水稻干旱动态模拟及干旱损失评估. 应用气象学报，2：
　　226-233.

苏筠，刘南江，林晓梅.2009a. 社会减灾能力信任及水灾风险感知的区域对比：基于江西
　　九江和宜春公众的调查. 长江流域资源与环境，1：92-96.

苏筠，伍国凤，朱莉，等.2007. 首都大学生的自然灾害认知调查与减灾教育建议. 灾害
　　学，22（3）：100-105.

苏筠，尹衍雨，高立龙，等.2009b. 影响公众震灾风险认知的因素分析：以新疆喀什、乌
　　鲁木齐地区为例. 西北地震学报，1：51-56.

苏筠，张美华，高立龙，等.2008. 防洪工程信任对公众水灾风险认知的影响初探：基于长
　　江流域部分地区问卷调查的分析. 自然灾害学报，17（1）：75-80.

苏筠，周洪建，崔欣婷.2005. 湖南鼎城农业旱灾脆弱性的变化及原因分析. 长江流域资源
　　与环境，4：522-527.

孙阿丽，石勇，石纯，等.2009. 沿海区域自然灾害脆弱性特征既影响因素分析. 中国人口
　　资源与环境，19（5）：148-153.

孙梦洁，陈宝峰，丁文喜，等.2010. 自然灾害发生前后灾区农户收入影响因素的对比分
　　析：以汶川为例. 技术经济，5：88-92，118.

孙梦洁，韩华为.2013. 自然灾害对农户收入差距的影响研究：以汶川地震为例. 安徽农业
　　科学，9：4118-4122.

唐华俊，吴永常，王东阳.2001. 西南地区农业跨越式发展战略. 中国农业资源与区划，4：
　　4-11.

唐伍斌.2009. 广西秋冬季旱涝的时空分布特征及同期环流分析. 气象，35（1）：108-113.

童国庆.2009-04-16. 美国加州 2009 年水银行计划. 中国水利报，第 4 版.

万金红，谭徐明，刘昌东.2013. 基于清代故宫旱灾档案的中国旱灾时空格局. 水科学进

展, 24 (1)：18-23.

汪霞 . 2012. 西南省区农业旱灾脆弱性综合评价：以 2010 年西南旱灾为例 . 贵州大学学报 （社会科学版），5：26-30.

王春乙，娄秀荣，王建林 . 2007. 中国农业气象灾害对作物产量的影响 . 自然灾害学报，5： 37-43.

王二鹏，王大鹏 . 2012. 煤矿井下超长钻孔常见事故原因分析及处理方法 . 煤炭科学技术， 7：58-61.

王国敏 . 2005. 农业自然灾害与农村贫困问题研究 . 经济学家，3：55-61.

王国敏 . 2007. 农业自然灾害的风险管理与防范体系建设 . 社会科学研究，4：27-31.

王晗，焦玉娇，靳继东 . 2010. 辽宁省自然灾害财政补偿的问题与对策 . 东北财经大学学 报，1：35-40.

王冀宁 . 2011. 食品安全的利益演化、群体信任与管理规制研究 . 现代管理科学，2：32- 33，87.

王静爱，施之海，刘珍，等 . 2006. 中国自然灾害灾后响应能力评价与地域差异 . 自然灾害 学报，15 (6)：23-27.

王静爱，孙恒，徐伟，等 . 2002. 近 50 年中国旱灾的时空变化 . 自然灾害学报，11 (2)： 1-6.

王丽娟 . 2013. 居民环境风险接受度影响因素研究 . 武汉：华中农业大学 .

王林，陈文 . 2012. 近百年西南地区干旱的多时间尺度演变特征 . 气象科技进展，4：21-26.

王龙昌，谢小玉，张臻，等 . 2010. 论西南季节性干旱区节水型农作制度的构建 . 西南大学 学报（自然科学版），32 (2)：1-6.

王明田，王翔，黄晚华，等 . 2012. 基于相对湿润度指数的西南地区季节性干旱时空分布特 征 . 农业工程学报，28 (19)：85-92.

王树鹏，张云峰，方迪 . 2011. 云南省旱灾成因及抗旱对策探析 . 中国农村水利水电，9： 139-141，144.

王小军 . 应对西南旱灾的思考 . 2010. 中国水利，7：11-13.

王志强，马箐，廖永丰，等 . 2013. 农业旱灾适应性评价与适应模式研究：以山西省大同县 为例 . 干旱区资源与环境，27 (3)：67-73.

魏华林，龙梦洁，李芳 . 2011. 旱灾风险的特征及其防范研究：由西南旱灾和冬麦区大旱引 发的思考 . 保险研究，3：3-18.

文彦君 . 2011. 城市小区居民地震灾害认知与响应的初步研究：以宝鸡市宝钛小区为例 . 中 国地震 . 27 (2)：173-181.

翁白莎，严登华 . 2010. 变化环境下中国干旱综合应对措施探讨 . 资源科学，2：309-316.

沃姆斯利 D J，刘易斯 G J. 1988. 行为地理学导论 . 王兴中，郑国强，李贵才，译 . 西安： 陕西人民出版社：18，19.

吴瑞瑜 . 2003. 拥挤与户外游憩体验关系之研究：社会心理层面之探讨 . 台北："国立台湾 大学".

吴文华，黄悦 . 2014. 西南干旱的研究进展 . 北京农业，6：137，138.

吴紫煜 . 2012. 西南地区不同强度降水日数的变化特征分析 . 青藏高原及邻近地区天气气候影响 . 中国气象学会，4：16.

伍国勇 . 2010. 贵州农业旱灾中多功能价值损失评估与应对策略研究 . 生态经济评论，2：201-215.

武永峰，李茂松，蒋卫国 . 2006. 不同经济地带旱灾灾情变化及其与粮食单产波动的关系 . 自然灾害学报，S1：205-210.

袭祝香，刘实，时霞丽，等 . 2006. 吉林省干旱损失的气象影响因素及评估方法 . 中国气象学会 2006 年年会"灾害性天气系统的活动及其预报技术"分会场论文集 .

夏雪莲 . 2011. 包头市干旱风险区划 . 内蒙古气象，3：42-44.

肖海峰，曹佳 . 2009. 试点地区政策性农业保险运行绩效评价：基于吉林、江苏两省农户的问卷调查 . 调研世界，6：28-30.

谢永刚，袁丽丽，孙亚男 . 2007. 自然灾害对农户经济的影响及农户承灾力分析 . 自然灾害学报，6：171-179.

熊见红 . 2004. 长沙市农业干旱规律分析及旱情预报模型探讨 . 湖南水利水电，3：29-31.

徐新创，葛全胜，郑景云，等 . 2011. 区域农业干旱风险评估研究：以中国西南地区为例 . 地理科学进展，30（7）：883-890.

许朗，李梅艳，刘爱军 . 2012. 我国近年旱情演变及其对农业造成的影响 . 干旱区资源与环境，7：53-56.

薛丽，顾颖 . 2007. 南方农业干旱风险管理及干旱预警 . 湖南水利水电，1：38-40.

严奉宪，李潘坡，朱增城 . 2010. 基于农户的灾害脆弱性实证研究：以湖北省监利县为例 . 农业技术经济，10：12-16.

晏红明，段旭，程建刚 . 2007. 2005 年春季云南异常干旱的成因分析 . 热带气象学报，3：300-306.

杨奇勇，冯发林，巢礼义 . 2007. 多目标决策的农业抗旱能力综合评价 . 灾害学，22（2）：5-8.

杨奇勇，尹辉 . 2007. 湖南省农业干旱水资源风险评价 . 水资源研究，4：14-16.

杨伟 . 2012. 西南地区农户灌溉行为影响因素分析及应对大旱的思考 . 西安：陕西师范大学 .

杨霞，李毅 . 2010. 中国农业自然灾害风险管理研究：兼论农业保险的发展 . 中南财经政法大学学报，6：34-37，66，143.

杨志荣，张万敏 . 1994. 湖南历史旱灾时空分布规律 . 灾害学，9（2）：32-37.

叶宗裕 . 2003. 关于多指标综合评价中指标正向化和无量纲化方法的选择 . 浙江统计，4：24，25.

尹晗 . 2013. 中国西南地区干旱气候特征及 2009～2012 年干旱分析 . 兰州：兰州大学 .

尹晗，李耀辉 . 2013. 我国西南干旱研究最新进展综述 . 干旱气象，31（1）：182-193.

余后强，李玲 . 2012. 基于熵权法和 CRITIC 法的五类企业综合评价 . 湖北科技学院学报，

32（12）：83，84.

郁耀闯，周旗，徐春迪.2008.不同地貌类型区农村居民的灾害感知差异分析：以陕西省宝鸡地区为例.安徽农业科学，32：14255-14257，14259.

郁耀闯，周旗.2008.宝鸡山区居民的旱灾认知研究.安徽农学通报，14（23）：191-194，215.

郁耀闯，周旗.2009.关中平原西部农村居民旱灾感知现状浅析.贵州师范大学学报（自然科学版），2，27（1）：19-23.

喻朝庆.2009.国际干旱管理进展简述及对我国的借鉴意义.中国水利水电科学研究院学报，2：312-319.

岳丽霞，欧国强.2005.居民山地灾害意识水平比较研究，灾害学，20（3）：117-120.

云小林.2006.内蒙古牧区旱灾演变及抗旱能力评价研究.北京：中国农业科学院.

云雅如，方修琦，田青，等.2009.黑龙江省漠河县乡村人群对气候变化的感知方式与认知结果.地理科学，29（5）：745-749.

臧文斌，阮本清，李景刚，等.2010.基于TRMM降雨数据的西南地区特大气象干旱分析.中国水利水电科学研究院学报，8（2）：97-106.

曾燕，邱新法，徐萌，等.2007.2004年秋季江苏省干旱遥感检测研究.气象科学，27（3）：302-306.

曾早早，方修琦，叶瑜，等.2009.中国近300年来3次大旱灾的灾情及原因比较.灾害学，24（2）：116-122.

张昶，胡志全.2008.黑龙江省农业自然灾害风险管理及其对策研究.农业经济问题，1：37-41.

张丛文.2013.拥挤情境下游客调适行为研究.杭州：浙江工商大学.

张峰.2013.川渝地区农业气象干旱风险区划与损失评估研究.杭州：浙江大学.

张宏群，马晓群，陈晓艺，等.2011.基于GIS的安徽省冬小麦农业干旱脆弱性评价.中国农学通报，33：146-150.

张继权，冈田宪夫，多多纳裕一.2006.综合自然灾害风险管理：全面整合的模式与中国的战略选择.自然灾害学报，1：29-37.

张继权，赵万智，冈田宪夫，等.2004.综合自然灾害风险管理的理论、对策与途径.中国灾害防御协会风险分析专业委员会.中国灾害防御协会：风险分析专业委员会第一届年会论文集.

张家团，屈艳萍.2008.近30年来中国干旱灾害演变规律及抗旱减灾对策探讨.中国防汛抗旱，5：47-52.

张建平.2013.山西省粮食单产波动与气象灾害的相关分析.安徽农业科学，4：1639-1640，1642.

张剑光.1988.西南区气候基本特征及其成因.西南师范大学学报（自然科学版），1：153-164.

张莉，曲玮，王生林.2013.西北干旱地区农民收入差异实证分析.浙江农业学报，3：660-

666.

张庆云，陈烈庭．1991．近 30 年来中国气候的干湿变化．大气科学，5（5）：72-811.

张新．2012．风暴潮灾害影响下的渔民收入保障机制研究．青岛：中国海洋大学．

张彦虎，靳乐山．2006．西北内陆干旱区环境与贫困关系个案研究．中国农业大学学报（社会科学版），1：8-13.

张允，赵景波．2009．1644~1911 年宁夏西海固干旱灾害时空变化及驱动力分析．干旱区资源与环境，5：94-99.

赵汝植．1996．西南地区自然灾害特征及其地域分析．西南师范大学学报（自然科学版），1：90-96.

赵雪雁．2014．农户对气候变化的感知与适应研究综述．应用生态学报，8：2440-2448.

赵延东．2008．社会网络与城乡居民的身心健康．社会，5：1-17.

哲伦．2010．世界各国应对干旱的对策及经验．资源与人居环境，14：61-63.

钟玉秀，付健．2010．对西南地区水资源开发利用节约保护宏观层面的深度剖析．水利发展研究，7：14-32.

周惠成，张丹，何斌，等．2011．大连地区旱情趋势及农业抗旱减灾长期对策研究．大连理工大学学报，1：109-114.

周旗，郁耀闯．2009．关中地区公众气候变化感知的时空变异．地理研究，1：45-54.

周婷，2012．变化环境下水文干旱评价方法与应用研究．北京：中国水利水电科学研究院．

朱钟麟，赵燮京，王昌桃，等．2006．西南地区干旱规律与节水农业发展问题．生态环境，15（4）：876-880.

庄天慧，张海霞，杨锦秀．2010．自然灾害对西南少数民族地区农村贫困的影响研究：基于 21 个国家级民族贫困县 67 个村的分析．农村经济，7：52-56.

邹旭恺，高辉．2007．2006 年夏季川渝高温干旱分析．气候变化研究进展，3：149-153.

Aigner D, Lovell C A K, Schmidt P. 1977. Formulation and estimation of stochastic frontier production function models. Journal of Econometrics, 6 (1)：21-37.

Albala-Bertrand J M. 1933. The political Economy of Large Natural Disasters with special Reference to Developing Countries. Oxford：Clarendon Press.

Anderson M C, Hain C, Wardlow B, et al. 2011. Evaluation of Drought Indices Based on Thermal Remote Sensing of Evapotranspiration over the Continental United States. Journal of Climate, 24：2025.

Assanangkornchai S, Tangboonngam S, Edwards J G. 2004. The flooding of Hat Yai：predictors of adverse emotional responses to a natural disaster. Stress and Health, 20：81-89.

Aven T, Kristensen V. 2005. Perspectives on risk：review and discussion of the basis for establishing a unified and holistic approach. Reliability Engineering & System Safety, 90 (1)：1-14.

Bagstad K J, Stapleton K, D'Agostino J R. 2007. Taxes, subsidies, and insurance as drivers of United States coastal development. Ecological Economics.

Basolo V, Steinberg L J, Burby R J. 2009. The effects of confidencein government andinformation on perceivedand actual preparedness for disasters. Environment and Behavior, 41 (3): 338-364.

Battaglini A, Barbeau G, Bindi M, et al. 2009. European winegrowers' perceptions of climate change impact and options for adaptation. Regional Environmental Change, 9 (2), 61-73.

Becker N. 1999. A comparative analysis of water price support versus drought compensation scheme. Agriculture Economics, 21: 81-92.

Below T B, Mutabazi K D, Kirschke D, et al. 2012. Can farmers' adaptation to climate change be explained by socio-economic household-level variables? Global Environmental Change, 22 (1), 223-235.

Benson C, Clay E J. 1998. The impact of drought on sub-Saharan African economies: a preliminary examination. Vol. 401. World Bank Publications.

Birkmann J. 2006. Measuring Vulnerability to Hazards of Natural Original-Towards Disaster-Resilient Societies. Tokyo and New York: UNU Press.

Birkmann J. 2006. Measuring vulnerability to promote disaster-resilient societies: Conceptual frameworks and definitions. Measuring vulnerability to natural hazards: Towards disaster resilient societies.

Blaikie P T, et al. 1994. At Risk: Natural hazards, people's vulnerability, and disasters. London: Routledge.

Bohensky E L, Smajgl A, Brewer T. 2012. Patterns in household level engagement with climate change in Indonesia. Nature Climate Change, 9: 1-4.

Bord R J, Fisher A, O'Connor R E. 1998. Public perceptions of global warming: United States and international perspectives. Climate Research, 11: 75-84.

Borrell A K, Jordan D R, Mullet J, et al. 2011. U. S. Patent Application 13/885, 357.

Bostrom A, Connor O, Bohm G, et al. 2012. Causal thinking and support for climate change policies: international survey findings. Global Environmental Change, 22: 210-222.

Burningham K, Fielding J, Thrush D. 2008. "It'll never happen to me": understanding public awareness of local flood risk. Disasters, 32 (2): 216-238.

Bödvarsdóttir I, Elklit A. 2004. Psychological reactions in Icelandic earthquake survivors. Scand J Psychol, 45: 3-13.

Campbell D, Barker D, McGregor D. 2010. Dealing with drought: small farmers and environmental hazards in southern St. Elizabeth, Jamaica. Applied Geography, 31: 146-158.

Chen C L, Liu Y C, Ting C W. 2009. An urban drought-prevention model using raft foundation and urban reservoir. Building Service Engineering Research &Technology, 30 (4): 343-355.

Chen M, Huang C. 2013. The impacts of the food traceability system and consumerinvolvement on consumers' purchase intentions toward fast foods. Food Control, 33: 313-319.

Cook B I, Miller R L, Seager R. 2009. Amplification of the North American "Dust Bowl" drought through human-induced land degradation. Proceedings of the National Academy of Sciences of the United States of America, 106 (13): 4997-5001.

Dercon S. 2001. Assessing Vulnerability to Poverty. Jesus College and CSAE, Department of Economics. Oxford: Oxford University.

Dominey-Howes D, Minos-Minopoulos D. 2004. Pereptions of hazard and risk on Santorini. Journal of Volcanology and Geothermal Research, 137: 285-310.

Doney P M, Cannon J P, Mullen M R. 1998. Understanding the Influence of National Culture on the Development of Trust. TheAcademy of Management Journal, 23 (3): 601-620.

Dooley D, Catalano R, Mishra S, et al. 1992. Earthquake Preparedness: predictors in a Community Survey. Journal of Applied Social Psychology, 22 (6): 451-470.

Downing T E, Bakker K. 2000. Drought discourse and vulnerability. Chapter 45 // Wilhite D A. Drought: A Global Assessment, Natural Hazards and Disasters Series, Routledge Publishers, U. K.

Downs R M. 1970. Geography space perception: past approaches and future prospects. Progress in Geography, 2: 65-108.

Drabek T E. 1999. Disaster evacuation responses by tourists and other types of transients. International Journal of Public Administration. 22 (5): 655-677.

Edward R C. 2008. Between structure and agency: Livelihoods and adaptation inGhana's Central Region. Global Environmental Change, 18: 689-699.

Festinger L. 1957. The relation between behavior and cognition. Contemporary approaches to cognition.

Filippo G, Linda O M, Christine S, et al. 1996. A regional model study of the importance of local versusremote controls of the 1988 drought and the 1993 flood over the central United States. Climate, 9: 1150-1162.

Flei A K, Tallaksen L M, Hisdal H, et al. 2006. Aglobal evaluation of streamflow drought characteristics. Hydrology and Earth Syatem Sciences, 10: 535-552.

Fothergill A, Maestas E G M, JoAnne De Rouen Darlington. 1999. Race, ethnicity and disasters in the United States: a review of the literature. Disasters, 23 (2): 156-173.

George A D E. 1989. Race ethnicity and spatialdnamic towards a realistic study of black crime. crime victimization and criminal justice processing of black. Social Justice, 17 (3): 153-166.

Gold J R. 1980. An Introduction to Behavioural Geography. Oxford: Oxford University Press.

Gregga C E, Houghtona B F, Johnstonb D M, et al. 2004. The perception of volcanic risk in Kona communities from Mauna Loa and Hualālai volcanoes, Hawai'i. Journal of Volcanology and Geothermal Research, 130 (3-4): 179-196.

Harrington S E. 2000. Rethinking disaster policy. Regulation, Spring: 40-46.

Hazzah L, Dolrenry S, Kaplan D, et al. 2013. The influence of park access during drought on attitudes toward wildlife and lion killing behaviour in Maasailand. Kenya. Environmental conservation, 3 (40): 266-276.

Hoerling M, Kumar A. 2003. The perfect ocean for drought. Science, 299: 691-694.

Holden S, Shiferaw B. 2004. Land degradation, drought and food security in a less-favored area in the Ethiopian highlands: a bio-economic model with market imperfections. Agricultural Economics, (30): 31-49.

Horst M, Kuttschreuter M, Gutteling J M. 2007. Perceived usefulness, personal experiences, risk perception and trust as determinants of adoption of e-government services in The Netherlands. Computers in Human Behavior, 23 (4): 1838-1852.

Jonathan W, Joerss M. 2009. China's green revolution Prioritizing technologies to achieve energy and environmental sustainability, McKinsey, the climate change, 7.

Keenan S P, Krannich R S. 1997. The social context of perceived drought vulnerability. Rural Sociol, 62 (1): 69-88.

Kellenberg D K, Mobarak A M. 2007. Does rising income increase or decrease damage risk from natural disasters? Journal of Urban Economics, 63 (3): 788-802.

Knocke E T, Kolivras K N. 2007. Flash Flood Awareness in Southwest Virginia. Risk Analysis, 27: 155-169.

Knuston C, Hayes M, Phillips T. 1998. How to Reduce Drought. Risk Preparedness and Mitigation Working Group.

Krasovskaia I, Gottschalk L, Sælthun N, et al. 2001. Perception of the risk of flooding: the case of the 1995 flood in Norway. J Hydrol Sci. , 46 (6): 855-868.

Lavigne F, De Coster B, Juvin N, et al. 2008. People's behaviour in the face of volcanic hazards: Perspectives from Javanese communities, Indonesia. Journal of Volcanology and Geothermal Research, 172: 273-287.

Lazarus R S, Cohen J B, Folkman S, et al. 1980. Psychological stress and adaptation: some unresolved issues. Selye's guide to stress research, 1: 90-117.

Lazarus R S, Launier R. 1978. Stress-related transactions between person and environment // Plenum M W, Borkovec T D. Perspectives in interactional psychology. New York: Springer US.

Lindell M K, Prate C S. 2002. Risk area residents'perceptions and adoption of seismic hazard adjustments. Journal of Applied Social Psychology, 32 (11): 2377-2392.

Lindell M K, Whitney D J. 2000. Correlates of household seismic hazard adjustment adoption. Risk Analysis, 20 (1): 13-26

Lindell M K. 2013. North American cities at risk: Household responses to environmental hazards. Cities at Risk, 4: 616-632.

Lobb A E, Mazzocchi M, Traill W B. 2006. Risk perception and chicken consumption in the avian flu age: a consumer behaviour study on food safety information. Annual meeting of American agricultural economics association, July: 23-26.

Lobb A. 2005. Consumer trust, risk and food safety: a review. Food Economics-Acta Agriculturae

Scandinavica, Section C: 1.

Lobell D B, Burke M B, Tebaldi C, et al. 2008. Prioritizing climate change adaptation needs for food security in 2030. Science, 319 (5863): 607-610.

Marin A. 2010. Riders under storms: contributions of nomadic herders' observations to analysing climate change in Mongolia. Global Environmental Change, 20 (1): 162-176.

Martínez-Ferri E, Balaguer L. 2000. Energy dissipation in drought-avoiding and drought-tolerant tree species at midday during the Mediterranean summer. Tree Physioiogy, 20 (2): 131-138.

Mc Cullagh P, Nelder J A. 1989. Generalized Linear Models. London: Chapman & Hall.

McKnight D H, Cummings L L, Chervany N L. 1998. Initial trust formation in new organizational relationships. TheAcademy of Management Journal, 23 (3): 437-490.

McWilliam J R. 1986. The national and international importance of drought and salinity effects on agricultural production. Australian Journal of Plant Physiology, 13 (1): 1-13.

Miceli R, Sotgiu I, Settanni M. 2008. Disaster preparedness and perception of flood risk: a study in an alpine valley in Italy. Environmental Psychology, 1: 164-173.

Mlishra A K, Singh V P. 2009. Analysis of drought severity area frequency ceneral circulation model and scenario uncertainty. Journal of Geophysical Research, 114, D06120, doi: 10.1029/2008JD010986.

Mileti D S, Darlington J D. 1995. Societal response to revised earthquake probabilities in the San Francisco Bay Area. International Journal of Mass Emergencies and Disasters, 13: 119-145.

Montz B E, Tobin G A. 2010. Natural hazards: an evolving tradition in applied geography. Applied Geography, 31: 1-4.

Moser C O N. 1998. The Asset-vulnerability Framework: Reassessing Urban Poverty Reduction Strategies. Washington: World Bank.

Moser S C, Ekstrom J A. 2010. A framework to diagnose barriers to climate change adaptation. Proceedings of the National Academy of Sciences, 107 (51): 22026-22031.

Nitsch L, Vriezen W. 2010. U. S. Patent Application13/376, 926.

Pagneux E, Gísladóttir G, Jónsdóttir S. 2011. Public perception of flood hazard and flood risk in Iceland: a case study in a watershed prone to ice-jam floods. Nat Hazards, 58: 269-287.

Pandey S, Behura D D, Villano R, et al. 2000. Economic cost of drought and farmers' coping mechanisms: a study of rainfed rice systems in Eastern India, Discussion Paper No. 39. International Rice Research Institute.

Parry M A J, Flexas J, Medrano H. 2005. Prospects for crop production under drought: research priorities and future directions. Annals of Applied Biology, 147: 211-226.

Plate E J. 2002. Flood risk and flood management. Journal of Hydrology, 267: 2-11.

Prati G, Pietrantoni L, Zani B. 2012. The prediction of intention to consume genetically modified food. Test of an integrated psychosocial model. Food Quality and Preference, 25 (2): 163-170.

Quiring S M, Papakryiakou T N. 2003. An evaluation of agricultural drought indices for the Canadian prairies. Agricultural and forest meteorology, 118 (1): 49-62.

西南民族地区农户调适行为与农业抗旱能力提升研究

Quiringa S M, Papakryiakoub T N. 2003. An evaluation of agricultural drought indices for the Canadian prairies. Agricultural and Forest Meteorology, 118 (1-2): 49-55.

Raaijmakers R, Krywkow J, van der Veen A. 2008. Flood risk perceptions and spatial multicriteria analysis: an exploratory research for hazard mitigation. Natural Hazards September, 46 (3): 307-322.

Raaijmakers R, Krywkow J, Van der Veen A. 2008. Flood risk perceptions and spatial multi-criteria analysis: an exploratory research for hazard mitigation. Nat Hazards, 46: 307-322.

Rahman A. 1996. Peoples' perception and response to flooding: the Bangladesh experience. Journal of Contingencies and Crisis Management, 4 (4): 198-207.

Rocheleau D E, Steinberg P E, Benjamin P A. 1995. Environment, development, crisis, and crusade: Ukambani, Kenya, 1890-1990. World development, 23 (6): 1037-1051.

Saaty T L. 1980. The Analytic Hierarchy Process. New York: McGraw Hill.

Sakakibara H, Murakami H, Esaki S, et al. 2008. Modeling households' decisions on reconstruction of houses damaged by earthquakes-Japanese case study. Nat Hazards, 44: 293-303.

Samra J S. 2004. Review and analysis of drought monitoring, declaration and management in India. International Water Management Institute.

Sayed-Hassan R, Bashour H, Koudsi A. 2013. Osteoporosis knowledge and attitudes: a cross-sectional study among female nursing school students in Damascus. Arch Osteoporos, 8: 149.

Schubert S D, Suarez M J, Pegion P J, et al. 2004. On the Cause of the 1930s Dust Bowl. Science, 303: 1855-1859.

Schubert S D, Suarez M J, Philip J. 2004. Bacmeister. On the Cause of the 1930s Dust Bowl. Science, 303 (5665): 1855-1859.

Seres C. 2010. Agriculture in upland regions is facing he climatic change: transformations in the climate and how the livestock farmers perceive them: strategies for adapting the forage system. Fourrages, 204: 297-306.

Shiau J T, Modarres R. 2009. Copula-based drought severity-duration-frequency analysis inIran. Meteorol, Appl, 16: 481-489.

Simeon C, Reed H. 1997. Toward an understanding of loyalty: the moderating role of trust. Journal of Management3: 275-298.

Sjöberg L. 2000. Factors in risk perception. Risk Anal, 20 (1): 1-11.

Sjöberg L. 1998. Worry and risk perception. Risk analysis, 1: 85-93.

Slegers M F. 2008. "If only it would rain": Farmers' perceptions of rainfall and drought in semi-arid central Tanzania. Journal of Arid Environments, 72 (11): 2106-2123.

Smith K. 2003. Environmental hazards. Assessing risk and reducing disasters, 3rd edn. Routledge, London.

Smucker T A, Wisner B. 2008. Changing household responses to drought in Tharaka, Kenya: vulnerability, persistence and challenge. Disasters, 32 (2): 190-215.

Song S, Singh V P. 2010. Meta-elliptical copulas for drought frequency analysis of periodic hydrologic data. Stoch Environ Res Risk Assess, 24: 425-444.

Spence A, Poortinga W, Butler C, et al. 2011. Perceptions of climate change and willingness to save energy related to flood experience. Nature Climate Change, 1: 46-49.

Stringer L C, Dyer J C, Reed M S, et al. 2009. Adaptation to climate change, drought and desertification: local insight to enhance policy in southern Africa. Environmental Science & Policy, 12 (7): 748-765.

Svoboda M, LeComte D. Hayes M, et al. 2002. The drought monitor. Bulletin of the American Meteorological Society, 83 (8): 1181-1190.

Thompson D, Powell R. 1998. Exceptional circumstances provision in Australia-is there too much emphasis on drought. Agricultural Systems, 57: 7469-7488.

Turner R H, Nigg J M, Heller-Paz D. 1986. Waiting for Disaster: Earthquake Watch in California. Berkeley: University of California Press.

UDRYC. 1995. Risk and saving in northern Nigeria. American Economics Review, 5: 1287-1300.

Västfjäll D, Peters E, Slovic P. 2008. Affect, risk perception and future optimism after the tsunami disaster. Judgment and Decision Making, 3: 64-72.

Vázquez C, Cervellón P, Pérez-Sales P, et al. 2005. Positive emotions in earthquake survivors in ElSalvador (2001). Anxiety Disorders, 19: 313-328.

Wachinger G, Renn O, Begg C. 2013. The risk perception paradox-implications for governance and communication of natural hazards. Risk analysis, 33 (6): 1049-1065.

Walmsley D J, Lewis G J. 1984. Human Geography: Behavioral Approaches. New York: Longman Group Limited.

Walmsley D J. 1988. Urban living: the individual in the city. The Town Planning Review, 59 (2): 237.

Waltman W J. 1999. Center for Advanced Land Management Information Technologies. University of Nebraska-Lincoln. Personal communications.

Wardekker J A, Petersen A C, van der Sluijs J P. 2009. Ethics and public perception of climate change: Exploring the Christian voices in the US public debate. Global Environmental Change, 19: 512-521.

Weber E U. 2010. Risk attitude and preference. Wiley Interdisciplinary Reviews: Cognitive Science, 1 (1): 79-88.

Wells G. 1996. Hazard identification and risk assessment. UK: Institution of Chemical Engineers.

Wheeler S, Zuo A, Bjornlund H. 2013. Farmers climate change beliefs and adaptation strategies for a water scarce future in Australia. Global Environmental Change, 23: 537-547.

White G F. 1945. Humans adjustment to flood: a geographical approach to flood problem in the United States, Research Paper No. 29, Department of Geography. Chicago: University of Chicago.

Whyte A V T. 1986. From Hazard Perception to Human Ecology // Kates R W, Burton I. Geography, Resources, and Environment. Chicago: University of Chicago Press: 2.

Wigley T M L, Ingram M J, Farmer G. 2001. Climate and History. Cambridge: Cambridge University Press: 271-288.

Wihite D A. 2000. Integrated Climate Monitoring for Detection. Drought: A Global assesssment. London & New York: Routledge: 145-158.

Wilhelmi OV, Wilhite DA. 2002. Assessing vulnerability to agricultural drought: a Nebraska case study. Nat Hazards, 25: 37-58.

Wilhite D A. 2000. Drought as a natural hazard: Concepts and definitions // Wilhite D A. Drought: A Global Assessment. London&New York: Routledge: 3-18.

Woetzel J, Joerss M, Wang L, et al. 2009. From bread basket to dust bowl: assessing the economic impact of tackling drought in North and Northeast China. McKinsey Climate Change, 1: 1-52.

Wong G, Lambert M F, Leonard M, et al. 2010. Drought analysis using trivariate copulas conditional on climate states. Journal of Hydrologic Enginecring, 15 (2): 129-141.

Wu J, He B, Lu A, et al. 2011. Quantitative assessment and spatial characteristics analysis of agricultural drought vulnerability in China. Nat Hazards, 56: 785-801.

Yang S, Vanderbeld B, Wan J, et al. 2010. Narrowing down the targets: towards successful genetic engineering of drought-tolerant crops. Molecular Plant, 3 (3): 469-490.

Zhang Z, Li X. 2013. The optimal manufacturer's reserve investment and government's subsidy policy in emergency preparedness. Journal of inequalities and applications, (1): 1-11.

参考文献

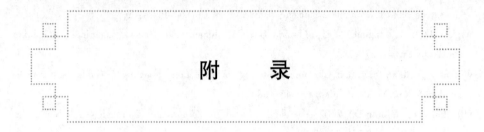

附　　录

附录1　农户旱灾感知及调适行为调查

　　您好！我是一名研究生，正在进行一项社会调查，这项调查将在贵州省进行，您是我选取的200户农户中的一户，本调查是为了了解自然灾害对农户生活行为的影响和响应行为方面的情况，对于将要问到的问题，您的回答没有对或错，只要符合您的真实情况就可以了，您的如实回答和耐心合作，将直接有利于国家制定相关的政策。

　　您的回答受到国家《统计法》的保护，收集到的所有信息，都只用于计算机的数据统计分析。有关您家庭或个人的信息，不会出现在任何场合，我将尊重您的个人隐私，绝不对外泄露任何个人信息，衷心感谢您的合作！

　　您的姓名_____　民族_____　家庭成员数_____

　　调查对象地址：_____市/县_____乡/镇_____村_____组

　　调查对象所在村庄类型：1. 农工商兼营村　2. 一般农业村　3. 市郊型蔬菜基地

　　调查对象所在地属于：　1. 平原　2. 盆地　3. 丘陵　4. 山地

　　调查对象所在村属于：　1. 贫困村　2. 非贫困村

　　农户类型：　1. 贫困户　2. 中等户　3. 富裕户

　　村庄是否通公路：　1. 是　2 否

　　第一部分：家庭成员基本情况调查

家庭成员编号	与户主关系	年龄	性别 A 男 B 女	文化程度 A 文盲 B 小学 C 初中 D 高中或中专 E 大专及以上	是否外出务工 A 是 B 否	平均每年外出务工月数	务工收入 （元/月）	是否在本村或村级以上部门担任干部 A 是 B 否	是否具备某项专业技能（如泥瓦匠、兽医、突出种养技术、手工艺加工、汽车驾驶等） A 是　B 否
1	户主								

家庭成员编号	与户主关系	年龄	性别 A 男 B 女	文化程度 A 文盲 B 小学 C 初中 D 高中或中专 E 大专及以上	是否外出务工 A 是 B 否	平均每年外出务工月数	务工收入 （元/月）	是否在本村或村级以上部门担任干部 A 是 B 否	是否具备某项专业技能（如泥瓦匠、兽医、突出种养技术、手工艺加工、汽车驾驶等） A 是　B 否
2									
3									
4									
5									
6									

第二部分：家庭生产、生活状况调查

1）您家里有_____亩耕地，_____亩林地。

2）家庭种植业经营情况调查

种植品种	种植规模	产量	销售价格	销售量	销售收入

3）家庭养殖业经营情况调查

养殖品种	养殖规模	销售价格	销售量	销售收入

4）您家里的耕地灌溉条件普遍_____，您家里的耕地的土壤肥力普遍_____。

1. 好　　2. 一般　　3. 不好　　4. 很差

5）2011 年您家里的毛收入是_____，其中，农业收入是_____，非农业收入是_____，旱灾给您造成的损失总共是_____。2010 年的旱灾给您造成的损失总共是_____。

6）您家拥有下列哪些物品？（可多选）

1. 彩电　2. 空调　3. 洗衣机　4. 冰箱　5. 手机　6. 电动车或摩托车

7. 三轮机动车　8. 拖拉机　9. 汽车　10. 收割机　11. 耕牛（以产权为标准）12. 其他物品_____

7）您家的住房面积大概是_____平方米？（不包括用于家禽养殖等建筑面积）

您家的房屋类型是_____？

1. 砖瓦房　2. 砖混凝土房　3. 砖木房　4. 土木房　5. 草房

8）您在当地住了多长时间？

1. 从出生就住在当地　2. 从外地搬来超过5年了　3. 搬来1~5年

4. 刚刚搬来不超过1年

9）您资金短缺时，通过_____筹集资金。（可多选）

1. 银行或信用社　2. 高利贷　3. 亲戚朋友　4. 其他_____

10）在过去的12个月中是否收到过任何捐款或捐物？

1. 是　2. 否

11）您家里距离最近的集市_____千米，平均一周去_____次集市。

12）您家里的生活用水主要来源于_____。

1. 河水　2. 山泉水　3. 水窖积累的雨水　4. 自来水　5. 其他_____

13）您获取生活用水的难易程度_____。

1. 很难　2. 比较难　3. 一般　4. 比较容易　5. 很容易

14）您的生活用水条件同以前相比_____。

1. 变好了很多　2. 变好了　3. 没有变化　4. 变差了　5. 不清楚

15）您在农业生产中，主要的灌溉方式是_____。

1. 雨水灌溉　2. 从水库或河流抽水灌溉　3. 山泉水灌溉　4. 其他_____

16）您获取农业用水的难易程度_____。

1. 很难　2. 比较难　3. 一般　4. 比较容易　5. 很容易

17）您感觉农业用水条件同以前相比_____。

1. 变好了很多　2. 变好了　3. 没有变化　4. 变差了　5. 不清楚

18）您是否购买人身或财产保险？（包括新农合、养老保险）

1. 是　2. 否

19）您平时注意相关灾害信息的收集吗？

1. 是　2. 否

20）主要灾害信息来源于_____。

1. 电视报道　2. 政府宣传　3. 亲戚告知　4. 邻居聊天　5. 网络查找

第三部分：农户旱灾感知调查

1）近10年来，您家农作物主要受到下列哪些自然灾害的影响？（可多选）

1. 旱灾 2. 洪涝 3. 冻灾 4. 风灾 5. 冰雹 6. 其他_____，其中最主要的是_____

2）近10年来，您所在的地区年度降雨量同以前相比_____。

1. 减少了 2. 增加了 3. 不变 4. 不清楚

3）近10年来，您所在的地区季节降雨量变化幅度同以前相比_____。

1. 减少了 2. 增加了 3. 不变 4. 不清楚

4）近10年来，您所在的地区年平均气温同以前相比_____。

1. 升高了 2. 降低了 3. 不变 4. 不清楚

5）近10年来，您所在地区河流径流量同以前相比_____。

1. 减少了 2. 增加了 3. 不变 4. 不清楚

6）在您记忆中旱灾发生严重的年份是哪几年，记录三个年份_____、_____、_____。

7）您觉得旱灾发生的月份主要是_____月。

8）您觉得近10年来旱灾发生的频率是_____。

1. 每年都有；2. 2~4年一次；3. 4~6年一次；4. 6~8年一次；5. 不定期发生

9）您觉得今后几年旱灾发生的趋势是_____。

1. 会越来越频繁 2. 不会有明显变化 3. 会越来越少见 4. 不好说

10）您对再次发生灾害的担心程度是_____。

1. 绝不担心 2. 不担心 3. 担心 4. 比较担心 5. 非常担心

11）旱灾给您的农业生产造成的损失_____，对您家庭的日常生活的影响_____。

1. 非常大 2. 比较大 3. 一般 4. 比较小 5. 非常小

12）您认为旱灾发生的原因是_____。

1. 自然原因 2. 人为原因 3. 自然和人为原因都有

13）如果是两者兼而有之，哪种原因更重要_____。

1. 自然原因 2. 人为原因

14）您认为有必要防治旱灾吗？

1. 非常不必要 2. 不必要 3. 必要 4. 比较必要 5. 非常必要

15）您认为灾害管理中哪一个环境更重要？

1. 灾前预防 2. 灾中抵抗 3. 灾后恢复

16）您认为旱灾给您农业生产造成损失的主要原因是_____。

1. 灌溉不方便 2. 降水少 3. 土壤保水性差 4. 农作物耐旱性差

17）旱灾造成的主要影响是（可多选）_____。

1. 生活用水不足 2. 农作物减产 3. 自然生态环境恶化

18）破坏生态环境是否会导致旱灾更严重_____。

1. 是 2. 不是 3. 不清楚

19）您认为旱灾能否得到有效治理？

1. 完全能治理 2. 能治理 3. 不能治理 4. 不清楚

20）所在地区有无较完善的减灾规划或政策？

1. 有 2. 无 3. 不清楚

21）您认为防灾减灾是谁的责任？

1. 自己的事情

2. 自己承担主要责任，政府承担次要责任

3. 都有责任，不同的防治工作有不同的责任人

4. 是政府的事，与我无关

5. 谁都没有责任

22）您对政府减灾工作的满意度是_____。

1. 非常不满意 2. 不满意 3. 满意 4. 比较满意 5. 非常满意

第四部分：农户生产调适行为调查

1）为应对旱灾造成的收入减少，您是否曾采取过 _____。（可多选，需排序）

1. 长期外出务工经商

2. 短期外出务工或者在周边乡镇打零工

3. 向亲戚朋友借钱渡过难关

4. 贩卖家中财产（包括粮食）筹钱渡过难关

5. 减少日常生活开支

6. 其他措施_____

2）面临旱灾导致的农业病虫害增加，您是否增施农药？

1. 是 2. 否 若不是，请说明原因_____

3）为减少旱灾的损失，您是否增加灌溉次数或单次灌溉量？

1. 是 2. 否 若不是，请说明原因_____

4）为减少旱灾的损失，您是否增加地膜覆盖？

1. 是 2. 否 若不是，请说明原因_____

5）为减少旱灾的损失，您是否会选择种植耐旱的农作物？

1. 是 2. 否 若不是，请说明原因_____

6) 在不更换农作物的前提下，为减少旱灾的损失，您是否会选择种植耐旱的品种？

1. 是   2. 否   若不是，请说明原因_____

7) 为减少旱灾的损失，您是否会合理安排作物茬口？

1. 是   2. 否   若不是，请说明原因_____

8) 为减少旱灾的损失，您是否购买农业保险？ 1. 是 2. 否

9) 上述 2~8 题您所采取措施的优先次序是_____（填措施所在题目的序号）。

10) 您获得抗旱减灾相关信息的主要来源是_____。

1. 政府部门（包括村干部） 2. 专业农技人员 3. 邻里乡亲

4. 广播电视节目 5. 其他_____

11) 当您遭受旱灾时，政府部分是否给予相关补贴？

1. 是 2. 否

12) 若您购买了农业保险，请问农业保险对您的帮助效果如何？

1. 很大 2. 一般 3. 很小 4. 没有

13) 您是否信任政府采取的减灾行为？ 1. 是 2. 否

14) 在以下几种政府推行的减灾措施中，您需要哪些？_____（排序）

1. 建设防灾设施工程（如新修水库、梳理沟渠）

2. 对抗灾工程进行抗灾设防

3. 开展防灾减灾知识宣传教育

4. 制订防灾减灾规划

5. 制订减灾应急预案

6. 开展防灾减灾演习

7. 加强防灾减灾科研

8. 推进灾害保险

15) 在以上政府推行的几种减灾措施中，前 2 项属于工程性减灾措施，后 6 项属于非工程性减灾措施，您更倾向选择哪种减灾措施？

1. 工程性减灾措施

2. 非工程性减灾措施

16) 对工程性减灾措施您会_____。

1. 关心并积极参与 2. 关心但不主动参与

3. 关心但不参与 4. 不太关心 5. 不关心

17) 对非工程性减灾措施您会_____。

18）为减轻当地旱灾，当地政府应该采取哪些措施？

_____

_____

_____

附录2　云南等五省份抗旱能力评价指标系数

年份	省份	B_1			B_2			B_3		B_4		
		C_{11}	C_{12}	C_{13}	C_{21}	C_{22}	C_{23}	C_{31}	C_{32}	C_{41}	C_{42}	C_{43}
2000	广西	0.1416	0.3427	0.7779	4.2191	0.4379	0.5817	24.80	0.1865	0.3532	0.0171	0.36
	重庆	0.0618	0.2492	0.5150	0.9546	0.0798	0.276	13.35	0.1892	0.3676	0.0141	0.07
	四川	0.0330	0.3706	0.6947	1.2045	0.2789	0.2837	15.59	0.1904	0.3949	0.0235	2.55
	贵州	0.0611	0.1332	0.8123	2.6052	0.4476	0.1902	9.43	0.1374	0.2798	0.0064	0.00
	云南	0.0340	0.2185	0.5964	2.5686	0.1811	0.2278	11.75	0.1479	0.2607	0.0113	0.44
2001	广西	0.0950	0.3447	0.7729	3.6867	0.3977	0.5528	13.03	0.1944	0.3528	0.0148	0.41
	重庆	0.1173	0.2520	0.5121	0.9629	0.1013	0.2736	14.80	0.1971	0.3529	0.0124	0.07
	四川	0.0386	0.3733	0.6935	1.2511	0.3104	0.2799	16.84	0.1987	0.3877	0.0228	2.63
	贵州	0.0752	0.1345	0.7998	2.3820	0.3947	0.1923	6.52	0.1412	0.2790	0.0067	0.00
	云南	0.0362	0.2216	0.5948	2.5267	0.2004	0.2278	12.78	0.1534	0.2631	0.0113	0.43
2002	广西	0.1195	0.3467	0.7741	4.0253	0.4341	0.6206	38.65	0.2013	0.3532	0.0149	0.49
	重庆	0.0746	0.2558	0.5084	0.9583	0.1347	0.2875	16.27	0.2098	0.3401	0.0163	0.07
	四川	0.0481	0.3753	0.6829	1.1649	0.3235	0.2776	30.96	0.2108	0.3758	0.0231	2.66
	贵州	0.0668	0.1369	0.8125	3.0116	0.4168	0.1878	9.55	0.149	0.2761	0.0066	0.00
	云南	0.0408	0.2246	0.5995	2.4971	0.2178	0.2278	18.29	0.1609	0.2626	0.0112	0.44
2003	广西	0.1638	0.3473	0.7720	3.5254	0.4324	0.6007	36.67	0.2095	0.3496	0.0148	0.50
	重庆	0.0700	0.2589	0.4786	0.8926	0.1463	0.287	19.79	0.2215	0.3244	0.0162	0.06
	四川	0.0388	0.3756	0.6907	1.1351	0.3480	0.2778	31.66	0.223	0.3623	0.0232	2.60
	贵州	0.0817	0.1408	0.8015	2.5650	0.4398	0.1841	7.93	0.1565	0.2696	0.0067	0.00
	云南	0.0607	0.2269	0.6029	2.3355	0.2382	0.2213	18.97	0.1697	0.2632	0.0112	0.44

年份	省份	B_1			B_2			B_3		B_4		
		C_{11}	C_{12}	C_{13}	C_{21}	C_{22}	C_{23}	C_{31}	C_{32}	C_{41}	C_{42}	C_{43}
2004	广西	0.1561	0.3453	0.7716	3.9920	0.4196	0.5872	28.88	0.2305	0.3440	0.0149	0.55
	重庆	0.0756	0.2460	0.5170	0.8905	0.1587	0.2789	16.79	0.251	0.3194	0.0168	0.05
	四川	0.0654	0.3756	0.6913	1.1453	0.3669	0.2818	32.92	0.258	0.3553	0.0226	2.59
	贵州	0.0758	0.1429	0.7488	2.4808	0.4562	0.18	8.11	0.1722	0.2628	0.0065	0.00
	云南	0.0495	0.2288	0.6033	2.3099	0.2538	0.2261	18.67	0.1864	0.2606	0.0113	0.44
2005	广西	0.1458	0.3424	0.7721	4.0832	0.4107	0.5717	36.33	0.2495	0.3410	0.0147	0.81
	重庆	0.0956	0.2465	0.5169	0.7709	0.1679	0.2773	21.42	0.2809	0.3095	0.0175	0.05
	四川	0.0638	0.3746	0.6909	1.1439	0.3852	0.2824	33.59	0.2803	0.3479	0.0231	2.70
	贵州	0.0934	0.1445	0.7377	2.6094	0.4796	0.1768	8.13	0.1877	0.2586	0.0068	0.00
	云南	0.0574	0.2313	0.6038	2.3505	0.2676	0.2097	15.05	0.2042	0.2632	0.0112	0.43
2006	广西	0.1642	0.3447	0.7713	3.7935	0.4234	0.5473	24.16	0.2771	0.3413	0.0545	0.85
	重庆	0.1413	0.2480	0.5131	0.9431	0.1796	0.2718	36.73	0.2874	0.2958	0.0134	2.28
	四川	0.0933	0.3733	0.6923	1.2799	0.4066	0.2743	19.31	0.3002	0.3398	0.0232	2.76
	贵州	0.1000	0.1506	0.7339	2.7865	0.4864	0.1731	7.08	0.1985	0.2543	0.0016	0.02
	云南	0.0652	0.2340	0.6018	2.2384	0.2829	0.205	15.83	0.2251	0.2611	0.0093	0.43
2007	广西	0.2242	0.3612	0.7694	3.3846	0.4366	0.6133	21.31	0.3224	0.3571	0.0181	1.10
	重庆	0.0818	0.2830	0.5153	0.7386	0.1930	0.2627	46.02	0.3509	0.3123	0.0151	10.95
	四川	0.0759	0.4201	0.6919	1.1538	0.4210	0.2812	27.01	0.3547	0.3698	0.0264	3.95
	贵州	0.0814	0.1769	0.6826	2.1764	0.4542	0.1785	9.69	0.2374	0.2682	0.0049	0.06
	云南	0.0503	0.2499	0.5999	2.1493	0.3022	0.2058	25.93	0.2634	0.2707	0.0115	0.47
2008	广西	0.1687	0.3607	0.7680	3.2200	0.4470	0.5926	42.34	0.369	0.3639	0.0179	1.16
	重庆	0.0981	0.2947	0.5020	0.6916	0.1962	0.265	77.76	0.4126	0.3024	0.0169	12.36
	四川	0.0838	0.4215	0.6909	1.0659	0.4381	0.275	24.70	0.4121	0.3667	0.0229	8.60
	贵州	0.2176	0.2045	0.6392	2.0045	0.4142	0.1759	18.95	0.2797	0.2680	0.0054	0.08
	云南	0.0554	0.2531	0.5969	2.0429	0.3187	0.2019	37.19	0.3103	0.2732	0.0114	0.48
2009	广西	0.2529	0.3609	0.7666	3.2527	0.4506	0.5729	55.12	0.398	0.3668	0.0178	1.26
	重庆	0.1221	0.3006	0.5006	0.7020	0.2061	0.2597	99.16	0.4478	0.2906	0.0199	12.16
	四川	0.0904	0.4243	0.6901	1.1063	0.4653	0.2721	51.22	0.4462	0.3612	0.0229	8.53
	贵州	0.3893	0.2265	0.6237	1.8472	0.3802	0.171	35.82	0.3005	0.2691	0.0068	0.09
	云南	0.0818	0.2573	0.5920	1.9659	0.3372	0.196	64.20	0.3369	0.2730	0.0116	0.47

年份	省份	B_1			B_2			B_3		B_4		
		C_{11}	C_{12}	C_{13}	C_{21}	C_{22}	C_{23}	C_{31}	C_{32}	C_{41}	C_{42}	C_{43}
2010	广西	0.2075	0.3611	0.7666	3.1242	0.4611	0.5508	72.09	0.4543	0.3725	0.0178	1.51
	重庆	0.1595	0.3065	0.5036	0.7308	0.2205	0.2556	95.14	0.5277	0.2830	0.0207	12.12
	四川	0.0835	0.4293	0.6882	1.1263	0.4900	0.2682	83.48	0.5087	0.3602	0.0257	3.97
	贵州	0.3704	0.2523	0.5602	1.8981	0.3461	0.156	57.54	0.3472	0.2658	0.0066	0.09
	云南	0.0678	0.2616	0.5868	1.8760	0.3492	0.1885	105.29	0.3952	0.2753	0.0141	0.53
2011	广西	0.2803	0.3626	0.7635	3.0883	0.4755	0.5305	102.82	0.5231	0.3666	0.0181	1.75
	重庆	0.1537	0.2817	0.5549	0.9759	0.2596	0.2518	151.74	0.648	0.2702	0.0202	20.79
	四川	0.0961	0.4373	0.6817	1.1062	0.5065	0.2657	110.68	0.6129	0.3508	0.0251	3.98
	贵州	0.5744	0.2678	0.5489	2.3101	0.3297	0.157	89.12	0.4145	0.2598	0.0065	0.10
	云南	0.0911	0.2691	0.5724	1.7179	0.3598	0.1919	128.46	0.4722	0.2711	0.0142	0.57

注：（1）数据由《中国统计年鉴》、《中国农业年鉴》、《中国水利年鉴》、《贵州统计年鉴》、《四川统计年鉴》、《云南统计年鉴》、《贵州统计年鉴》、《广西统计年鉴》、《中国水资源公报》、《中国灾情报告》等整理而得。（2）B_1为水利工程；B_2为农业生产用水水平；B_3为经济实力；B_4为抗旱应急能力。C_{11}为水库调蓄率；C_{12}为耕地灌溉率；C_{13}为旱涝保收率；C_{21}为每千克粮食用水量；C_{22}为节水灌溉率；C_{23}为水旱比；C_{31}为水利投资完成额；C_{32}为农村人均纯收入；C_{41}为单位面积农业从业人员数量；C_{42}为单位面积机电井数量；C_{43}为单位面积排灌机械装机容量

附录3　云南等五省份基本概况

年份	省份	已建成总库容/亿立方米	有效灌溉面积/千公顷	旱涝保收面积/千公顷	节水灌溉面积/千公顷	农田实际灌溉亩均用水量/立方米	水利建设投资完成额/亿元	农村人均纯收入/万元	农业从业人数/万人	机电井数量/眼	机电排灌站装机容量/万千瓦
2000	广西	225.50	1510.56	1175.01	661.43	1176	24.80	0.19	1556.84	1593	75.28
	重庆	36.95	624.77	321.78	49.83	254	13.35	0.19	921.50	178	35.27
	四川	87.58	2468.99	1715.25	688.51	395	15.59	0.19	2631.10	16991	156.40
	贵州	74.42	653.37	530.72	292.42	640	9.43	0.14	1372.12		31.54
	云南	83.15	1403.40	836.94	254.16	593	11.75	0.15	1674.30	2807	72.84
2001	广西	229.45	1519.62	1174.53	604.34	1020	13.03	0.19	1555.07	1801	65.20
	重庆	39.01	631.83	323.54	64.02	242	14.80	0.20	884.62	176	31.00
	四川	98.29	2486.78	1724.51	771.89	364	16.84	0.19	2582.60	17504	151.80
	贵州	73.11	659.52	527.47	260.31	560	6.52	0.14	1368.30		32.90
	云南	92.87	1423.27	846.60	285.19	577	12.78	0.15	1689.40	2784	72.30

年份	省份	已建成总库容/亿立方米	有效灌溉面积/千公顷	旱涝保收面积/千公顷	节水灌溉面积/千公顷	农田实际灌溉亩均用水量/立方米	水利建设投资完成额/亿元	农村人均纯收入/万元	农业从业人数/万人	机电井数量/眼	机电排灌站装机容量/万千瓦
2002	广西	283.56	1528.12	1182.85	663.39	1122	38.65	0.20	1557.01	2151	65.50
	重庆	40.71	641.25	325.99	86.35	265	16.27	0.21	852.72	178	40.90
	四川	99.19	2500.59	1707.66	808.82	366	30.96	0.21	2503.30	17749	154.10
	贵州	74.67	671.53	545.62	279.92	675	9.55	0.15	1353.90		32.40
	云南	94.07	1442.14	864.54	314.05	570	18.29	0.16	1686.10	2812	71.70
2003	广西	296.04	1530.73	1181.80	661.85	936	36.67	0.21	1541.02	2202	65.30
	重庆	41.34	648.94	310.61	94.94	262	19.79	0.22	813.19	153	40.60
	四川	100.32	2502.24	1728.20	870.69	362	31.66	0.22	2414.00	17349	154.70
	贵州	74.83	690.46	553.41	303.67	625	7.93	0.16	1322.10		32.70
	云南	103.11	1456.80	878.31	347.07	563	18.97	0.17	1690.20	2832	72.20
2004	广西	250.49	1522.21	1174.57	638.67	1060	28.88	0.23	1516.13	2405	65.60
	重庆	42.24	616.79	318.89	97.86	270	16.79	0.25	800.83	136	42.00
	四川	159.00	2502.34	1729.77	918.05	371	32.92	0.26	2367.00	17279	150.80
	贵州	75.10	700.61	524.64	319.62	626	8.11	0.17	1288.50		32.10
	云南	104.20	1469.36	886.49	372.95	559	18.67	0.19	1673.70	2797	72.30
2005	广西	250.82	1509.34	1165.33	619.88	1158	36.33	0.25	1503.06	3573	64.70
	重庆	48.76	618.09	319.50	103.78	240	21.42	0.28	775.88	128	43.80
	四川	162.59	2495.41	1724.12	961.18	373	33.59	0.28	2317.70	18012	154.00
	贵州	77.93	708.77	522.89	339.95	652	8.13	0.19	1268.10		33.50
	云南	106.07	1485.38	896.81	397.49	558	15.05	0.20	1690.10	2785	72.10
2006	广西	308.95	1519.41	1171.99	643.28	1111	24.16	0.28	1504.43	3735	240.40
	重庆	53.74	621.65	318.99	111.63	230	36.73	0.29	741.67	5718	33.70
	四川	173.84	2486.99	1721.86	1011.25	375	19.31	0.30	2263.56	18414	154.70
	贵州	81.48	738.31	541.87	359.15	671	7.08	0.20	1247.08	101	7.90
	云南	111.59	1502.39	904.09	425.10	539	15.83	0.23	1677.00	2755	60.00
2007	广西	308.87	1522.27	1171.30	664.62	1056	21.31	0.32	1504.92	4639	76.40
	重庆	54.23	633.67	326.54	122.29	244	46.02	0.35	699.28	24525	33.80
	四川	174.34	2499.80	1729.62	1052.44	361	27.01	0.35	2200.45	23476	157.00
	贵州	85.86	793.79	541.81	360.54	566	9.69	0.24	1203.62	247	22.00
	云南	113.43	1517.24	910.25	458.56	524	25.93	0.26	1644.00	2877	70.10

年份	省份	已建成总库容/亿立方米	有效灌溉面积/千公顷	旱涝保收面积/千公顷	节水灌溉面积/千公顷	农田实际灌溉亩均用水量/立方米	水利建设投资完成额/亿元	农村人均纯收入/万元	农业从业人数/万人	机电井数量/眼	机电排灌站装机容量/万千瓦
2008	广西	385.14	1521.40	1168.50	680.10	1007	42.34	0.37	1534.59	4887	75.50
	重庆	56.59	658.90	330.80	129.25	240	77.76	0.41	676.09	27639	37.73
	四川	208.46	2506.70	1731.90	1098.20	347	24.70	0.41	2181.20	51172	136.42
	贵州	248.19	917.40	586.40	380.00	530	18.95	0.28	1202.10	350	24.29
	云南	128.27	1536.90	917.30	489.76	505	37.19	0.31	1659.20	2922	69.45
2009	广西	375.33	1522.14	1166.82	685.90	969	55.12	0.40	1546.94	5332	75.10
	重庆	55.69	672.02	336.43	138.47	239	99.16	0.45	649.69	27191	44.40
	四川	210.65	2523.66	1741.53	1174.24	367	51.22	0.45	2148.10	50704	135.90
	贵州	354.25	1016.04	633.73	386.31	482	35.82	0.30	1207.10	395	30.60
	云南	128.96	1562.07	924.75	526.69	492	64.20	0.34	1657.80	2850	70.20
2010	广西	378.45	1523.00	1167.60	702.20	961	72.09	0.45	1571.20	6354	75.00
	重庆	74.06	685.30	345.10	151.10	251	95.14	0.53	632.70	27106	46.20
	四川	214.93	2553.10	1757.10	1250.90	378	83.48	0.51	2142.10	23600	152.60
	贵州	354.27	1131.70	634.00	391.70	463	57.54	0.35	1192.10	407	29.50
	云南	131.70	1588.40	932.00	554.60	448	105.29	0.40	1671.50	3234	85.70
2011	广西	378.39	1529.24	1167.63	727.17	958	102.82	0.52	1546.23	7381	76.40
	重庆	79.07	629.88	349.55	163.54	318	151.74	0.65	604.04	46480	45.20
	四川	215.06	2600.75	1772.94	1317.15	377	110.68	0.61	2086.20	23700	149.20
	贵州	358.58	1201.19	659.31	396.03	442	89.12	0.41	1165.30	454	29.20
	云南	134.83	1634.24	935.44	588.04	443	128.46	0.47	1646.30	3475	86.40